Marion Moos, Elisabeth Schmutz

PRAXISHANDBUCH ZUSAMMENARBEIT MIT ELTERN IN DER HEIMERZIEHUNG

Ergebnisse des Projektes „Heimerziehung als familienunterstützende Hilfe"

Impressum

Marion Moos, Elisabeth Schmutz

Praxishandbuch Zusammenarbeit mit Eltern in der Heimerziehung

Ergebnisse des Projektes „Heimerziehung als familienunterstützende Hilfe"

ISBN 978-3-932612-44-2

Institut für Sozialpädagogische Forschung Mainz e. V. (ism)

Flachsmarktstraße 9

55116 Mainz

06131 24041 0

www.ism-mainz.de

Gestaltung:

ansicht kommunikationsagentur, Haike Boller, Wiesbaden

www.ansicht.com

Foto:

istockphoto.com, shorrocks

Mainz 2012

Herstellung:

Books on Demand GmbH, Norderstedt

Inhaltsverzeichnis

1. Einleitung: Heimerziehung als familien-unterstützende Hilfe – Zusammenarbeit mit Eltern systematisch gestalten

Schon im Zuge der Heimreform der 1960er und 70er Jahre entwickelte sich zunehmend die Überzeugung, dass Heimerziehung nur gelingen kann, wenn die jungen Menschen im Kontext ihrer Familie verstanden und die Eltern in die Hilfe einbezogen werden. Diese fachliche Einschätzung ging in das 1990 verabschiedete Kinder- und Jugendhilfegesetz ein. Demnach sollen Hilfen außerhalb der Familie mit den Eltern zusammenarbeiten, die Beziehungen zwischen Eltern und Kinder pflegen sowie auf eine Veränderung der Erziehungsbedingungen hinwirken (vgl. § 37 SGB VIII). Trotz dieser schon über 30 Jahre bestehenden fachlichen Einsicht sowie deren rechtliche Normierung stellen diverse Evaluationsstudien dennoch fest, dass eine systematische Einbindung der Eltern in die stationären Hilfen bisher nur in Ansätzen gelingt (vgl. Conen 1993, Hansen 1994, Baur u. a. 1998, Lambers 1996, Gragert/van Santen/Seckinger 2005).

Im Rahmen des Praxisforschungsprojektes „Heimerziehung als familienunterstützende Hilfe" haben sich zwölf Einrichtungen in Rheinland-Pfalz über drei Jahre (1. April 2007 bis 31. März 2010) mit der Frage beschäftigt, wie die Zusammenarbeit mit Eltern als konstitutiver Bestandteil stationärer Hilfen regelhaft umgesetzt werden kann. Zentrale Erkenntnisse dieses Prozesses werden mit dem vorliegenden Praxishandbuch der weiteren Fachdebatte zur Verfügung gestellt.

1.1 Zum Projekt
„Heimerziehung als familienunterstützende Hilfe"

Das Projekt greift die Erkenntnis auf, dass die Notwendigkeit einer intensiven Arbeit mit Eltern im Rahmen der Heimerziehung im fachlichen Diskurs unumstritten ist, in der Ausgestaltung der stationären Hilfen aber nur bedingt umgesetzt wird. Um geeignete Ansatzpunkte für die Weiterentwicklung der Praxis zu finden, machte sich dieses Projekt die praxisorientierte und anwendungsbezogene Erforschung von förderlichen und hemmenden Faktoren zur Ausgestaltung einer familienunterstützenden Heimerziehung im Kontext von stationären Regelgruppen zum Ziel. Dabei geht es um stationäre Gruppen, die an sieben Tagen der Woche Betreuung über Tag und Nacht im Schichtdienst für eine Gruppe von acht bis zehn jungen Menschen mit einem Personalumfang von etwa vier bis viereinhalb Vollzeitstellen anbieten.

Dem vorausgegangen war das Projekt „Neue Formen Familienaktivierender Heimerziehung in Rheinland-Pfalz" (Moos/Schmutz 2006). Hier wurden fachliche Standards, Methoden und Rahmenbedingungen der „Elternarbeit" im Sinne einer systematischen Zusammenarbeit mit den Eltern in spezifischen Kontexten und besonderen Angeboten der Heimerziehung analysiert. Dabei hatte sich herausgestellt, dass diese Hilfeformen tendenziell nur eine ausgewählte Zielgruppe erreichen, die nicht repräsentativ für Familien in stationären Hilfen ist. In einem weiteren Projekt sollten ausgehend von unterschiedlichen Ausgangslagen stationärer Hilfen für den individuellen Hilfeverlauf adäquate Vorgehensweisen zur Zusammenarbeit mit Eltern erarbeitet werden. Außerdem sollte geklärt werden, welche Rahmenbedingungen und Strukturen erforderlich sind, um im stationären Alltag von Regelgruppen systematisch und bezogen auf den individuellen Bedarf mit Eltern zusammenarbeiten zu können.

Zur Umsetzung dieses Vorhabens wurden in allen zwölf beteiligten Einrichtungen entsprechende Praxisentwicklungsprozesse initiiert und mit Hilfe einer begleitenden Evaluation reflektiert. Die Praxisbegleitung der Einrichtungen wurde im Rahmen von ganztägigen Workshops unter Einbindung von Fach- und Leitungskräften umgesetzt. Hier wurde dialogisch erarbeitet, welche Veränderungen notwendig sind, um die Zusammenarbeit mit Eltern systematisch in Arbeitsroutinen verankern zu können. Die zwölf Einrichtungen wurden so ausgewählt, dass sie die strukturellen Unterschiede im Feld der Heimerziehung abbilden. Entsprechend beteiligten sich große und kleine Einrichtungen mit regionaler und überregionaler Belegung, die in Städten und Landkreisen angesiedelt sind, sich in katholischer, evangelischer und nicht-konfessioneller Trägerschaft befinden und sowohl geschlechts- und alters-homogene als auch -differenzierte Gruppen vorhalten. Insgesamt waren in den Arbeitsprozess 35 stationäre Regelgruppen eingebunden. Fünf der zwölf beteiligten Einrichtungen wirkten bereits im Projekt „Neue Formen Familien-aktivierender Heimerziehung in Rheinland-Pfalz" mit. Mit diesen Einrichtungen wurden im Projektzeitraum insgesamt sechs Workshops veranstaltet, da davon ausgegangen wurde, dass sie auf Erfahrungen aus dem vorangegangenen Projekt zurückgreifen können. Mit den anderen sieben Einrichtungen wurden jeweils neun Workshops durchgeführt. In den Prozess eingebunden waren die örtlich zuständigen bzw. hauptbelegenden Jugendämter. Dies waren insgesamt 14 öffentliche Träger.

Im Zuge der prozessbegleitenden Evaluation wurden verschiedene Methoden eingesetzt und unterschiedliche Perspektiven berücksichtigt. So wurden mit der Zielgruppenanalyse alle am 30.06.2007 laufenden Fälle in den projekt-beteiligten Gruppen sowie alle zwischen dem 30.06.2007 und 30.06.2009 beendeten und am 30.06.2009 laufenden Hilfen hinsichtlich zentraler Merkmale der Familie, des Hilfeverlaufes sowie der tatsächlich umgesetzten Zu-sammenarbeit mit Eltern analysiert. Zudem fanden für die gleiche Gruppe zu den benannten Stichtagen standardisierte schriftliche Befragungen der jungen Menschen sowie deren Eltern statt. Des Weiteren wurden Einzelfallrekonstruktionen anhand von Interviews mit allen Beteiligten im Fall zu ausgewählten Schwerpunktthemen durchgeführt. Diese sind die Zusammenarbeit mit Eltern in Fällen von Kindeswohlgefährdung, Zusammenarbeit mit psychisch erkrankten Eltern sowie mit Eltern jugendlicher Mädchen.

Als zentrale Projektgremien wurden eine Steuerungs- und eine Projektgruppe eingerichtet. Der Steuerungsgruppe oblag die übergreifende Projektkoordination. Hier haben Vertreterinnen und Vertreter des Ministeriums für Arbeit, Soziales, Gesundheit, Familie und Frauen des Landes Rheinland-Pfalz, des Landesamtes für Soziales, Jugend und Versorgung Rheinland-Pfalz (Landesjugendamt), der LIGA der Spitzenverbände der Freien Wohlfahrtspflege Rheinland-Pfalz sowie des Instituts für Sozialpädagogische Forschung Mainz e. V. (ism) mitgearbeitet. Die Projektgruppe stellte das übergreifende Forum für die zwölf Einrichtungen und vierzehn Jugendämter dar, in dem Leitungskräfte zentrale Ergebnisse der Arbeitsprozesse und Evaluationen diskutierten. Zudem wurden im Projektverlauf zwei Fachtage sowie eine bundesweite Abschlusstagung realisiert.

Die Prozessgestaltung und wissenschaftliche Begleitung des Projektes oblag dem Institut für Sozialpädagogische Forschung Mainz e. V. (ism). Gefördert wurde das Projekt durch die Stiftung Innovation Rheinland-Pfalz, das Ministerium für Arbeit, Soziales, Gesundheit, Familie und Frauen des Landes Rheinland-Pfalz sowie eine Privatstiftung. Außerdem leisteten auch die beteiligten Einrichtungen einen finanziellen Beitrag.

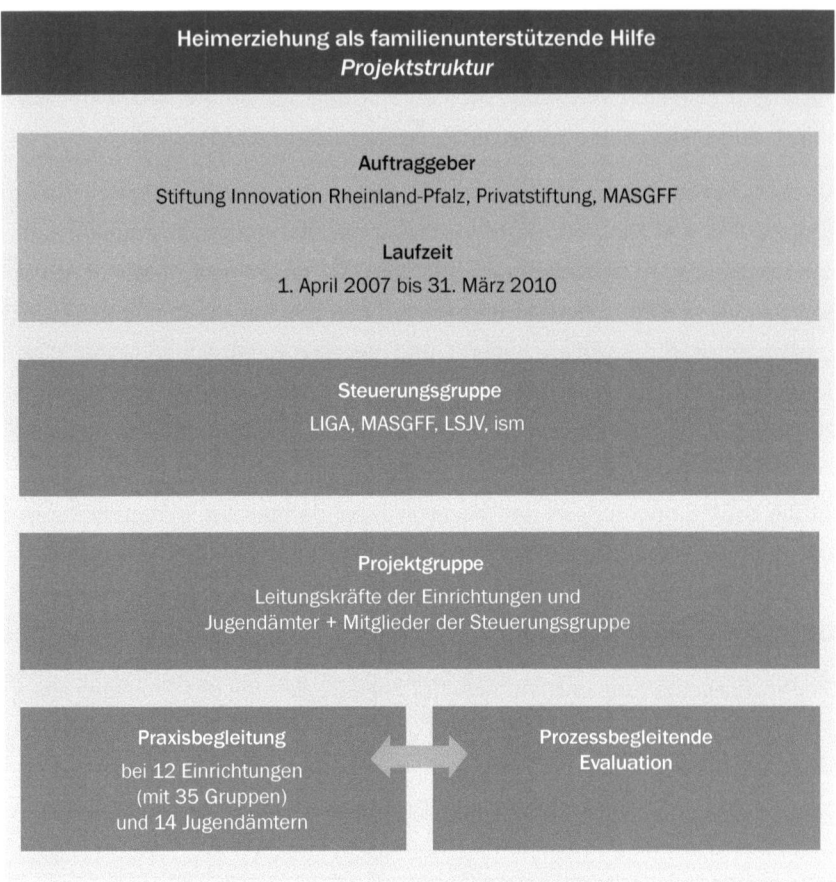

1.2 Zum Begriff „familienunterstützende Hilfe"

Heimerziehung kann als stationäres Hilfeangebot grundsätzlich familienunterstützende, aber auch familienergänzende und familienersetzende Funktionen wahrnehmen. Mit dem Begriff der „Familienunterstützung" wird hier die Grundausrichtung der Hilfe im Sinne des SGB VIII markiert, die in der Ausgestaltung der Hilfe im Einzelfall immer auch ergänzende oder ersetzende Anteile enthalten kann. Der Fokus von Heimerziehung als familienunterstützender Hilfe ist auf die Frage gerichtet, wie das Miteinander und die Zusammenarbeit zwischen Heimeinrichtung und Eltern gelingend ausgestaltet werden können. Mütter und Väter sowie deren Kinder sollen fallbezogen jeweils die Unterstützung erhalten, die sie benötigen, um bestmöglich miteinander umgehen zu können. Ergänzende und ersetzende Anteile der Hilfe sollen nur in dem Maße zur Anwendung kommen, wie es aktuell zwingend notwendig ist. Parallel soll stets darauf hin gearbeitet werden, Eltern in ihren Erziehungskompetenzen zu stärken und die Erweiterung von Verantwortungsübernahme zu fördern. Es geht um ein Helfen bezogen auf das Gesamtgefüge der Familie, indem Fachkräfte größtmöglich im Sinne der Eltern handeln, sofern dies mit dem Grundauftrag der Hilfe zur Erziehung und den Anforderungen an den Schutz des jungen Menschen vereinbar ist. Eine familienunterstützende Hilfe versucht entsprechend, die Familie mit ihren Einzelmitgliedern als System im Blick zu halten und ihre Interaktionen zu verstehen. Dazu gehört auch, potenzielle Gefährdungslagen zu beachten und diesen zum Wohl der jungen Menschen entgegen zu wirken.

Je nach Fallkonstellation sind nicht nur Eltern im engeren Sinne gemeint, wenn im Folgenden von der Zusammenarbeit mit Eltern gesprochen wird. Mütter und Väter haben zwar immer eine exklusive Rolle im Leben ihrer Kinder und müssen entsprechend im Rahmen des stationären Kontextes Beachtung finden. Allerdings sind Geschwister, Stiefelternteile, Großeltern und andere relevante Bezugspersonen aus Perspektive des jungen Menschen oftmals nicht weniger bedeutsam. Fallbezogen gilt es deshalb immer auch zu klären, wer im Rahmen einer familienunterstützenden Hilfe in die Zusammenarbeit eingebunden werden soll.

Bezogen auf den Einzelfall kann der Schwerpunkt der Unterstützung der Familie inhaltlich je nach Ausgangssituation und Zielsetzung der Hilfe stark variieren. So begrenzen sich die familienunterstützenden stationären Hilfen nicht auf die Vorbereitung der Rückführung. Vielmehr geht es darum, im jeweiligen Fall herauszuarbeiten, welche Beziehungsnähe angemessen ist, wie Kontakte gelingend ausgestaltet werden können, welche Teile der Erziehungsverantwortung Eltern bislang kompetent ausgefüllt haben und deshalb auch weiterhin im Rahmen der stationären Hilfe übernehmen können. Auch soll geklärt werden, welche Unterstützung Eltern benötigen, um Erziehungsverantwortung in aktuell nicht gelingenden Bereichen (wieder) verstärkt übernehmen zu können. Darüber hinaus kann es bedeutsam sein, mit den Eltern zu erarbeiten, was sie selbst zur Abwendung der Gefährdungslage für ihre Tochter bzw. ihren Sohn beitragen können. Je nach Situation kann es zudem angezeigt sein, für und mit dem Kind/dem Jugendlichen neben den Eltern andere, nicht-professionelle Bezugspersonen zu gewinnen, die den jungen Menschen in seiner Entwicklung begleiten und unterstützen. All diese Aktivitäten sind für die Entwicklung des jungen Menschen sowie für die Qualität einer stationären Hilfe unabhängig von der Frage der Rückkehroption in die Familie von Bedeutung. Sie sind allerdings auch eine zwingende Voraussetzung, um im Hilfeprozess fachlich einschätzen zu können, ob eine Rückführung in die Herkunftsfamilie angemessen erscheint.

1.3   Zur Grundidee familienunterstützender Heimerziehung

Familienunterstützende Heimerziehung zeichnet sich vor dem Hintergrund des skizzierten Begriffsverständnisses dadurch aus, dass im Hilfeprozess durchgängig der doppelte Auftrag der Kinder- und Jugendhilfe leitend ist. So begrenzen sich die Hilfeplanung und die Ausgestaltung des Hilfeprozesses nicht auf die Erziehung und Entwicklung des jungen Menschen, sondern nehmen gleichermaßen die Unterstützungsbedarfe der Eltern hinsichtlich der Wahrnehmung ihrer Elternverantwortung in den Blick. Entsprechend gilt es immer eine doppelte Perspektive, nämlich die des jungen Menschen und die der Eltern einzunehmen. Allerdings beschränkt sich die Zusammenarbeit mit den Eltern innerhalb der Heimerziehung in der Regel auf den Fokus der Verantwortungsübernahme für ihre Kinder. Zur Bearbeitung anderer, persönlicher Themen der Eltern (z. B. Sucht, Schulden, Bewältigung kritischer Lebensereignisse in der eigenen Biografie u. ä.) müssen andere Stellen hinzugezogen bzw. die Eltern dorthin verwiesen oder begleitet werden.

Familienunterstützende Heimerziehung strebt in diesem Sinne einen eigenständigen Arbeitsprozess mit den Eltern bezogen auf die Wahrnehmung ihrer Erziehungsverantwortung an. In diesem Rahmen gilt es, die Kompetenzen der Eltern zur Verantwortungsübernahme gemeinsam mit ihnen einzuschätzen und ihre Möglichkeiten auszuloten, die Erziehungsbedingungen in der Herkunftsfamilie zu verbessern. Dies erfordert konkrete diagnostische Schritte mit den Eltern zur Klärung ihrer diesbezüglichen Beratungs- und Unterstützungsbedarfe, aber auch die Erarbeitung von konkreten elternbezogenen Zielen sowie entsprechende Wege und Methoden diese zu erreichen. Dies muss gerahmt werden durch eine Hilfe- und Erziehungsplanung, die nicht nur die parallelen Prozesse steuert, sondern auch ihre Wechselwirkungen reflektiert und auf die notwendige Abstimmung achtet.

Für eine gelingende Umsetzung stationärer Hilfen, die in diesem Sinne die ganze Familie in den Blick nehmen, ist es erforderlich, Bedarfe der Eltern systematisch mit zu bedenken. Fachliche Standards, Verfahrensabläufe, Methoden und Arbeitsinstrumente sind daraufhin zu überprüfen, inwieweit sie dies berücksichtigen und unterstützen. Auch die Rahmenbedingungen (z. B. Personalressourcen, Zeitstrukturen u. ä.) in den stationären Hilfen sind so anzupassen, dass genügend Raum für eine zielorientierte Zusammenarbeit mit Eltern entsteht. Das Praxisforschungsprojekt „Heimerziehung als familienunterstützende Hilfe" konnte im Zuge der Begleitprozesse in den Einrichtungen wie auch der Evaluation eine Reihe von Orientierungspunkten zu notwendigen Voraussetzungen, tragfähigen Handlungsperspektiven und zieldienlichen Unterstützungsstrukturen für die Umsetzung einer solchen familienunterstützenden Heimerziehung herausarbeiten. Diese werden mit dem vorliegenden Praxishandbuch dem Handlungsfeld Heimerziehung zur weiteren Erprobung und Implementierung zur Verfügung gestellt.

1.4 Zum Aufbau des Praxishandbuchs

Ziel dieses Praxishandbuchs ist es, die Herausforderungen und die Möglichkeiten für eine systematischere Umsetzung von „Elternarbeit" im Sinne einer systematischen Zusammenarbeit mit Eltern in der Heimerziehung aufzuzeigen. Dazu wird ein fachlicher Rahmen gesteckt, der als Reflexionsfolie für die anschließende Beschreibung konkreter Praxisschritte dient.

So werden im nachfolgenden Kapitel die zentralen Zielsetzungen der Zusammenarbeit mit Eltern im Rahmen der Heimerziehung sowie daraus sich ergebende Spannungsfelder skizziert, aus denen spezifische Anforderungen für die Praxis erwachsen. Anhand von Grundprämissen fachlichen Handelns werden auf dieser Basis Handlungsperspektiven eröffnet, die zu einer gelingenderen Gestaltung der Zusammenarbeit mit Eltern führen.

Das darauf folgende Kapitel beleuchtet entlang des Hilfeprozesses, was in der Zusammenarbeit mit Eltern zu berücksichtigen ist, welche Zugänge sich bewährt haben und worauf in der Umsetzung zu achten ist. Entsprechend der Projektergebnisse liegt der Schwerpunkt hierbei auf der Gestaltung des Hilfebeginns sowie der sozialpädagogischen Diagnostik mit Eltern. Die Beteiligung der Eltern in der Hilfe- und Erziehungsplanung sowie ihre Unterstützung im Rahmen eines eigenständigen Arbeitsprozesses werden hier ebenso betrachtet. Schließlich werden die Rahmenbedingungen und Unterstützungsstrukturen in den Blick genommen, die für eine systematische, kontinuierliche und nachhaltige Umsetzung der skizzierten Handlungsansätze erforderlich sind.

Im vierten Kapitel werden anhand ausgewählter Evaluationsergebnisse Effekte der entwickelten Ansätze beleuchtet. Diese münden in Empfehlungen zu Transfer und weiterer Implementierung der hier gewonnenen Erkenntnisse.

Schließlich werden die Erkenntnisse der vertiefenden Betrachtung ausgewählter Schwerpunktthemen in einem fünften Kapitel vorgestellt. Dabei geht es um die Zusammenarbeit mit Eltern in Fällen von Kindeswohlgefährdung, um die Zusammenarbeit mit psychisch erkrankten Eltern sowie um die Zusammenarbeit mit Eltern von jugendlichen Mädchen.

Im Anhang werden außerdem diverse Instrumente angeboten, die sich in der Arbeit als nützlich und zielführend erwiesen haben.

1.5 Zum Dank

An dieser Stelle bedanken wir uns sehr herzlich bei allen Fach- und Leitungskräften, die über drei Jahre in insgesamt 93 Workshoptagen, zwei Fachtagen
sowie einer Reihe von Projektgruppensitzungen im Projekt „Heimerziehung
als familienunterstützende Hilfe" mitgewirkt haben. Unser Dank gilt außerdem der Steuerungsgruppe, die das Projekt fachlich-inhaltlich begleitet hat.
Ein herzliches Dankeschön aber auch all denjenigen, die die Evaluation mit
dem Ausfüllen von Fragebögen und der Teilnahme an Interviews unterstützt
haben. Dieser Dank gilt besonders auch den Eltern und jungen Menschen, die
sich hieran beteiligt haben. Ohne den Beitrag aller – Fachkräfte, Eltern und
junger Menschen – wäre dieses Praxishandbuch nicht möglich geworden.

2. Zielsetzungen, Spannungsfelder und Grundprämissen zur Zusammenarbeit mit Eltern

Die Zusammenarbeit mit Eltern in stationären Hilfen zur Erziehung ist ein viel und oftmals kontrovers diskutiertes Thema von fachlich hohem Stellenwert. Auch konnten mehrere Forschungsarbeiten nachweisen, dass die Zusammenarbeit mit Eltern als zentraler Wirkfaktor stationärer Hilfen anzusehen ist. Beispielsweise kam die JULE-Studie zu folgendem Ergebnis: Wenn Elternarbeit stattfindet, „so zeigen sich in fünf von sechs Hilfeverläufen positive Entwicklungen, findet keine Elternarbeit statt, so verläuft annähernd jeder dritte Fall negativ" (Baur u. a. 1998, S. 222). Auch die Metaanalyse von Fallstudien erzieherischer Hilfen hinsichtlich von Wirkungen (vgl. Wolf 2007) ergibt, dass die Zusammenarbeit mit den Eltern und deren Partizipation an den für sie wichtigen Entscheidungen als ein besonders relevanter Faktor hervorzuheben ist. Neben vielen fachlich guten Argumenten lässt sich der Stellenwert der Zusammenarbeit mit Eltern somit auch empirisch belegen und besonders hinsichtlich der Wirksamkeit stationärer Hilfen unterstreichen.

Dass die Zusammenarbeit mit Eltern dennoch erst in Ansätzen realisiert wird, ist auf vielfältige Fragen und Herausforderungen zurückzuführen, die sich in der praktischen Umsetzung stellen. Um geeignete Anknüpfungspunkte für zielführende Weiterentwicklungsstrategien zu finden, hat sich die Reflexion von Aufträgen, Zielsetzung und Handlungskontexten als wesentlich erwiesen. Im Folgenden werden zentrale Zielsetzungen der Arbeit mit Eltern in der Heimerziehung herausgestellt und daraus sich ergebende Spannungsfelder aufgezeigt. Vor diesem Hintergrund werden anschließend Grundprämissen zur fachlichen Haltung in der Zusammenarbeit mit Müttern und Vätern skizziert, die sich als wesentliche Voraussetzungen für gelingendere Umsetzungsperspektiven erwiesen haben.

2.1 Zielsetzungen der Zusammenarbeit mit Eltern im stationären Kontext

Geht man der Frage nach, warum der Zusammenarbeit mit Eltern im Kontext der Heimerziehung ein hoher Stellenwert beigemessen wird, so zeigen sich vier zentrale Argumentationsstränge:

1. Zusammenarbeit mit Eltern im Interesse der Entwicklung des Kindes/ Jugendlichen

2. Zusammenarbeit mit Eltern, um die Beziehung zwischen dem Kind und seiner Mutter/seinem Vater zu klären und zu fördern

3. Zusammenarbeit mit Eltern, um an den Bedingungen in der Herkunftsfamilie zu arbeiten, die zur Heimunterbringung geführt haben

4. Zusammenarbeit mit Eltern zur Klärung von Rückkehroptionen in die Herkunftsfamilie

Diese zentralen Zielperspektiven finden ihre rechtliche Fundierung in § 37 SGB VIII und sind eng aufeinander bezogen. Im Folgenden werden sie eingehender betrachtet.

2.1.1 Zusammenarbeit mit Eltern im Interesse der Entwicklung des Kindes/Jugendlichen

Die Fähigkeit Bindung aufzubauen, ist für das Aufwachsen von Kindern existenziell und für die Entwicklung junger Menschen zu einer gemeinschaftsfähigen und eigenverantwortlichen Persönlichkeit grundlegend. Dabei sind insbesondere die Bindungserfahrungen in den ersten Lebensjahren prägend. Die meisten Kinder entwickeln diese frühen Bindungen zu ihren leiblichen Eltern. Unabhängig von der Qualität dieser Bindungen entstehen in diesem Prozess Loyalitäten und Verpflichtungen des Kindes gegenüber der

Mutter bzw. dem Vater. Sie fühlen sich ihren Eltern verbunden und handeln entsprechend – gerade auch im Rahmen einer Fremdunterbringung (vgl. Schleiffer 2001).

Aus diesem Grund muss Heimerziehung diese Verbindungen, Loyalitäten und Verpflichtungen der jungen Menschen ihren Eltern gegenüber achten und Loyalitätskonflikte soweit möglich vermeiden bzw. abmildern. Für Kinder und Jugendliche ist es wichtig, sich nicht zwischen ihren Eltern und den Fachkräften entscheiden zu müssen. Ein wertschätzender Umgang der Fachkräfte mit den Eltern und deren Lebensentwürfen ist hier von besonderer Bedeutung, um Loyalitätskonflikte zwischen Herkunftsfamilie und Heimgruppe zu vermeiden. Gleichwohl ist es für die Gestaltung gelingender Erziehungs- und Entwicklungsprozesse im Rahmen der Fremdunterbringung erforderlich, die Qualität der frühen Bindungserfahrungen einzuschätzen und sie der Reflexion der jungen Menschen und möglichst auch ihrer Eltern zugänglich zu machen. Hierin liegt ein wesentlicher Schlüssel zur Beziehungsklärung. Damit können sich neue Beziehungs- und Bindungserfahrungen für die jungen Menschen sowohl mit ihren Eltern als auch mit anderen Bezugspersonen eröffnen.

Damit sich Mädchen und Jungen auf einen solchen Prozess einlassen können, brauchen sie die „Erlaubnis" ihrer Eltern, sich im Rahmen der Heimunterbringung entwickeln zu dürfen. Die Zustimmung der Eltern zur Fremdunterbringung, aber auch ihre Beteiligung im Hilfeprozess spielen dabei eine entscheidende Rolle. Umso eher Eltern der stationären Unterbringung zustimmen, dort beteiligt werden und das unterstützen, was mit dem Kind/ Jugendlichen erarbeitet wird, um so größer ist in der Regel auch die Bereitschaft des jungen Menschen, sich auf das Hilfeangebot einzulassen und aktiv mitzuarbeiten (vgl. Gehres 1997).

Darüber hinaus steigt die Wahrscheinlichkeit positiver Effekte bestimmter Interventionen bei den jungen Menschen, wenn diese merken, dass Fachkräfte und Eltern gemeinsame Erziehungsziele verfolgen. Nähern sich Erwartungen und Regeln im Hilfeverlauf zwischen Heim und Elternhaus an, so erwachsen hieraus wichtige Orientierungssignale für die jungen Menschen.

Die Initiierung von positiven Entwicklungsprozessen bei jungen Menschen hängt maßgeblich davon ab, inwiefern Eltern aktiv in den Hilfeprozess eingebunden werden können bzw. das Thema Eltern bearbeitet wird. „In Bezug auf die tatsächlichen Entwicklungschancen der jungen Menschen zeigen sich deutliche Hinweise darauf, dass in den Fällen, in denen Elternarbeit stattfindet, sich positive Veränderungen und klärende Momente im Hilfeprozess für die jungen Menschen und die ganze Familie ergeben. Fehlt das Angebot der Elternarbeit von Seiten der Einrichtung, bleibt ein Stück der Lebensgeschichte des jungen Menschen unberücksichtigt" (Baur u. a. 1998, S. 256). Entwicklungsprozesse der jungen Menschen stehen somit in engem Zusammenhang mit der Beziehungsgeschichte zu ihren Eltern und deren Beteiligung am Hilfeprozess.

2.1.2 Zusammenarbeit mit Eltern, um die Beziehung zwischen dem Kind und seiner Mutter/seinem Vater zu fördern und zu klären

Die Förderung der Beziehung des Kindes oder Jugendlichen zu seiner Herkunftsfamilie während der Zeit der Fremdunterbringung wird in § 37 SGB VIII explizit als zentrale Aufgabe der Zusammenarbeit mit Eltern benannt. Dabei geht es um die Pflege von Beziehungen und Kontakten unabhängig von sorgerechtlichen Befugnissen. Orientierungsmaßstäbe sind die Situation und das Wohl des Kindes (vgl. Bronfenbrenner/Becker/von Hentig 1974).

Diese rechtlichen Vorgaben gehen eng mit entwicklungspsychologischen Erkenntnissen einher. So ist es für junge Menschen, die (zeitweise) im Heim aufwachsen, besonders bedeutsam, um die Umstände und Gründe dafür zu wissen und diese soweit als möglich aufarbeiten zu können. Die Verortung und Integration der Heimerziehung in die eigene Lebensgeschichte ist elementar für die Entwicklung einer reifen Identität. Zugleich benötigen aber auch viele Eltern Unterstützung darin, die Entscheidung und Situation der Fremdunterbringung akzeptieren zu können, da diese oftmals mit Gefühlen der Scham oder des Scheiterns verbunden ist. Kann diese Situation zwischen Eltern und Kindern thematisiert werden, eröffnet dies oftmals neue Möglichkeiten des wechselseitigen Verstehens.

Es lassen sich aber noch weitere gute Gründe dafür anführen, Kontakte zwischen Mitgliedern der Herkunftsfamilie und dem jungen Menschen zuzulassen und eine aktive Beziehungsgestaltung zu fördern:

- ☐ Diese Begegnungen sind für die Mehrzahl der jungen Menschen wichtige Bestandteile ihrer Identitätsbildung. Trotz des Lebens an einem anderen Ort möchten sie Verbindungen zu ihrer Familie erhalten. Sie möchten sich ihres Platzes innerhalb der Familie vergewissern. Um diese Begegnungen produktiv ausgestalten zu können, benötigen viele Familien jedoch bei diesen Kontakten Beratung und Unterstützung, um aufeinander zu gehen zu können, adäquate Kommunikationsformen einzuüben und einen zieldienlichen Umgang mit Verletzungen und nicht erfüllten Erwartungen finden zu können.

- ☐ Junge Menschen brauchen eine realistische Einschätzung der eigenen Vergangenheit sowie der Erwartungen an die aktuelle und zukünftige Ausgestaltung des Miteinanders. Um das erreichen zu können, bilden reale Kontakte zu Familienmitgliedern wichtige Gelegenheiten der Auseinandersetzung und Anknüpfungspunkte zur Reflexion. Die Praxis belegt, „dass es Kindern und Jugendlichen leichter fällt, sich auch mit negativ besetzten Gewissheiten zu arrangieren, als permanent Phantasiebildern hinterher zu jagen und in Ungewissheit zu leben. Heimkinder, die keine Kontakte zu ihren Eltern haben, benötigen dennoch die Auseinandersetzung mit ihnen, um die Vergangenheit zu bewältigen und um zu einer eigenen Identifikation zu gelangen" (Günder 2007, S. 87). Hier bieten Gespräche zwischen Fachkräften und jungen Menschen zum Thema Eltern Anknüpfungspunkte. Zudem kann Biografiearbeit einen Rahmen zur Verfügung stellen, um über das Verhältnis zu den Eltern zu reflektieren, auch wenn diese nicht persönlich präsent sind.

- ☐ Die Beziehung des jungen Menschen zu seiner Herkunftsfamilie hat einen eigenen Stellenwert, unabhängig von der Frage der Rückkehroption in die Herkunftsfamilie. Die Bearbeitung des Beziehungsthemas zwischen Eltern und Kindern im unmittelbaren Miteinander oder auch mittelbar im Gespräch zwischen Fachkraft und jungem Mensch über die Eltern stellen somit immer einen zentralen Baustein der Elternarbeit dar, unabhängig von der Zielperspektive der Hilfe.

2.1.3 Zusammenarbeit mit Eltern, um an den Bedingungen in der Herkunftsfamilie zu arbeiten, die zur Heimunterbringung geführt haben

Ebenfalls im § 37 SGB VIII verankert ist die Zielperspektive, durch Beratung und Unterstützung die Erziehungsbedingungen in der Herkunftsfamilie so weit zu verbessern, dass Mütter bzw. Väter ihr Kind wieder selbst erziehen können. Um diesem Anspruch nachkommen zu können, muss im Rahmen der stationären Hilfe explizit auch mit den Eltern gearbeitet werden. Die Fremdunterbringung an sich in Verbindung mit einem stark kindbezogenen Vorgehen reicht in der Regel nicht aus, um die Situation in der Herkunftsfamilie ausreichend zu verändern. Sollen weiter reichende Impulse gesetzt werden, müssen Eltern die Notwendigkeit von Veränderung im häuslichen Umfeld verstehen und aus eigener Motivation wollen. Darüber hinaus brauchen sie – im Sinne einer „Hilfe zur Erziehung" – praktische Unterstützung und Anleitung, um ihre Erziehungskompetenzen (wieder) aktivieren und erweitern zu können. Die Arbeit an der Motivation der Eltern zur Zusammenarbeit mit der Einrichtung stellt in diesem Zusammenhang einen wichtigen Bestandteil dar. Um aber Veränderungsprozesse auf Seiten der Eltern begleiten zu können, müssen die Fachkräfte im stationären Kontext über entsprechende Kompetenzen und Ressourcen verfügen.

Die explizite Arbeit an der Verbesserung der Erziehungsbedingungen in der Herkunftsfamilie ist schließlich nicht nur vor dem Hintergrund der Einschätzung von Rückkehroptionen des jungen Menschen relevant. Viele junge Menschen kehren auch ungeplant aus ganz unterschiedlichen Gründen in ihre Familie zurück. Dies schlägt sich in einer durchschnittlichen Verweildauer von 21 Monaten nieder (vgl. Statistisches Bundesamt 2009). Vor diesem Hintergrund ist die Bedeutung der Zusammenarbeit mit den Eltern einmal mehr zu unterstreichen, damit stationäre Hilfen förderlich und bedarfsangemessen ausgestaltet werden können.

2.1.4 Zusammenarbeit mit Eltern zur Klärung von Rückkehroptionen in die Herkunftsfamilie

Um die Frage nach einer möglichen Rückkehr des jungen Menschen zu den Eltern fachlich begründet einschätzen zu können, braucht es im Rahmen der Hilfe die Zusammenarbeit mit den Eltern. So müssen gemeinsam Anhaltspunkte gewonnen und abgestimmt werden, die eine Beurteilung sowohl der generellen Möglichkeit als auch des passenden Zeitpunktes erlauben. Zudem müssen zentrale Fragen in der Beziehung zwischen Eltern (Mutter/ Vater) und jungem Mensch geklärt sowie eine Verbesserung der Erziehungsbedingungen erreicht worden sein. Erst aus der Bearbeitung dieser Themenfelder ergibt sich eine Informationsbasis und angemessene Reflexionsfolie, die eine fundierte und nachhaltig tragfähige Entscheidung bezüglich der weiteren Perspektive erlaubt.

Die fachliche Klärung von Rückkehroptionen ist somit voraussetzungsreich und kann nicht ohne Berücksichtigung der zuvor genannten Zielebenen der Elternarbeit bearbeitet werden. Zugleich verdeutlicht die Frage nach der Rückkehr in die Herkunftsfamilie noch einmal den Stellenwert der Zusammenarbeit mit Eltern. Allerdings darf hier nicht der Umkehrschluss erfolgen, dass die Arbeit mit Familien, bei denen die Rückkehr des Kindes unwahrscheinlich bzw. ausgeschlossen ist, weniger relevant wäre. Sie ist vielmehr in jedem Fall angezeigt, muss aber in ihren hauptsächlich verfolgten Zielperspektiven jeweils dem individuellen Hilfeprozess angepasst werden.

2.2 Spannungsfelder in der Zusammenarbeit mit Eltern

Ausgehend von den eindeutigen rechtlichen Bestimmungen zur Einbindung und Zusammenarbeit mit Eltern, den fachlichen Argumenten sowie den nachweisbaren Effekten der Elternarbeit, stellt sich die Frage, warum dennoch die Umsetzung in der Praxis der Heimerziehung bislang hinter den formulierten Anforderungen zurückgeblieben ist. Hierfür lassen sich vor allem drei Begründungsstränge anführen, die im Folgenden genauer ausgeführt werden. Zugleich werden damit zentrale Faktoren aufgezeigt, die für die Praxisentwicklung im Blick auf die Zusammenarbeit mit Eltern entscheidend sind.

2.2.1 Kinder und Eltern gleichermaßen in den Fokus der Hilfe stellen

Die Einsicht, dass sowohl der junge Mensch, als auch seine Familie gleichermaßen Adressaten einer Hilfe zur Erziehung sind, ist wesentlicher Ertrag der
fachlichen Entwicklung der 1970er und 1980er Jahre. Hilfen im Rahmen von
Fremdunterbringung waren bis dahin stark auf das „schwierige" Kind/den
Jugendlichen ausgerichtet. Über vielfältige fachliche Debatten und wissenschaftliche Erkenntnisse konnte zunehmend herausgearbeitet werden, dass
das Wohl der jungen Menschen und ihre familiäre Situation nicht voneinander zu trennen sind. Vor allem der 8. Kinder- und Jugendbericht (Bundesministerium für Jugend 1990) markierte mit den Maximen Lebensweltorientierung, Partizipation und Integration eine Neuausrichtung der Jugendhilfe,
die Hilfen verstärkt auf die gesamte Lebenssituation der Familien ausrichtet.
Dieser fachliche Blickwechsel schlug sich schließlich im Kinder- und Jugendhilfegesetz (SGB VIII) nieder, welches die Zusammenarbeit mit Eltern als expliziten Auftrag der Hilfen zur Erziehung benannte. Die fachliche Weiterentwicklung der Hilfen zur Erziehung entlang der postulierten Strukturmaximen
verlief in den Folgejahren im Schwerpunkt allerdings im Auf- und Ausbau der
ambulanten Hilfen. Dort wurden vielfältige innovative Konzepte in enger Zusammenarbeit mit Müttern und Vätern entwickelt und erprobt. Beteiligung,
Ressourcenorientierung sowie systemische Ansätze wurden zunehmend als
fachliche Standards anerkannt und beeinflussten die Praxis in weiten Bereichen. Dies traf jedoch nicht in gleichem Maße für die Fortentwicklung der
Heimerziehung zu, so dass hier die fachlichen Entwicklungen erst zeitlich
verzögert Beachtung fanden.

Allerdings gibt es einen bedeutenden strukturellen Unterschied zwischen
ambulanten und teilstationären Hilfen einerseits sowie stationären Hilfen andererseits. So sind in nicht-stationären Kontexten Mütter und Väter im Alltag
mit ihren Kindern selbstverständlich präsent und für fast alle Bereiche der
Erziehungstätigkeit weiterhin verantwortlich. Im Rahmen einer Heimunterbringung leben Kinder und ihre Eltern dagegen an zwei verschiedenen Orten. Hier gestalten Fachkräfte den Alltag mit den jungen Menschen innerhalb
der Heimgruppe. Das führt dazu, dass die Mädchen und Jungen im alltägli-

chen Mittelpunkt der Hilfe stehen. Die Eltern sind im Unterschied dazu nicht zwangsläufig präsent. Vielmehr muss die Zusammenarbeit mit Müttern und Vätern initiiert und organisiert werden. Hinzu kommt, dass Hilfeplanziele bislang oftmals stark kindbezogen ausgerichtet sind und spezifische elternbezogene Ziele meist nicht formuliert werden. Somit trägt auch die Hilfeplanung als zentrales Steuerungsinstrument der Hilfen zur Erziehung bislang nicht ausreichend dazu bei, dass die Zusammenarbeit mit den Eltern gleichberechtigt im Blick bleibt.

Darüber hinaus liegen in stationären Hilfekontexten in der Regel verdichtete und komplexe Problemlagen in den Familien vor, die in vielen Fällen auch kinderschutzrelevante Aspekte tangieren. Einzelfallbezogen muss in Bezug auf das Kindeswohl eingeschätzt und abgewogen werden, welche Zielperspektiven und Inhalte im Rahmen der Elternarbeit verfolgt werden sollen. Darüber hinaus ist die Arbeit an der Motivation der Eltern zur Zusammenarbeit in vielen Fällen der erste Schritt, um weiterführende Ziele bearbeiten zu können. Zusammengefasst erfordern diese Erkenntnisse, dass in den stationären Hilfen besondere Anstrengungen notwendig sind, um junge Menschen und ihre Eltern gleichermaßen im Fokus der Hilfe zu halten.

2.2.2 Hoher Stellenwert der Elternarbeit, aber oftmals fehlende Konzepte und Rahmenbedingungen

Im Grundverständnis der Fachkräfte in der Heimerziehung hat die Zusammenarbeit mit Eltern einen hohen Stellenwert. Dies zeigen auch Ergebnisse des Deutschen Jugendinstituts: „Elternarbeit ist als Thema in den stationären Hilfen zur Erziehung angekommen. Es gibt kaum noch Einrichtungen, die Elternarbeit als unnötige Zumutung beschreiben würden" (Gragert/van Santen/Seckinger 2005). Ein Großteil der Einrichtungskonzepte benennt Elternarbeit explizit als Teil der pädagogischen Arbeit. Gleichzeitig zeigt sich aber auch, dass der Anspruch in der Praxis oftmals nicht erfüllt werden kann, weil vielerorts konkrete Konzepte fehlen, wie Eltern aktiv in die Arbeit der stationären Einrichtungen eingebunden werden können (vgl. ebd.).

Fallbezogen gibt es jedoch einen großen Erfahrungsschatz zur Zusammenarbeit mit Eltern. Zudem gibt es spezifische Konzepte und Gruppen, die intensiv mit Müttern und Vätern zusammenarbeiten. Allerdings werden diese Angebote nicht in der Breite der Heimerziehung umgesetzt. Auch wurde das vorhandene Wissen bislang nicht gezielt zusammengeführt und bewertet. Darüber hinaus werden in der Regel die Erziehung der jungen Menschen in der Einrichtung und die Arbeit an der Verbesserung der Erziehungsbedingungen in der Herkunftsfamilie nicht systematisch aufeinander bezogen. Dies aber ist erforderlich, damit die Zusammenarbeit mit den Eltern integraler Bestandteil der stationären Hilfe wird und im Einzelfall bedarfsgerecht ausgestaltet werden kann.

Um ein solches Zusammenspiel von Erziehung der jungen Menschen und (veränderungsorientierter) Zusammenarbeit mit den Eltern zu erreichen, ist es notwendig die zentralen Schlüsselprozesse der Heimerziehung daraufhin zu überprüfen, wie Eltern angemessen berücksichtigt und die Zusammenarbeit mit ihnen regelhaft verankert werden können. Dies erfordert zugleich Anforderungen an die Zusammenarbeit mit den Eltern auf allen relevanten Handlungsebenen stationärer Kontexte zu beachten. Neben der konkreten Fallarbeit gehören dazu auch Konzept-, Organisations- und Personalentwicklungsprozesse sowie die Kooperation zwischen öffentlichen und freien Trägern, aber auch zwischen verschiedenen Leistungserbringern. „Das, was in § 37 unter der lapidaren Überschrift ‚Zusammenarbeit bei Hilfen außerhalb der eigenen Familie' gefasst ist, stellt hohe Anforderungen an alle Beteiligte – sowohl auf der Handlungs- als auch auf der Konzeptebene. Denn es bezieht sich auf überwiegend komplexe Sachverhalte und zum Teil auf dynamische Prozesse mit regelhaft mehreren Akteuren. Damit Zusammenarbeit im Einzelfall und auf der Handlungsebene nicht jeweils immer wieder neu organisiert werden muss, ist sie angewiesen auf verlässliche Strukturen und auf eine grundlegende Verständigung mit den jeweiligen Kooperationspartnern." (Steege 2010, S. 105)

Um solche Verständigungsprozesse zu initiieren und verlässliche Strukturen zu schaffen, braucht es ein mehrdimensionales Vorgehen. So müssen Orte und Prozesse zur Arbeit an einem gemeinsamen Fach- und Fallverständnis von öffentlichem und freiem Träger bezüglich der Zusammenarbeit mit Eltern jenseits der Hilfeplanung geschaffen werden. Gemeinsame Auffassungen bezüglich der Rolle der Eltern, Zielsetzungen und Intensität der Zusammenarbeit mit Müttern und Vätern müssen vertiefend diskutiert werden. Zudem braucht es Qualifikationsprozesse für Fachkräfte, um den hohen Anforderungen der Zusammenarbeit mit Eltern im jeweiligen Einzelfall gerecht werden zu können. Darüber hinaus muss die Zusammenarbeit mit Eltern konzeptionell und strukturell im Alltag der Heimerziehung verankert werden, was auch die Klärung von finanziellen und personellen Rahmenbedingungen beinhaltet.

2.2.3 Alltägliches Zusammenleben im Heim und individuelle zielorientierte Hilfegestaltung

Die Ausgestaltung einer stationären Hilfe zur Erziehung im Einzelfall stellt – wie bereits beschrieben – besondere Anforderungen an das fachliche Handeln, da der junge Mensch und seine Herkunftsfamilie gleichermaßen im Rahmen der Hilfe Berücksichtigung finden sollen. Neben diesen beiden Bezugssystemen gibt es in der Heimerziehung allerdings ein weiteres Bezugssystem, welches Beachtung finden muss. Dies ist die Heimgruppe, die für die hier wohnenden jungen Menschen für mehr oder weniger lange Zeit der zentrale Lebensort darstellt.

Die Gestaltung dieses alltäglichen Kontextes als lebenswerter und anregungsreicher Ort ist eine weitere wichtige Anforderung an Konzepte und fachliches Handeln der Heimerziehung. Dazu gehört zum einen, das einzelne Mädchen/den einzelnen Jungen im Kontext der Gruppe zu sehen. Zum anderen gilt es aber auch, die Prozesse innerhalb der Gruppe und zwar sowohl zwischen den jungen Menschen untereinander als auch zwischen Fachkräften und Kindern/Jugendlichen im Auge zu behalten und als pädagogisches Potenzial zu nutzen. Die Ausgestaltung dieses täglichen Miteinanders im Heim muss sich dabei an den allgemeinen Anforderungen für ein entwicklungsförderndes Zusammenleben mit Kindern orientieren. Die vielfältigen Facetten und Aufgaben, die zu einem „normalen" Familienleben gehören und dort täglich vollzogen werden, müssen auch hier ihren Platz haben. Das zeichnet das Heim als aktuellen Lebensmittelpunkt dieser Mädchen und Jungen aus. Gleichzeitig sollen aber auch individuelle Ziele mit dem jungen Menschen und den Eltern verfolgt werden. Dafür gilt es, spezifische Lern- und Übungskontexte zu schaffen. Dies kann im Rahmen des Alltags in der Heimgruppe geschehen oder auch in speziell dafür geschaffenen Kontexten.

Erfordernisse des Alltags und zielbezogenes Handeln müssen in jedem Einzelfall in eine gute Balance gebracht werden. Eine solche muss auch zwischen den Bedarfen der Heimgruppe und den Bedarfen der Zusammenarbeit mit Müttern und Vätern gefunden werden. Dazu ist es notwendig, die Wechselwirkungen zwischen diesen Handlungsebenen zu reflektieren und in der Ausgestaltung der alltäglichen Praxis zu berücksichtigen.

Die skizzierten Spannungsfelder zeigen auf, dass im Kontext der Heimerziehung komplexen Anforderungen Rechnung getragen werden muss. Diese sind konstitutiv für das Handlungsfeld und dürfen nicht einseitig aufgelöst werden. Eine Verkürzung der Perspektiven auf den einzelnen jungen Menschen, seine Eltern oder auch die Heimgruppe blendet relevante Einflussfaktoren auf die anzustrebenden Entwicklungsprozesse aus und verliert damit wichtige Steuerungsmöglichkeiten. Notwendig sind darum Konzepte und Rahmenbedingungen, die zieldienliche Handlungsmöglichkeiten eröffnen und fördern. Erprobte Strategien werden mit diesem Praxishandbuch aufgezeigt. Um diese angemessen ausgestalten zu können, bedarf es entsprechender fachlicher Prämissen und Haltungen.

2.3 Grundprämissen zur Zusammenarbeit mit Eltern

Als zentrale fachliche Grundprämissen für eine gelingende Zusammenarbeit mit Eltern im Rahmen der Heimerziehung haben sich insbesondere eine wertschätzende Haltung, die Beteiligung der Eltern in allen relevanten Fragen und Entscheidungen, die Arbeit an der Motivation zur Zusammenarbeit sowie die Differenzierung von kind- und elternbezogenen Zielen herauskristallisiert. Darüber hinaus haben sich ein offensiver Umgang mit Auflagen sowie ein reflexiver Umgang mit Differenzen zwischen den Zielen der Eltern und Zielen der Fachkräfte als bedeutsam erwiesen. Schließlich konnten die Einschätzungen von Erziehungskompetenzen und die gemeinsame Erarbeitung von Optionen zur Erweiterung von Verantwortungsübernahme durch die Eltern als zentraler Gegenstand einer (stationären) Hilfe zur Erziehung herausgearbeitet werden, die auf die Verbesserung der Erziehungsbedingungen in der Herkunftsfamilie zielt. Entsprechend stellen die Anleitung und Unterstützung der Eltern in der Verantwortungsübernahme den zentralen Gegenstand eines veränderungsorientierten Arbeitsprozesses mit Eltern dar.

2.3.1 Zur fachlichen Grundhaltung in der Zusammenarbeit mit Eltern

Die Zusammenarbeit mit Eltern braucht einen verstehenden Zugang zur Lebenswelt, den bisherigen Bewältigungsstrategien sowie den Deutungsmustern der jeweiligen Familie. In der schwierigen Lebenssituation, die der stationären Hilfe vorangegangen ist, haben die einzelnen Familienmitglieder für sich Strategien entwickelt, um mit dieser Situation möglichst gut umzugehen. Diese Lösungsstrategien haben allerdings oftmals Nebenwirkungen, die für einzelne Familienmitglieder bzw. im sozialen Umfeld der Familie negative Reaktionen ausgelöst haben. Für den jeweils Handelnden haben diese Strategien im jeweiligen Kontext aber Sinn. Sie sind in dieser Situation die bestmögliche Handlungsoption gewesen, die zur Verfügung stand.

Damit Fachkräfte Eltern bei der Veränderung von Handlungsstrategien unterstützen können, die mit gravierenden negativen Nebenwirkungen einhergegangen sind, müssen die alternativen Handlungsoptionen soweit an die bisherigen Deutungsmuster anschließen, dass sie für die Betroffenen sinnvoll erscheinen und in ihre Handlungslogik integriert werden können. Damit dies im Rahmen der stationären Hilfe gelingen kann, müssen Anknüpfungspunkte zwischen der Situation der Familie und der möglichen Hilfe im stationären Kontext erarbeitet werden. Dies erfordert, die Beziehungsmuster der einzelnen Familienmitglieder sowie deren Sinngebungen im jeweiligen Denken und Handeln kennen zu lernen. Professionelle Verstehenszugänge im Dialog mit den Familienmitgliedern sind entsprechend Voraussetzung zur Begleitung von Veränderungsprozessen. „Wenn wir das Symbolsystem einer zunächst fremden Kultur einigermaßen verstanden haben, dann – aber auch erst dann – wird zielgerichtetes Handeln möglich, weil wir erst dann die Bedeutung unserer Aktionen in der anderen Welt annäherungsweise verstehen und die Reaktionen darauf annäherungsweise antizipieren können." (Wolf 2009, S. 73)

Verhalten und Handeln im jeweiligen Kontext in seiner Logik und Nützlichkeit zu verstehen, ist der erste Schritt. Dieser erfolgt in dem Verständnis, dass in einem anderen Kontext andere Interaktionen möglich sind. Handlungsweisen können also verändert werden, wenn Rahmenbedingungen und Interaktionen sich wandeln. Ausgegangen wird somit nicht von einfachen Ursache-Wirkungs-Zusammenhängen, sondern von zirkulären Wechselwirkungen zwischen Systemen. Veränderungen an einem Punkt bewirken Veränderungen an anderen Stellen. Neue Kontexte und Erfahrungen bieten entsprechend Lernoptionen, die Entwicklungen ermöglichen. Für stationäre Hilfen zur Erziehung ergibt sich hieraus die Frage, wie Fachkräfte bestmöglich positive neue Erfahrungs- und Lernkontexte schaffen können, damit Eltern und Kinder wieder besser miteinander umgehen können.

Bleibt man bei diesem Verständnis von Interaktion und Wandel so wird auch deutlich, dass Fachkräfte nur einen mittelbaren Einfluss auf Eltern und junge Menschen haben. Sie können jeweils nur über die Schaffung von anderen Kontexten und alternativen Interaktionen Entwicklungsimpulse setzen. Eltern und auch die jungen Menschen entscheiden dann aber jeweils für sich, ob dieser Impuls für sie sinnhaft und zieldienlich ist. Menschen können somit nicht unmittelbar beeinflusst werden, sondern müssen immer als Koproduzenten der Hilfe einbezogen werden. Die Entscheidung darüber, ob eine Veränderung im eigenen Handeln vollzogen wird, verbleibt letztendlich immer bei der Person selbst. Die professionelle Frage in diesem Zusammenhang muss allerdings lauten, ob aus fachlicher Perspektive das Bestmögliche getan wurde, um Eltern und junge Menschen darin zu unterstützen, für sie wichtige Veränderungen vollziehen zu können.

Grundlegende Voraussetzungen für eine gelingende Zusammenarbeit von Fachkräften und Eltern im Sinne der Koproduktion sind der Aufbau einer vertrauensvollen Arbeitsbeziehung sowie ein ressourcenorientiertes Miteinander. „Das Bedürfnis der Eltern, ihre Leistung anerkannt zu bekommen, als Person respektiert und wertgeschätzt und trotz ihres vermeintlichen Versagens in der Erziehung als ‚gute Eltern' wahrgenommen zu werden, scheint eine wichtige Bedingung für die Bereitschaft der Eltern zur Mitarbeit darzustellen" (Wittke/Solf 2007, S. 113). Was Fachkräfte aktiv dazu beitragen können und welche Settings hierbei förderlich sind, wird in den nachfolgenden Kapiteln dieses Praxishandbuchs aufgezeigt.

2.3.2 Beteiligung, Motivation und Ziele der Eltern

Ein verstehender Zugang zur Lebenswelt der Adressaten und die Koproduktion von Müttern/Vätern sowie der jungen Menschen im Rahmen der Hilfen zur Erziehung ist ohne Beteiligung der Betroffenen kaum möglich. Auch muss die für eine wirkungsvolle Heimerziehung konstitutive Anschlussfähigkeit der Hilfe über die Einbindung der Eltern und deren Kinder erarbeitet werden. „Partizipation ist eine professionelle Strategie, um diese Passung herzustellen. Darüber hinaus hat die Erfahrung, beteiligt zu sein und gehört zu werden, auch ohne eine solche Funktionalisierung prinzipiell positive Effekte. Sie wirkt wie eine Methode mit der die Mitgestaltung und damit die Verantwortungsübernahme angeregt wird. Wirkungen pädagogischer Interventionen können nämlich nur als Ergebnis von gelungener oder verfehlter Koproduktion verstanden werden. Durch fehlende Beteiligung werden (weitere) negative Wirkungen erzeugt" (Wolf 2007, S. 39).

Das alleinige Bereitstellen von Beteiligungsmöglichkeiten im Rahmen der stationären Hilfe reicht allerdings oftmals nicht dafür aus, dass Eltern (und junge Menschen) diesem Angebot nachkommen bzw. überhaupt nachkommen können. Zum einen sind für einen Teil der Eltern der Sinn und Nutzen des sich Einbringens in die Hilfe nicht immer unmittelbar ersichtlich, besonders dann, wenn die Unterbringung gegen den Willen der Mutter/des Vaters erfolgt ist. Diese Sinnhaftigkeit der Zusammenarbeit muss oftmals erst vermittelt bzw. erarbeitet werden. Sind Problemakzeptanz, Problemkongruenz und Hilfeakzeptanz auf Seiten der Eltern noch nicht gegeben, so ist es wichtig, im Rahmen des Hilfeprozesses hieran zu arbeiten, damit ein Einbringen in die

Hilfe aus ihrer Perspektive lohnenswert erscheint. Zum anderen muss hinsichtlich der Bedeutung der Partizipation der Frage nachgegangen werden, wie niedrigschwellig Beteiligungskontexte im Rahmen der stationären Hilfe ausgestaltet werden müssen. In diesem Zusammenhang ist zu reflektieren, welche Hürden Mütter/Väter im Einzelfall davon abhalten, sich einzubringen und inwiefern sie für bestimmte Beteiligungskontexte durch entsprechende Vorbereitung und kleinschrittiges Hinführen befähigt werden können. Beteiligung von Müttern und Vätern ist somit voraussetzungsvoll und muss im pädagogischen Prozess entsprechend durch die Fachkräfte ausgestaltet werden.

In engem Zusammenhang mit Fragen der Beteiligung stehen Aspekte von Motivation und Zielen von Eltern. Die Frage nach dem Warum und Wofür des Einbringens und Mitarbeitens steht hier im Mittelpunkt. „Unmotivierte" Eltern gibt es nicht. Die Frage ist immer, wofür sie motiviert bzw. nicht motiviert sind. Motivation kann somit nicht ohne Zielperspektive gedacht werden. Für die jeweilige Person muss es erstrebenswert sein, ihr eigenes Verhalten auf ein bestimmtes Ziel hin auszurichten. Dieses aktivierende Moment besteht in der Regel nur für eigene Ziele, die man verfolgen möchte und die als ausreichend attraktiv wahrgenommen werden. Nur dann ist es subjektiv lohnenswert sich anzustrengen. Ein zentraler Schlüssel zur Motivation der Eltern zur Zusammenarbeit mit den Fachkräften liegt entsprechend darin, dass Eltern für sich eigene Ziele entwickeln, die mit dem Auftrag der Heimunterbringung vereinbar sind. Diese Erarbeitung von eigenen Zielen der Eltern, die von Seiten der Professionellen mitgetragen werden, erfordert in der Regel einen gemeinsamen Arbeitsprozess. Dabei geht es wesentlich um die Aushandlung und die sukzessive Konkretisierung von handlungsorientierten Zielen. Entsprechend sind solche mit der Hilfe kompatiblen eigenen Ziele der Eltern nicht Voraussetzung sondern Ergebnis der Zusammenarbeit.

Häufig ist es für einzelne Familienmitglieder gerade zu Hilfebeginn wesentlich einfacher zu formulieren, was *nicht* mehr sein soll bzw. was aufhören soll. Eine positive Vorstellung davon, was an Stelle dessen treten soll, ergibt sich daraus aber nicht automatisch. Ein wesentlicher Schritt im Rahmen der Zielentwicklung mit Eltern und jungen Menschen ist somit die Entwicklung von positiven Zielen, die deutlich machen, was an Stelle des Bisherigen rücken soll. Umso klarer ein Bild dessen entsteht, was sein soll und worauf hin gearbeitet werden soll, umso leichter fällt es in der Regel sich auf den Weg zu machen. Konkrete und bildlich vorstellbare Ziele sind somit ein weiterer Baustein zur Stärkung der Motivation von Eltern zur Zusammenarbeit mit Fachkräften.

Zu einer tragfähigen Arbeitsbeziehung und zum erstrebenswerten konkreten eigenen Ziel, muss dann als weiterer Faktor dazu kommen, dass Mütter/Väter die Zuversicht haben, „dass das Ziel erreichbar ist und dass sie die Ressourcen und Fähigkeiten besitzen sowie die nötige Unterstützung haben, es zu erreichen" (Furman/Ahola 2010). Wer nicht daran glaubt, etwas verändern zu können, der wird sich auch nicht auf den Weg machen, es zu versuchen, auch wenn das Ziel an sich attraktiv ist. Um Motivation zur Zusammenarbeit und Veränderung bei Eltern zu fördern, müssen somit Anknüpfungspunkte an frühere und aktuelle Ressourcen und Erfolge der Eltern herausgearbeitet werden. Es bedarf zudem der Klärung, welchen Beitrag die Fachkräfte im Rahmen der stationären Hilfe und evtl. andere unterstützende Personen leisten können, damit sie das Vertrauen in mögliche Veränderungen gewinnen und auch realistische Erfolge erzielen können. Sichtbare Fortschritte (auch bei kleinen Schritten) sind eine weitere Quelle der Motivation. Schließlich steigt Motivation aber auch dadurch, dass eventuell zu überwindende Schwierigkeiten auf dem Weg zur Zielerreichung thematisiert und reflektiert werden ({vgl. Martens/Kuhl 2009, Furman/Ahola 2010}).

In der Summe der aufgeführten förderlichen Aspekte hinsichtlich der Motivation zur Zusammenarbeit und Veränderung zeigen sich vielfältige Hinweise zur Ausgestaltung der Kooperation von Fachkräften und Eltern. Die Ansätze machen deutlich, inwiefern Fachkräfte einen Beitrag leisten können, dass Eltern sich im Rahmen der stationären Hilfe einbringen können und wollen. Diese grundsätzlichen Aspekte müssen in der praktischen Umsetzung in Bezug auf einzelne Arbeitsschritte konkretisiert werden. Vertiefende Hinweise hierzu werden im methodischen Teil des Praxishandbuchs weiter ausgeführt.

2.3.3 Zum Verhältnis der Ziele der Eltern zu den Zielen der Fachkräfte und Auflagen

Eigene Ziele der Eltern wurden im vorangegangen Abschnitt als zentraler Motor zur Mitarbeit in stationären Hilfen zur Erziehung beschrieben. Ausgehend von dieser Grundprämisse entstehen oftmals Fragen hinsichtlich der Relevanz von Zielen der Fachkräfte sowie zum Verhältnis von Zielen der Eltern zu Auflagen und Aufträgen von Seiten des Jugendamtes bzw. von Seiten des Familiengerichts.

Um dieses Verhältnis angemessen zu diskutieren, ist es wichtig dahingehend zu unterscheiden, ob Eltern die stationäre Unterbringung ihres Kindes von sich aus gewünscht und unterstützt haben oder ob diese im Rahmen eines Zwangskontextes erfolgt ist. Vielen Heimunterbringungen geht voran, dass Fachkräfte einen dringenden Fremdunterbringungsbedarf erkennen, weil das Kindeswohl akut oder latent im häuslichen Umfeld des Kindes nicht gesichert werden kann. Nicht immer teilen die betroffenen Eltern diese Einschätzung oder sie haben Angst, dass sie durch die stationäre Hilfe mehr verlieren als gewinnen könnten, so dass sie einer Unterbringung ihres Kindes (erst einmal) nicht zustimmen. In einem solchen Kontext entstehen dann oftmals Zwangskontexte. Diese liegen vor, wenn durch das Einschalten des Familiengerichts ein institutioneller Zwangskontext mit rechtlichen Konsequenzen entsteht. Das heißt, das Familiengericht teilt die Einschätzung der Fachkräfte, dass das Kindeswohl nicht gesichert ist und verfügt entsprechende Auflagen. Oftmals entstehen allerdings auch Quasi-Zwangskontexte, da Eltern durch die Androhung der Anrufung des Familiengerichts bzw. durch die Androhung anderer Konsequenzen einer Heimunterbringung zustimmen, obwohl aus ihrer Perspektive die Einsicht in die Notwendigkeit nur bedingt gegeben ist. In solchen Fällen gibt es aufgrund der Einschätzung einer Kindeswohlgefährdung Auflagen und Kontrollaufgaben, die von Seiten des Gerichts oder des Jugendamts als Rahmung der Hilfe gesetzt sind. Diese begründeten Vorgaben sind dann nicht mit Eltern verhandelbar. Auflagen sind somit deutlich von Zielen zu unterscheiden.

Um mit Eltern unter solchen Rahmenbedingungen eine Basis zur Zusammenarbeit schaffen zu können, müssen die gesetzten Auflagen und Bedingungen von Seiten der normgebenden Institution, dem Jugendamt, klar benannt, transparent begründet und kommuniziert werden. Nur so kann mit diesen Vorgaben seitens der Einrichtung angemessen gearbeitet werden. Auch ist es prinzipiell wichtig, Eltern gegenüber die Kontrollaufgaben, die an die Heimeinrichtung delegiert wurden, offen zu legen. Die Erarbeitung und Aushandlung von Zielen der Eltern findet dann innerhalb des gesteckten Rahmens statt. Die gemeinsame Zielklärung ist hier aber nicht weniger bedeutsam als in freiwilligen Kontexten. Oftmals ist sie allerdings mit höheren professionellen Anforderungen verbunden.

Gibt es aus Elternperspektive keine Einsicht in den Sinn und die Notwendigkeit der Hilfe, so verweist Insoo Kim Berg (Berg 1992, S. 65) darauf, dass über die Frage „Wie können wir Ihnen helfen, damit Sie uns bald wieder los werden?" eine Brücke gebaut werden kann, die die Motivation dieser Mütter/Väter aufgreift. So können die unangenehme Zwangssituation einerseits offen thematisiert, andererseits aber auch ein Ausweg aus ihr aufgezeigt werden. In vielen Fällen gelingt es trotz Zwangskontext über die bereits beschriebenen Zugänge im Hilfeverlauf ein Arbeitsbündnis mit Eltern zu schaffen und so auch einen Auftrag von ihrer Seite zur gemeinsamen Arbeit zu bekommen.

Die Auftragsklärung mit Eltern ist ein wichtiger Schritt, um zu klären, ob Eltern bereits für sich Erwartungen an die Hilfe benennen und aktiv Wünsche an die Fachkräfte formulieren können, ob diese sie in konkreten Veränderungsschritten unterstützen können. Der Abgleich wechselseitiger Erwartungen hinsichtlich Aufträgen und Umsetzungsmöglichkeiten stellt dabei eine wichtige Grundlage dar, um eine gemeinsame Zielperspektive erarbeiten zu können.

Das Thema „gemeinsam getragene Ziele" von Eltern und Fachkräften verweist auf ein Spannungsfeld im Kontext der Zielfindung und -formulierung, welches unabhängig von Fragen des Zwangskontextes im Rahmen jeder Hilfe zur Erziehung besteht. Über die vorangegangenen Ausführungen ist deutlich geworden, wie wichtig die Ziele der Eltern und jungen Menschen im Rahmen der Hilfe sind. Als Aufgabe der Fachkräfte wurde in diesem Zusammenhang beschrieben, dass sie die einzelnen Familienmitglieder darin unterstützen, für sich Ziele zu entwickeln und einen Auftrag an die Fachkräfte zu formulieren, in welcher Art und Weise sie zur Erreichung der Ziele unterstützt werden möchten. Allerdings haben Professionelle auch eigene Einschätzungen dazu, was im jeweiligen Fall hilfreich sein könnte bzw. was sie hinsichtlich der Entwicklung des jungen Menschen zu einer eigenverantwortlichen und gemeinschaftsfähigen Persönlichkeit für notwendig erachten.

Hier ergibt sich ein Spannungsfeld zwischen den Polen „Klienten wissen am besten, was sie brauchen" und „Fachkräfte wissen, was es im Fall braucht und was hilft". Beide Seiten sind relevant und dürfen nicht einseitig negiert werden. Die professionelle Herausforderung besteht darin, im Rahmen eines Aushandlungsprozesses Lösungen zu entwickeln, die sowohl von den Familienmitgliedern als auch von Seiten der Fachkräfte mitgetragen werden können. Diese Aushandlung sollte durch die strukturelle Ungleichheit von Adressaten und Fachkräften so geprägt sein, dass den Vorstellungen der Familienmitglieder hinsichtlich der Entwicklung und Erziehung der Kinder sowie des familiären Miteinanders größtmöglicher Raum gelassen wird. Grenzen der Aushandlung sind dann erreicht, wenn das fachlich Notwendige und zur Gewährleistung des Kindeswohls Erforderliche nicht gewährleistet ist. „Die Suche nach dem Willen von Betroffenen bedeutet nicht, dass Professionelle jeden Willen erfüllen! Wenn sie unterstützend tätig werden, muss die Voraussetzung gegeben sein, dass der Wille des Gegenübers mit Funktion und Auftrag des Professionellen vereinbar ist" (Lüttringhaus/Streich 2009, S. 339).

Allerdings ist die Grenze zwischen dem, was als Auftrag und Notwendigkeit der Hilfe von Seiten der Professionellen beschrieben wird, in der Regel nicht eindeutig abgegrenzt zu dem, was als fachlich wünschenswert eingeschätzt wird. Fachkräfte entwickeln in der Zusammenarbeit mit Familien immer auch eigene Ideen, welche Entwicklungen und Veränderungen bezogen auf die Kinder, die Eltern oder auch die ganze Familie bearbeitet werden sollen. Auch entwickeln sie oftmals eigene Lösungsansätze. Diese können hilfreich sein, sofern sie anschlussfähig an die Eigenlogik der Familie (der Eltern und/

oder der jungen Menschen) sind. Sie können allerdings auch für den Hilfeprozess hinderlich sein, wenn Familien dadurch mit ihren eigenen Lösungsideen nicht mehr ausreichend wahrgenommen werden. Diese Pole zwischen „hilfreiche Anregung und Unterstützung geben" und „Familien/Eltern/junge Menschen bevormunden und nicht passende Lösungen vorgeben", gilt es sowohl mit den Familien selbst als auch im Kreise der Fachkräfte zu reflektieren. Leitlinie der Reflexion sollte die Frage sein, was in der Zusammenschau am zieldienlichsten für den Hilfeprozess eingeschätzt wird. Dieses Aushandeln und Ausbalancieren muss jeweils im Einzelfall immer wieder neu erarbeitet und reflektiert werden, um mit den beschriebenen Anforderungen adäquat umgehen zu können.

2.3.4 Eltern in ihrer Erziehungsverantwortung anleiten und unterstützen

Die Erziehungsverantwortung der Eltern zu stärken, ist ein zentrales Ziel der Heimerziehung neben der Förderung der jungen Menschen in ihrer persönlichen Entwicklung. Inwieweit dieses Ziel erreicht werden kann, muss fallbezogen eingeschätzt werden. Außerdem muss konkretisiert werden, welche Unterstützung und Hilfestellung die Eltern benötigen, um die vereinbarten Ziele zu erreichen. Dazu gehört, Verantwortungsübernahme auf einer möglichst konkreten Handlungsebene einzuüben. Dies erfordert Erziehungsverantwortung auf der Ebene von Aufgaben und Tätigkeiten zu beschreiben, eine Kompetenzeinschätzung mit Eltern samt praktischer Erprobung vorzunehmen sowie systematische Anleitung, Unterstützung und Reflexion zur Erweiterung von Kompetenzen der Verantwortungsübernahme anzubieten.

Der Begriff „Verantwortung" umfasst die (Selbst-)Verpflichtung einer Person für eine Aufgabe. Zur Elternverantwortung gehört entsprechend für ihr Kind Sorge zu tragen. Eine Person kann allerdings grundsätzlich die zugewiesene Verantwortung nur übernehmen, wenn sie auch über die nötige Kompetenz verfügt, um die dazu gehörenden Aufgaben ausfüllen zu können. In diesem Sinne geht es im Rahmen von Hilfen zur Erziehung immer auch um die Frage, inwieweit die Eltern über die erforderlichen Kompetenzen verfügen, um der mit Geburt des Kindes erworbenen Erziehungsverantwortung gerecht werden zu können. Für einen Teil der Eltern beinhaltet dies detailliert zu erarbeiten, was zur Erziehungsverantwortung dazu gehört, welche Aufgaben und Tätigkeiten diese umfasst. Erst wenn sie verstehen und nachvollziehen können, was ein Kind braucht, welche Bedeutung ein bestimmtes Handeln für das Kind hat und welches elterliche Tun für das Kind förderlich ist, können sie über alternative Handlungsoptionen für den Bereich der eigenen Erziehungsverantwortung nachdenken bzw. solche erproben.

Eltern in ihrer Erziehungsverantwortung zu stärken, erfordert die gemeinsame Prüfung mit den Eltern, in welchen Bereichen sie bisher gelingend ihrer Verantwortung nachkommen konnten und wo genau sie an Grenzen stoßen. Diese Verantwortungsbereiche sollten nach Möglichkeit in der Zuständigkeit der Eltern bleiben. So sind sie trotz stationärer Unterbringung für ihre Kinder als Eltern wahrnehmbar und als Handelnde präsent. Außerdem werden die Eltern in ihren Ressourcen bestärkt und können sich quasi aus den gelingenden Erfahrungen heraus in einen Lern- und Entwicklungsprozess begeben.

Um mit Eltern an der Erweiterung ihrer Kompetenzen zu arbeiten, ist es hilfreich, sich an grundsätzlichen Prämissen für Veränderungsprozesse zu orientieren. Dazu gehört, dass die Veränderung als solche lohnenswert erscheinen muss. Dies erfordert, dass das anzustrebende Ziel möglichst konkret vorstellbar sowie hinsichtlich seiner Aus- und Nebenwirkungen einschätzbar ist. Darüber hinaus braucht es Gelegenheiten, alternative Verhaltensmöglichkeiten zu erproben und einzuüben. In der Zusammenarbeit mit Eltern, die auf Erweiterung ihrer Erziehungskompetenzen zielt, gilt es vor diesem Hintergrund mit ihnen gemeinsam zu erarbeiten, entlang welcher Aufgaben und Tätigkeiten Verantwortungsübernahme (neu) eingeübt werden soll. Außerdem braucht es Unterstützungsstrukturen, die Eltern helfen, sich andere Handlungsoptionen vorstellen zu können und auch praktisch umzusetzen. Gelegenheiten zum Lernen am Modell, aber auch praktische wie theoretische Anleitung sowie regelmäßige Reflexionsgespräche sind hier geeignete Handlungsansätze.

Eine veränderungsorientierte Zusammenarbeit mit Eltern vollzieht sich so in einem kontinuierlichen Prozess mit zirkulären Schritten, indem die Wahrnehmung bestimmter Aufgaben und Tätigkeiten vereinbart, durchgeführt, reflektiert und wieder neu vereinbart wird. Dies setzt allerdings voraus, dass über eine entsprechend konzipierte Eingangsdiagnostik mit den Eltern die im Einzelfall realistischen Optionen ausgelotet, aber auch die Grenzen bestimmt werden, die die Wahrnehmung von (Teilen der) Erziehungsverantwortung durch andere an Stelle der Eltern ggf. auch über eine längere Zeit erforderlich machen. Diese diagnostischen Einschätzungen zu Beginn der Hilfe müssen kontinuierlich fortgeschrieben werden. Eine Überprüfung der jeweils letzten Einschätzung bietet sich im Zuge der Vorbereitung von Hilfeplangesprächen an. Wie dies genauer ausgestaltet werden kann, wird in den entsprechenden Abschnitten im nachfolgenden Kapitel ausführlicher beschrieben.

Die Zielvereinbarung, an welchen Verantwortungsbereichen im Rahmen der stationären Hilfe gearbeitet werden soll, wird über die Bedarfslage der Eltern hinaus immer auch vom Alter und Entwicklungsstand des Kindes bestimmt. So müssen mit zunehmendem Alter immer mehr Verantwortungsbereiche von den Eltern an die jungen Menschen selbst übergehen. Dies gilt besonders für die Bereiche der Gesundheitsfürsorge, der Alltagsversorgung und auch der Freizeitgestaltung. Aber auch im Bildungsbereich sowie bezogen auf Werte und Normen, Emotionalität und Bindung verändern sich die relevanten Aufgaben und Tätigkeiten im Eltern-Kind-Verhältnis. Diesen „natürlichen" Entwicklungsprozessen muss auch die Heimerziehung Rechnung tragen, und zwar sowohl in der Zusammenarbeit mit den Eltern als auch in der Gestaltung des Erziehungsalltags mit den jungen Menschen. Vor diesem Hintergrund ist ein veränderungsorientierter Arbeitsprozess grundsätzlich mit allen Eltern unabhängig vom Alter der jungen Menschen angezeigt. Allerdings muss er sich an den jeweils relevanten Themen und Aufgaben für Eltern und junge Menschen ausrichten.

In der Summe ist somit festzustellen, dass eine gelingende Zusammenarbeit mit Eltern im Rahmen der Heimerziehung eng mit einer wertschätzenden Haltung gegenüber den Lebensentwürfen der Mütter/Väter und ihrer ernsthaften Beteiligung verknüpft ist. Außerdem ist es notwendig die gemeinsamen Arbeitsprozesse aushandlungsorientiert sowie ausgerichtet auf Ressourcenaktivierung, Unterstützung und Stärkung der Elternverantwortung auszugestalten. Ausgehend von den Zielsetzungen der Zusammenarbeit mit Eltern im stationären Kontext und der Analyse der Anforderungen und Rahmenbedingungen in der Heimerziehung, stellt sich die Frage, wie die benannten Konkretisierungen und Weiterentwicklungen der Praxis aussehen können, damit der Arbeit mit Eltern im stationären Alltag der Stellenwert zukommen kann, der fachlich seit langem angemahnt wird. Diesen Fragestellungen ist das Projekt „Heimerziehung als familienunterstützende Hilfe" nachgegangen. Die hier entwickelten Arbeitsstrukturen und methodischen Ansätze werden im nächsten Kapitel ausführlich beschrieben.

3. Zusammenarbeit mit Eltern gestalten – Methodische Ansätze und unterstützende Instrumente

Wie die Analyse zur Praxis der Heimerziehung gezeigt hat, ergeben sich aus den spezifischen Spannungsfeldern Hürden und Stolpersteine, die bislang die systematische Realisierung von Zusammenarbeit mit Eltern erschweren. Insbesondere die gleichzeitig erforderliche Ausrichtung der Hilfe an den Bedarfen der jungen Menschen wie auch ihrer Eltern sowie die Anforderungen der Gruppe einerseits und der individuellen Hilfegestaltung andererseits führen zu komplexen Situationen, die entsprechend gesteuert und gestaltet werden müssen. Es fehlt bislang an erprobten Konzepten und angemessenen Rahmenbedingungen zur systematischen Verankerung in Regelgruppen.

Um praktische Handlungsansätze zu gewinnen, hat es sich im Verlauf des Projektes „Heimerziehung als familienunterstützende Hilfe" als sinnvoll erwiesen, Möglichkeiten der Zusammenarbeit mit Eltern systematisch entlang des Hilfeverlaufes und der zentralen Schlüsselprozesse stationärer Hilfen zu erarbeiten. Nur so kann letztlich erreicht werden, dass die Zusammenarbeit mit Eltern durchgängig Berücksichtigung findet und mit der Förderung der jungen Menschen korrespondiert. Als relevante Schlüsselprozesse konnten hierfür der Hilfebeginn, die sozialpädagogische Diagnostik, die Hilfe- und Erziehungsplanung sowie die Gestaltung eines eigenständigen Arbeitsprozesses mit den Eltern identifiziert werden. Außerdem gilt es zu prüfen, welche Rahmenbedingungen und Arbeitsstrukturen erforderlich sind, um die entwickelten Standards realisieren zu können.

In diesem Kapitel werden die Erkenntnisse des Praxisforschungsprojektes „Heimerziehung als familienunterstützende Hilfe" sukzessive entlang dieser Schlüsselprozesse vorgestellt. Die fachlichen Ausführungen werden beispielhaft ergänzt durch ausgewählte Instrumente und Vorlagen, die die beteiligten Einrichtungen erarbeitet haben. Um das Zusammenspiel der einzelnen

Aspekte deutlich zu machen, wird den detaillierten Ausführungen modellhaft ein Verfahrensablauf für die fallbezogene Ausgestaltung der Zusammenarbeit mit Eltern vorangestellt.

3.1 Die Zusammenarbeit mit Eltern fallbezogen adäquat einschätzen und umsetzen – Ein Überblick

Die Unterbringung eines jungen Menschen in einer stationären Einrichtung der Jugendhilfe ist ein einschneidendes Lebensereignis für das Mädchen/ den Jungen und seine Familie. Die Gründe, die zu dieser Entscheidung geführt haben, können sehr unterschiedlich sein, sowohl was die Problemlagen, die Ressourcen, aber auch die Einschätzungen zur Notwendigkeit der Hilfe anbelangt. Angesichts des Stellenwertes der Zusammenarbeit mit Eltern als zentralem Gelingens- und Wirkfaktor der Hilfen zur Erziehung, besteht die fachliche Herausforderung darin, in den verschiedenen Phasen des Hilfeprozesses jeweils einzuschätzen und zu reflektieren, wie sich die Motivation der Eltern(teile) zur Zusammenarbeit mit der Einrichtung darstellt, welche Unterstützungsbedarfe mit den Eltern herausgearbeitet und wie durch professionelle Impulse Entwicklungen angestoßen werden können. So ist in jedem Einzelfall zu klären,

☐ welche Formen der Zusammenarbeit angemessen sind,

☐ welche Begleitung und Unterstützung der Eltern möglich und zieldienlich ist und

☐ welche Themen es zwischen dem jungen Menschen und seiner Mutter und/oder seinem Vater zu bearbeiten gilt, so dass die jeweiligen Ziele der Hilfe erreicht werden können sowie Eltern und Kind zukünftig (wieder) gelingender miteinander umgehen können.

Wie dies umgesetzt werden kann, soll nun aus der Perspektive des Einzelfalls entlang eines idealtypischen Vorgehens dargestellt werden. Dazu werden ausgehend vom Erstkontakt einer stationären Einrichtung mit den Eltern bis hin zum Hilfeende fachliche Einflussmöglichkeiten und Vorgehensweisen aufgezeigt, wie sie im Rahmen des Projektes herausgearbeitet wurden.

Bereits beim *Vorstellungsgespräch* in der Einrichtung können erste Signale bezüglich des Stellenwerts und der Optionen zur Zusammenarbeit an Mütter und Väter gesendet werden. So können mit der Vorstellung des Einrichtungskonzeptes die Grundphilosophie der Elternarbeit skizziert und die angestrebten Formen der Zusammenarbeit mit den jeweiligen Unterstützungsoptionen vorgestellt werden. Zwischen ersten Kontakten und der Aufnahme des jungen Menschen ist idealtypisch ein sukzessiver Übergang anzustreben. Entscheiden sich die Eltern für eine Unterbringung in der Einrichtung, so kann ein Element des schrittweisen Übergangs ein *Hausbesuch vor Aufnahme* des Kindes sein. Ein wechselseitiges Kennenlernen vor der Unterbringung des jungen Menschen in der Einrichtung ist grundsätzlich als zieldienlich anzusehen. Das *Aufnahmegespräch* kann wiederum als ein zentraler Ort für Botschaften an Eltern sowie für erste Vereinbarungen zur Zusammenarbeit ausgestaltet werden. Idealtypisch findet dieses Gespräch mit dem jungen Menschen, den Eltern, der zuständigen Fachkraft des Allgemeinen Sozialen Dienstes des Jugendamtes und Fachkräften der Einrichtung statt und wird bewusst als Startpunkt der stationären Hilfe gestaltet. So sollten in diesem Kontext erste Aufträge und Zielsetzungen der Hilfe formuliert, erste Vereinbarungen zu Kontakt- und Besuchsregelungen von Eltern und Kind getroffen sowie der „Fahrplan" bis zum Ende der Diagnosephase, welche in der Regel drei bis vier Monate umfasst, vereinbart werden. Als zieldienlich hat sich erwiesen, diese Vereinbarungen schriftlich zu fixieren und sie in Form eines ersten Hilfeplans festzuhalten, so dass alle Beteiligten einen gemeinsamen Start- und Bezugspunkt zu Hilfebeginn haben. In diesem Zusammenhang sollten zudem auch explizit noch offene Fragen formuliert werden, auf deren Klärung dann in der diagnostischen Phase zu Hilfebeginn hingearbeitet werden kann. Naturgemäß liegen zu diesem Zeitpunkt noch keine Einschätzungen von Seiten der Einrichtung vor. Diese systematisch zu erarbeiten, ist Aufgabe der sich anschließenden sozialpädagogischen Diagnostik.

Die Fachkräfte der Einrichtung stehen zu Hilfebeginn vor der Herausforderung, dass sie die Familie in der Regel nicht kennen. In der *Eingangsphase der stationären Hilfe muss* darum zunächst ein eigenständiger Arbeits- und Einschätzungsprozess mit den einzelnen Familienmitgliedern initiiert werden, um eine gemeinsame Arbeitsgrundlage zu schaffen. Außerdem gilt es in jedem Einzelfall einzuschätzen, inwiefern Mütter und/oder Väter bereits zur Zusammenarbeit motiviert sind, welche Formen und welche Intensität der Arbeit mit den Eltern(-teilen) entsprechend angebracht sind und welche Themen zur Klärung der Beziehung zwischen Eltern und Kind zur Bearbeitung anstehen. Im Rahmen von *Elterngesprächen*, einem *Hausbesuch* in dieser Zeit sowie durch *Beobachtungen von Eltern-Kind-Interaktionen* sollen systematisch Informationen gesammelt werden, damit die Optionen zur Zusammenarbeit eingeschätzt werden können. Um diesen Prozess zu unterstützen, wurde eine Reihe von Instrumenten entwickelt. Diese zielen auf die Initiierung von Verstehensprozessen hinsichtlich der Logik des Familiensystems, auf die Bewertung der Eltern-Kind-Beziehung und der Motivationslage sowie auf die Beurteilung der Verantwortungsübernahme durch Eltern(teile) in verschiedenen Bereichen hinsichtlich gelingender und weiterentwicklungsbedürftiger Aspekte.

Nachdem in den ersten Monaten der stationären Hilfe in unterschiedlichen Kontexten Informationen erhoben und erste Erfahrungen in der Zusammenarbeit mit Eltern gemacht wurden, ist es bedeutsam diese Daten und Eindrücke fachlich zu bewerten. Ein zentraler Ankerpunkt der Reflexion ist eine *methodisch strukturierte Fallberatung im Team* zum Ende der Diagnosephase. Fokus dieser Beratung ist die Einschätzung der Optionen und ersten Ansatzpunkte der Elternarbeit im jeweiligen Fall. Erste Hypothesen sowie Ideen für Interventionen können in diesem Zusammenhang gebildet werden. Anschließend sollten die gewonnenen Einschätzungen den Eltern gegenüber in einem Gespräch transparent gemacht und mit deren Einschätzungen der Situation abgeglichen werden. Im Idealfall können erste konkretisierende Vereinbarungen zur weiteren Zusammenarbeit in den Blick rücken. Abgeschlossen wird die Diagnosephase nach drei bis vier Monaten durch ein weiteres *Hilfeplangespräch*, in dem die verschiedenen Einschätzungen zwischen Eltern, jungem Mensch, Fachkräften der Einrichtung und des Jugendamtes besprochen und entsprechende Vereinbarungen zur weiteren Arbeit getroffen werden. Je nach Fall können die Ansatzpunkte und Arbeitsoptionen mit den betreffenden Müttern und Vätern sehr verschieden sein.

Ein bedeutsamer Entscheidungspunkt zur weiteren Arbeit ist die Frage, inwiefern auf Seiten der Eltern Problemakzeptanz, Problemkongruenz und Hilfeakzeptanz gegeben ist. Problemakzeptanz bedeutet in diesem Zusammenhang, dass Eltern akzeptieren können, dass ein Problem vorliegt. Es besteht somit die Einsicht, dass eine Situation gegeben ist, die eine Notwendigkeit zur Veränderung mit sich bringt. Der Aspekt der Problemkongruenz verweist darauf, wie übereinstimmend das Problem aus Perspektive der Eltern und Fachkräfte eingeschätzt wird. Die diesbezügliche Frage ist, ob sich gemeinsame Bezugspunkte zur Beschreibung des Problems finden lassen. Als dritter Punkt ist die Hilfeakzeptanz relevant. Hier geht es darum, inwiefern Mütter und Väter die stationäre Hilfe zur Lösung des beschriebenen Problems annehmen können. Denken die Eltern, dass die Hilfe für sie hilfreich und zieldienlich sein kann? Inwieweit gehen sie davon aus, dass die Hilfe ihnen etwas bringen könnte? Ist einer dieser Punkte nicht gegeben, so stellt dessen Klärung einen zentralen Inhalt der Zusammenarbeit mit den Eltern dar. Problemakzeptanz, Problemkongruenz und Hilfeakzeptanz bauen gewissermaßen aufeinander auf. Problemkongruenz kann nur auf der Basis einer grundsätzlichen Problemakzeptanz erreicht werden. Ein gewisses Maß an Problemkongruenz ist wiederum Voraussetzung für Hilfeakzeptanz. Hilfeakzeptanz schließlich stellt eine wesentliche Basis dafür dar, dass für die Eltern eine Zusammenarbeit mit den Fachkräften sinnhaft und eine gemeinsame Arbeit an der Veränderung des eigenen Verhaltens erstrebenswert erscheinen.

Eng damit verbunden sind Motivationsfragen hinsichtlich der Zusammenarbeit mit den Fachkräften der stationären Einrichtung. Sind Problemakzeptanz, Problemkongruenz und Hilfeakzeptanz (noch) nicht ausreichend von

Seiten der Eltern gegeben, bedeutet dies, dass von Seiten der Fachkräfte an der Anschlussfähigkeit der Hilfe an die Lebenswelt der Familie und deren Handlungslogiken gearbeitet werden muss. Aber auch im weiteren Hilfeverlauf sind mögliche Schwankungen in der Motivation im Blick zu behalten. Die *Arbeit an der Motivation zur Zusammenarbeit* bleibt durchgängig ein wesentlicher Auftrag der Fachkräfte.

Auch wenn auf Seiten der Mütter und Väter die notwendige Bereitschaft oder sonstige Voraussetzungen zur Veränderung eigener Handlungsweisen noch nicht gegeben sind, gibt es Ansatzpunkte und Aufträge zur Zusammenarbeit mit den Eltern, die in jedem Fall von Seiten der Einrichtung realisiert werden können. So hat sich herauskristallisiert, dass die *Sicherstellung des Informationsflusses* und des Austauschs mit den Eltern zum Alltag sowie zu Entwicklungsfortschritten ihrer Kinder ein bedeutsamer Aspekt der Zusammenarbeit ist. Wenn sich Fachkräfte ohne spezifischen Anlass mit den Eltern in Verbindung setzen, um über die Erlebnisse des Mädchen/Jungen und den Heimalltag der vergangenen Woche zu berichten, so kann hierüber eine wichtige Brücke geschaffen werden. Eltern können so weiterhin am Leben des Kindes teilhaben und das Kind kann zumindest punktuell im Alltag der Familie präsent bleiben. Darüber hinaus sollten für alle Mütter und Väter im Jahresverlauf *Angebote der Kontakt- und Freizeitgestaltung* gemeinsam mit den Kindern gemacht werden. Über positive gemeinsame Erlebnisse und schöne Zeiten können sich Familien wieder anders erfahren. Auch können so Ansatzpunkte für Veränderungsoptionen entstehen.

Ein weiterer niedrigschwelliger Zugang der Zusammenarbeit im stationären Kontext ist das *Belassen von gelingenden Verantwortungsbereichen bei den Eltern.* Die Erziehungsverantwortung von Eltern erstreckt sich über vielfältige Aufgaben und Tätigkeiten. Hier gilt es im Rahmen der Eingangsdiagnostik zu sondieren, welche Erziehungsaufgaben vor der Unterbringung kompetent wahrgenommen wurden und inwiefern diese Fähigkeiten der Mutter/des Vaters im stationären Alltag (zumindest punktuell) weiterhin zur Geltung kommen können. Durch die stationäre Unterbringung müssen in der Regel nicht automatisch alle Alltagsbelange in die Verantwortung der Fachkräfte übergehen. Es sollte in jedem Einzelfall kritisch geprüft werden, inwiefern und in welchem Maße sich Eltern in Teilbereichen weiterhin um ihr Kind kümmern können. Kompetenzen, die vorhanden sind und dennoch entzogen werden, lassen sich nach einem längeren Hilfeprozess schwieriger wieder aufbauen, als wenn sie während dessen weiter gepflegt werden können.

Gelingt es bereits zu Hilfebeginn oder auch im Hilfeverlauf, dass Eltern für sich Zielsetzungen hinsichtlich der *Veränderung von Erziehungsbedingungen im familiären Kontext* entwickeln, so stellt sich die Frage, welche Begleitung und Hilfestellung Mütter und Väter hierzu im Rahmen der Hilfe erfahren können. Wenn mit Eltern an der Erweiterung ihrer Kompetenzen gearbeitet werden soll, müssen in der Regel mehrere Zugänge miteinander kombiniert werden. So bedarf es zum einen *regelmäßiger Elterngespräche,* in denen darauf hingearbeitet wird, dass Eltern Zielperspektiven für sich entwickeln, Handlungsoptionen für konkrete Situationen herausgearbeitet werden sowie das eigene Handeln jeweils reflektiert wird. Zum anderen brauchen die meisten Mütter und Väter zusätzlich *Angebote des Modelllernens und Übens in der Heimgruppe.* Um eine konkrete Vorstellung davon zu entwickeln, wie die praktische Umsetzung einer alternativen Handlungsstrategie aussehen kann, hat sich gezeigt, dass es für viele Eltern hilfreich ist, wenn sie erst einmal beobachten können, wie Fachkräfte eine bestimmte Aufgabe mit dem Kind angehen. Hat ein Elternteil durch Gespräche und/oder Beobachtungen eine Idee für das eigene Handeln entwickeln können, kann diese Handlungsoption als nächster Schritt im Gruppenkontext ausprobiert werden. So können mit der Unterstützung der Fachkraft eigene Erfahrungen gesammelt werden. Damit Eltern allerdings neue Handlungsstrategien in ihren eigenen Alltag integrieren können, bedarf es für viele zusätzlicher *Unterstützungs- und Übungseinheiten im häuslichen Umfeld.* Das Erarbeitete bzw. Erlernte kann so unter „normalen" Anforderungsbedingungen ausprobiert und anschließend wiederum reflektiert werden. Erste Einschätzungen zu Kompetenzen sowie zur Motivation der Eltern hinsichtlich der Veränderungsbereitschaft in bestimmten Bereichen können zumeist bis zum Ende der Diagnosephase gewonnen werden. Mit welcher Intensität in die Arbeit mit den Eltern eingestiegen werden kann, ist auf dieser Basis jeweils fallbezogen zu klären und kann sich in verschiedenen Phasen des Hilfeprozesses verändern.

Ein bedeutsamer Steuerungsort für die Zusammenarbeit mit den Eltern sind die *halbjährlichen Hilfeplanfortschreibungen.* In diesem Zusammenhang gilt es jeweils zu reflektieren, welche Zielsetzungen Eltern im Rahmen der Hilfe verfolgen, wie ihre Motivation zur Zusammenarbeit in bestimmten Bereichen aussieht, welche Kompetenzen bei den Eltern verbleiben und an welchen Erweiterungen gearbeitet werden kann. Die jeweilige Qualität und Quantität der Unterstützungsleistungen von Seiten der Einrichtung ist möglichst konkret zu vereinbaren. Als zieldienlich hat sich erwiesen, die Hilfeplanziele nach kind- und elternbezogenen Zielen auszudifferenzieren. Wer an welchen Punkten arbeiten möchte und was er/sie konkret dazu beiträgt, wird somit deutlicher erkennbar. Damit Hilfeplangespräche zum realen Ort der Aushandlung werden können, sollte diese möglichst mit dem jungen Menschen und den Eltern vorbereitet werden. Hierüber werden die einzelnen Familienmitglieder befähigt, sich aktiv zu beteiligen und für sie relevante Zielsetzungen zu formulieren.

Neben den Meilensteinen der Hilfeplangespräche, sind zudem *regelmäßige Planungs- und Reflexionsgespräche* sowohl innerhalb der Teams als auch zwischen Fachkräften und Eltern eine wichtige Voraussetzung dafür, einen kontinuierlichen Prozess im Rahmen der Elternarbeit begleiten zu können. Sollen Veränderungen in den Erziehungsbedingungen der Herkunftsfamilie initiiert werden, so muss die Motivation der Eltern zur Zusammenarbeit aufgegriffen und eine kontinuierliche, oftmals auch zeitlich relativ dicht organisierte Unterstützung und Begleitung gewährleistet werden. Dies ist notwendig, da alternative Handlungsmuster erst eingeübt und verinnerlicht werden müssen, bevor sie in Situationen „automatisch" abrufbar werden. Vielfältige Erlebens- und Lernoptionen auf der Handlungsebene zu eröffnen und anschließend zu reflektieren, um immer wieder auch Erfolge und Fortschritte sichtbar zu machen, ist somit zentraler Inhalt einer veränderungsorientierten Zusammenarbeit mit Eltern. Dazu bedarf es eines eigenständigen und geplanten Arbeitsprozesses mit Eltern, der nicht bei der Zielformulierung ste-

hen bleibt, sondern Schritt für Schritt übersetzt, was es auf der Handlungsebene zu tun gilt, um sich dem jeweiligen Ziel zu nähern.

In der Zusammenschau lässt sich dieser Prozess wie folgt visualisieren:

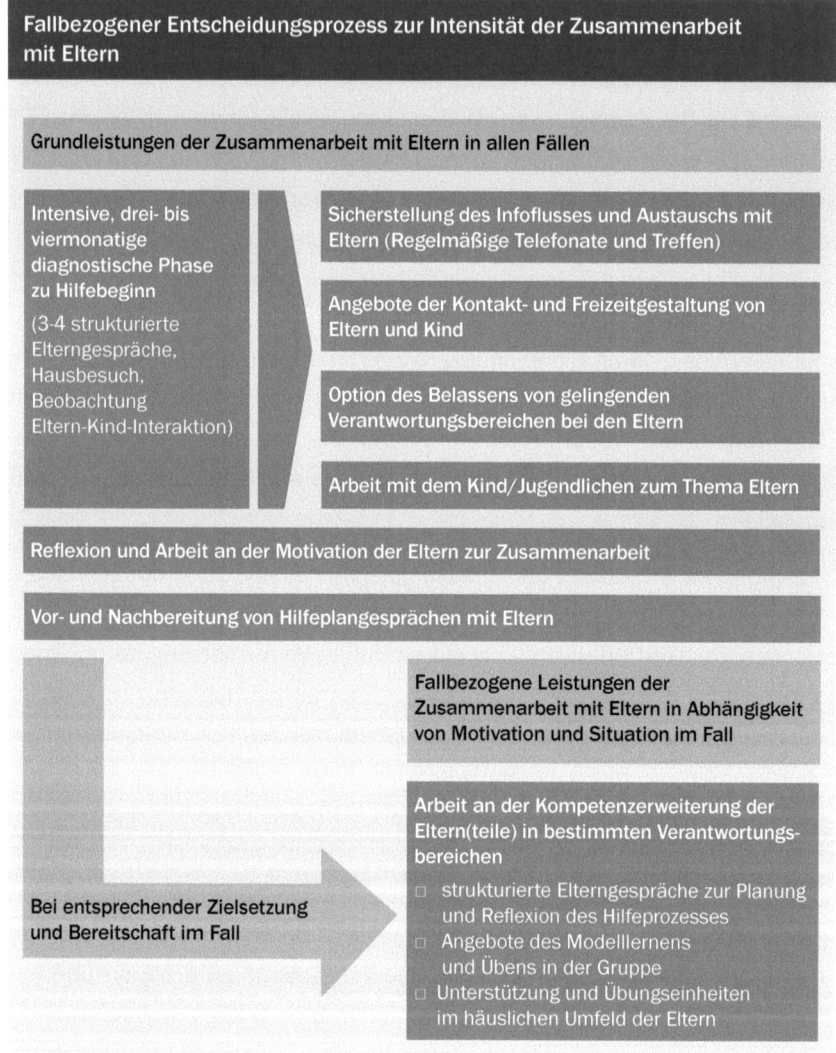

Um eine solche Zusammenarbeit mit Eltern zu erreichen, muss die Phase des
Hilfebeginns deutlich intensiver genutzt werden. Dabei kommt es insbeson-

dere darauf an, Eltern auch im stationären Kontext expliziter in ihrer Elternrolle anzusprechen und ihnen von Anfang an einen festen Platz im Rahmen der Hilfe einzuräumen. Auch muss die Arbeit an der Motivation der Eltern zur Zusammenarbeit mit der Einrichtung sowie an der Bereitschaft zur Veränderung der Bedingungen, die zur Unterbringung geführt haben, explizit als Arbeitsauftrag der Elternarbeit verstanden werden. Die professionelle Leitfrage lautet dabei: Was können Fachkräfte tun, um Eltern für die Zusammenarbeit zu gewinnen und für Entwicklungsimpulse offen zu werden? Konnten Eltern für sich lohnenswerte Zielsetzungen entwickeln, gilt es entsprechende Rahmenbedingungen zu schaffen, um eine Begleitung und Unterstützung der Mütter/Väter sicherzustellen, die Veränderungsprozesse hinsichtlich der Erziehungsbedingungen in der Herkunftsfamilie fördert.

In den folgenden Abschnitten wird genauer ausgeführt, wie diese Anforderungen methodisch umgesetzt werden können und welche fachlichen Standards hierbei zielführend sind. Dabei folgt die Darstellung fünf Handlungsebenen, die sich als zentral für die fachliche Weiterentwicklung einer veränderungsorientierten Zusammenarbeit mit Eltern im Rahmen der Heimerziehung erwiesen haben. Diese sind:

□ die stärkere Fokussierung des Hilfebeginns,

□ die Ausgestaltung einer sozialpädagogischen Diagnostik unter der Zielsetzung der Einschätzung des Bedarfs und der Optionen der Zusammenarbeit mit Eltern im jeweiligen Fall,

□ die stärkere Verankerung der Zusammenarbeit mit Eltern im Rahmen der Hilfe- und Erziehungsplanung sowie der Intensivierung der Beteiligung der Eltern und jungen Menschen in diesen Kontexten,

□ die Ausgestaltung eines eigenständigen und geplanten Arbeitsprozesses mit Eltern, um Beziehungsaspekte klären und um an der Stärkung der Erziehungskompetenz arbeiten zu können,

□ die Erarbeitung entsprechender Konzepte und die Schaffung adäquater Rahmenbedingungen, um in stationären Regelgruppen die fachlichen Anforderungen realisieren zu können.

3.2 Der Hilfebeginn als Schlüsselprozess für die Initiierung gelingender Zusammenarbeit

Der erste Kontakt sowie die erste Zeit im Rahmen der Zusammenarbeit zwischen Eltern, jungen Menschen und Fachkräften bestimmen oftmals den weiteren Verlauf der Hilfe. Ein gelingender Einstieg, bei dem alle Beteiligten schnell zueinander Vertrauen fassen können, erleichtert es, gemeinsam getragene Ziele zu finden und auch schwierige Themen anzugehen. Ist der Erstkontakt dagegen von Misstrauen geprägt, sind im weiteren Verlauf häufiger Vorsicht und mühsames Ringen um gangbare Schritte bestimmend. In sämtlichen Beratungs- und Hilfekontexten ist darum der Kontaktaufnahme und dem Einstieg in die Arbeitsbeziehung eine besondere Bedeutung beizumessen. „In der Regel wird in den ersten ein bis zwei Minuten eines Gespräches die Beziehung definiert und damit entschieden, ob es gelingt, Kontakt zu dem Gesprächspartner aufzubauen und Vertrauen herzustellen" (König/ Volmer 2000, S. 62).

Vor diesem Hintergrund stellt sich die Frage, wie durch eine entsprechende Gestaltung des Hilfebeginns der Einstieg in eine tragfähige Arbeitsbeziehung unterstützt und gefördert werden kann. Im Rahmen der Heimerziehung ist dabei bezogen auf die Eltern sowohl die Akzeptanz der Unterbringung des Kindes als auch die Bereitschaft zur Zusammenarbeit mit den Fachkräften bedeutsam. Zur Ausgestaltung der Arbeitsbeziehung liefern die Erkenntnisse des Projektes „Heimerziehung als familienunterstützende Hilfe" eine Reihe von Anknüpfungspunkten. Zunächst gilt es bereits vor der Aufnahme Gelegenheiten zum wechselseitigen Kennenlernen zu schaffen. Für eine zielführende Ausgestaltung sind dabei vor allem die Haltung der Fachkräfte sowie ihre Botschaften an die Eltern bestimmend. Des Weiteren empfiehlt es sich, Vorstellungs- und Aufnahmegespräch bezüglich Zielsetzung und inhaltlicher Schwerpunktsetzung zu unterscheiden. Während dem Vorstellungsgespräch stärker die Funktion des wechselseitigen Kennenlernens zukommt, sollten im Aufnahmegespräch erste Absprachen zur Zusammenarbeit im Vordergrund stehen, die in einem Kontrakt für die ersten Wochen verbindlich vereinbart werden. Schließlich hat es sich als hilfreich erwiesen, die ersten Tage nach Aufnahme in dem Bewusstsein zu gestalten, dass Eltern und Kinder sich von einander verabschieden und sich jeweils an ihrem (neuen) Lebensort mit den veränderten Bedingungen zurecht finden müssen. Auch die Eltern in der Bewältigung dieser neuen Situation zu unterstützen, stellt ein wesentliches Element im Aufbau einer gelingenden Zusammenarbeit mit ihnen dar. Diese Anforderungen werden nachfolgend näher ausgeführt. Daran anschließend wird zum einen aufgezeigt, dass eine solche Gestaltung des Hilfebeginns auch bei Inobhutnahmen relevant ist und entsprechend situationsangemessen umgesetzt werden muss. Zum anderen wird auf die Bedeutung der Kooperation mit dem Jugendamt gerade zu Hilfebeginn abgehoben. Insbesondere ein angemessener Informationsfluss, ausreichend Zeit für die Vorbereitung der Aufnahme sowie die Gewährleistung eines zeitnahen Hilfeplangespräches stellen wichtige Unterstützungselemente seitens des öffentlichen Trägers dar, die wesentlich zu einer gelingenden Gestaltung des Hilfebeginns beitragen.

3.2.1 Das Vorstellungsgespräch und die Vorbereitung der Aufnahme

Der Übergang in eine Heimeinrichtung ist für den jungen Menschen und seine Familie eine einschneidende Zäsur, die oftmals mit Krisensituationen, Schuld- und Schamgefühlen sowie Unsicherheiten einhergeht. Wissend um diese Gefühle und Bilder gilt es, diese im professionellen Vorgehen zu berücksichtigen und den Übergang entsprechend vorzubereiten und auszugestalten. Dabei geht es insbesondere darum:

- mit den einzelnen Familienmitgliedern in Kontakt zu treten und das Familiensystem kennen zu lernen,

- den Eltern und jungen Menschen Ängste und Unsicherheiten bzgl. der Heimunterbringung zu nehmen,

- den Eltern die Sicherheit zu geben, dass ihr Kind in der Heimgruppe gut aufgehoben ist,

- den Eltern Botschaften und Informationen bzgl. ihrer Rolle als Mutter und Vater im Rahmen der stationären Hilfe zu vermitteln und über Beteiligungs- und Unterstützungsoptionen aufzuklären.

Die Vorbereitung der Aufnahme sowohl von Seiten der Familie als auch von Seiten der Fachkräfte ermöglicht einen planvollen Einstieg in die stationäre Hilfe. Hierzu ist es förderlich, dass Eltern und junger Mensch die Einrichtung und Heimgruppe vor Aufnahme besichtigen können und für ihre Fragen ausreichend Raum gegeben wird. Zudem sollte das Wunsch- und Wahlrecht an dieser Stelle Beachtung finden, indem den Familienmitgliedern eine Wahloption in der Entscheidung für die jeweilige Einrichtung bleibt.

Nach Möglichkeit sollte der erste Kontakt zwischen Eltern und Fachkräften der Einrichtung im Rahmen eines Vorstellungsgesprächs in der Einrichtung stattfinden. In diesem Rahmen geht es um ein erstes wechselseitiges Kennenlernen. Angesprochen werden sollten:

☐ die aktuelle familiäre Situation,

☐ die Frage, warum eine stationäre Aufnahme als adäquate Maßnahme eingeschätzt wird,

☐ welche Erwartungen und Aufträge an die Einrichtung gestellt werden und

☐ in welchem Zeitfenster die Aufnahme erfolgen soll.

Von Seiten der Einrichtung gilt es zu vermitteln, welche Hilfeangebote gemacht werden können, welche Grundhaltung vertreten und mit welchen Methoden und Vorgehensweisen gearbeitet wird. Die zukünftige Tagesstruktur des Kindes, zentrale Regeln sowie Stellenwert und Angebote der Zusammenarbeit mit den Eltern sollten thematisiert werden. Das Gespräch dient sowohl für die Familie als auch die Einrichtung als Entscheidungsgrundlage für eine potenzielle Zusammenarbeit. So sollte zum Abschluss des Gesprächs vereinbart werden, wann Eltern und Fachkräfte jeweils Rückmeldung bezüglich ihrer Entscheidung zur Aufnahme des Kindes geben. Bereits an diesem Punkt kann Elternverantwortung gestärkt werden.[1]

---

[1] Eine Einrichtung hat darüber hinaus das Vorstellungsgespräch zum Ort für die erste Auftragsklärung weiterentwickelt. Dabei geht es auch darum, dass Eltern eigene Aufträge formulieren und somit auch auf dieser Ebene ihre Verantwortung gestärkt wird. Der Leitfaden für dieses Modell des Vorstellungsgespräches befindet sich im Anhang.

Ist die Entscheidung für die Aufnahme des Kindes gefallen, sollte möglichst frühzeitig im Team der Heimgruppe die Frage des Bezugserziehers/der Bezugserzieherin geklärt werden. Eine solch frühe Festlegung hat sich als fachlich sinnvoll erwiesen, da sie die Möglichkeit bietet, bereits vor der Aufnahme des Kindes Kontakt zur Familie aufzunehmen. Außerdem können am Aufnahmetag möglichst schon bekannte Personen, die auch später den intensiven Kontakt mit der Familie pflegen, die Eltern und das Kind willkommen heißen. Neben telefonischen Kontakten realisieren einzelne Einrichtungen bereits einen Hausbesuch vor Aufnahme des Kindes. Damit soll signalisiert werden, dass die Fachkräfte engen Kontakt zur Herkunftsfamilie wünschen und am familiären Umfeld des jungen Menschen interessiert sind. So sollen möglichst früh eine Vertrauensbasis für die Zusammenarbeit geschaffen und Hemmschwellen gegenüber Kontakten in den familialen Nahraum (Hausbesuch) entgegen gewirkt werden. Zudem sind so bereits vor der Aufnahme konkrete Absprachen zur Kontaktpflege und zur Zusammenarbeit möglich.

Beispielhaft wird hierzu ein Raster zur Verschriftlichung der getroffenen Vereinbarungen vorgestellt, das in St. Raphael, Altleiningen, im Projektverlauf entwickelt wurde (siehe Seite 56-57).

Eine andere Möglichkeit ist es, den Erstkontakt mit der Familie in deren sozialem Umfeld, beispielsweise in ihrer Wohnung oder auch an einem anderen von ihnen gewünschten Ort, herzustellen. Damit kann der Familie signalisiert werden: „Wir kommen Ihnen entgegen." Auch wird der Familie bzw. den Eltern zugestanden, dass sie den Rahmen für die erste Begegnung mitbestimmen. Fokus dieses ersten Gespräches ist die Sicht der Familie und ihre Anliegen an die Hilfe. Ein zweiter Kontakt in der Einrichtung schließt sich in diesem Fall an und hat dann das Kennenlernen der Gruppe und der Möglichkeiten zur Zusammenarbeit zum Schwerpunkt.

Vereinbarungen zur Zusammenarbeit

Zwischen _____

und der Gruppe _____ wird Folgendes vereinbart:

1. Die Aufnahme findet am _____ um _____ Uhr statt.
   Bitte bringen Sie für die Begrüßung und das Einräumen des
   Zimmers gut zwei Stunden Zeit mit.

2. Der Kontakt zwischen dem Kind und seiner Familie ist wichtig und
   wird wie folgt geregelt:

   a. Telefontage sind _____ in der Zeit
      von ___ bis ___ Uhr.

   b. Heimfahrten finden alle _____ Wochen statt.
      Die Hinfahrt erfolgt freitags ab _____ Uhr durch

      _____ .

      Die Rückfahrt erfolgt sonntags ab _____ Uhr durch

      _____ .

3. Wir freuen uns über Besuche der Familie in unserer Gruppe.
   Damit Ihr Kind und die Gruppe sich darauf vorbereiten können, bitten
   wir Sie, Ihr Kommen einen Tag vorher anzumelden.

4. Wir laden Sie zu folgenden Festen in unserer Einrichtung ein
   (Sommerfest, Weihnachtsfeier, Kindergeburtstag):

   _____

   _____

5. Die Gruppe ist für Informationen, Fragen und Anregungen der Familie
   offen und werktags zwischen 15.00 und 18.00 Uhr am günstigsten zu
   erreichen.

6. Die Familie ist wie folgt am günstigsten zu erreichen:

Name	Telefonnummer	Uhrzeit
Name	Telefonnummer	Uhrzeit

7. Weitere wichtige Bezugspersonen des Kindes bzw. Jugendlichen sind:

Name	Telefonnummer	Uhrzeit
Name	Telefonnummer	Uhrzeit

8. In den nächsten Wochen finden zwei geplante Elterngespräche statt:

Datum	Uhrzeit	Ort
Datum	Uhrzeit	Ort

9. Vereinbarungen zum Umgang mit Kleider- und Taschengeld:

Dem Kind stehen monatlich _____ € Taschengeld zur Verfügung.

Dieses wird gemeinsam mit _____ verwaltet.

Dem Kind stehen monatlich _____ € Kleidergeld zur Verfügung.

Der Kleiderkauf ist wie folgt geregelt:

_____

_____

Diese Vereinbarung ist gültig bis zum nächsten Hilfeplangespräch und dann zu überprüfen und ggf. zu überarbeiten.

_____

Ort, Datum

_____   _____

Unterschrift Eltern   Unterschrift Gruppe

Mit dieser Stärkung der Vorbereitung von Aufnahmen geht eine Differenzierung von Vorstellungs- und Aufnahmegespräch einher. Während es im Prozess der Vorstellung darum geht, für und mit den Eltern (und den jungen Menschen) eine Entscheidungsbasis für die stationäre Hilfe in dieser Einrichtung zu schaffen, bleiben konkretere Absprachen zur Zusammenarbeit dem Aufnahmegespräch vorbehalten. Diese Schritte bis zur Aufnahme verbunden mit dem erhöhten Aufwand für mindestens zwei Gespräche haben sich insbesondere für die Initiierung eines Arbeitsprozesses mit den Eltern als sehr zieldienlich erwiesen. Damit wird eine bewusste Entscheidung der Familien für diese Einrichtung gestärkt. Für die Fachkräfte eröffnen sich wichtige Möglichkeiten, sich auf die Zusammenarbeit mit dieser Familie vorzubereiten.

Botschaften von Seiten der Fachkräfte an Eltern

Mittels expliziten und impliziten Botschaften an Mütter und Väter können Fachkräfte Orientierungspunkte für die Zusammenarbeit setzen. Hierüber können sie zum einen professionelle Grundhaltungen zum Verhältnis zwischen Fachkräften und Eltern mitteilen. Zum anderen können Optionen der Zusammenarbeit eröffnet werden, indem potenziellen Konkurrenzsituationen entgegen gewirkt wird und Eltern in ihrer Elternrolle und -verantwortung gezielt angesprochen werden. Im Verlauf des Projektes wurden solche Botschaften gesammelt und ausformuliert. Die nachfolgend aufgeführten Botschaften können Eltern im Gespräch so gesagt oder über das Handeln der Fachkräfte zum Ausdruck gebracht werden.

Botschaften zum *Umgang mit Schuld- und Schamgefühlen der Eltern*, dass es zur Unterbringung gekommen ist:

☐ Es ist ein verantwortungsvoller Schritt, sich in schwierigen Situationen Hilfe zu holen.

☐ Verantwortung kann sich darin zeigen, schwierige Situationen offen zu machen.

☐ Es geht nicht um die Schuldfrage, sondern darum wie man zukünftig bestmöglich mit der Situation umgehen kann.

**Botschaften zum angestrebten *Verhältnis von Fachkräften und Eltern*
können sein:**

☐ Wir möchten mit Ihnen an einem Strang ziehen für das Kind.

☐ Sie als Mutter/Vater sind die Experten für ihr Kind! Sie haben die längste Erfahrung mit ihm, deswegen sind wir auf Sie als Eltern angewiesen.

☐ Elternrolle und Erzieherrolle ergänzen sich – wir möchten keine Konkurrenz sein.

☐ Wir brauchen Sie und Ihr Wissen und Ihre Unterstützung für eine gute Entwicklung ihres Kindes.

☐ Uns ist ein Miteinander – nicht Gegeneinander wichtig.

☐ Wir nehmen Ihre Bedürfnisse und Anliegen ernst.

☐ Sie treffen Entscheidungen, die anstehen, mit.

☐ Sie geben uns den Auftrag zur Hilfe zur Erziehung, den wir in Ihrem Sinne und im Sinne des Jugendamtes/Kindeswohls ausführen.

☐ Auch wir als Fachkräfte haben Macken und machen nicht immer alles richtig. Ihre Meinung ist uns wichtig!

Botschaften zur konkreten *Zusammenarbeit mit Eltern* können sein:

☐ Wir möchten mit Ihnen in engem Kontakt bleiben.

☐ Wir wünschen uns einen dichten Informationsaustausch und wollen im Gespräch bleiben.

☐ Wir besprechen mit Ihnen, was ansteht.

☐ Wir sind Ansprechpartner für Fragen und Probleme.

☐ Sie können uns erreichen.

☐ Unser Haus ist offen (für Besuche von Eltern).

☐ Es besteht die Möglichkeit, dass Sie sich am Gruppenalltag beteiligen.

- ☐ Wir freuen uns, wenn Sie als Eltern weiterhin ihre Verantwortung und deren Umsetzung wahrnehmen.

- ☐ Es ist hilfreich Schwierigkeiten offen zu legen, um sie zu überwinden.

- ☐ Sie sollten keine Bedenken haben, auch uns eine Rückmeldung zu geben.

- ☐ Für uns ist wichtig, dass Absprachen zwischen den Erwachsenen erfolgen, nicht über das Kind.

- ☐ Die Einhaltung von Absprachen ist uns wichtig! (von beiden Seiten).

Botschaften zu *Erwartungen bzgl. Veränderungen*:

- ☐ Veränderungen brauchen das gesamte Familiensystem und betreffen das Familiensystem.

- ☐ Wir brauchen Zeit, es geht nicht von heute auf morgen!

- ☐ Hier werden keine Wunder bewirkt, wir müssen uns Veränderungen gemeinsam erarbeiten.

- ☐ Es muss sich nicht sofort alles verändern. Wird es auch nicht.

- ☐ Ich traue Ihnen Veränderungen zu!

3.2.2 Das Aufnahmegespräch und die Ausgestaltung der Aufnahme

Das Aufnahmegespräch am Tag der Aufnahme des Kindes in die Einrichtung ist der gemeinsame Startpunkt aller Beteiligten in die stationäre Hilfe. Aus diesem Grund ist es bedeutsam, dass alle relevanten Akteure an diesem Gespräch beteiligt sind. So sollten der junge Mensch, die Eltern, die zuständige Fachkraft des Allgemeinen Sozialen Dienstes des Jugendamtes (ASD) und Fachkräfte der Einrichtung (in der Regel BezugserzieherIn sowie in vielen Einrichtungen eine Fachkraft der Leitungsebene) anwesend sein. Inhaltlich sollten in diesem Gespräch noch einmal die Ausgangsbedingungen, die zur Unterbringung geführt haben und die jeweilige Perspektive auf die Unterbringung besprochen werden. Ausgehend von dieser Beschreibung der Ist-

Situation, sollten perspektivendifferenziert erste Aufträge und Zielsetzungen der Hilfe formuliert werden. Auch zur Zusammenarbeit mit den Eltern sollten relevante Informationen vermittelt sowie erste Vereinbarungen zu Kontakt- und Besuchsregelungen von Eltern und Kind sowie zwischen Eltern und Fachkräften getroffen werden. Zudem sollte der grobe „Fahrplan" bis zum Ende der Diagnosephase (welche in der Regel drei bis vier Monate umfasst) transparent gemacht werden. Als zieldienlich hat sich erwiesen, diese Vereinbarungen schriftlich zu fixieren und sie in Form eines ersten Hilfeplans festzuhalten, so dass alle Beteiligten zu Hilfebeginn einen gemeinsamen Start- und Bezugspunkt haben. Alle Beteiligten sollten nach dem Gespräch wissen, welche nächsten Schritte folgen.

Gerade in Fällen, in denen Eltern der stationären Hilfe nicht freiwillig zugestimmt haben, d. h. die in einem so genannten Zwangskontext zu verorten sind, hat sich gezeigt, dass der gemeinsame Start unter Beteiligung des Jugendamtes mit anschließender schriftlicher Fixierung der relevanten Aspekte von hoher Bedeutung ist. Das Auftreten der Fachkräfte des ASD als normgebende Instanz, die diese Aspekte und Rahmenbedingungen transparent benennt, markiert damit den Rahmen, innerhalb dessen die Einrichtung mit Eltern Aushandlungsprozesse initiieren kann. Zudem markieren bestimmte Auflagen bzw. Vorkehrungen zur Vermeidung von Gefährdungssituationen gegebenenfalls Einschränkungen im Rahmen der Elternarbeit, die dann erst einmal nicht zu verhandeln sind. Diese gesetzten Bezugspunkte bereits zu Hilfebeginn sehr offen anzusprechen, bietet Klarheit für alle am Prozess Beteiligten. Außerdem wird so die Chance eröffnet, innerhalb des definierten Rahmens mit Eltern zu arbeiten und zugleich Orientierungspunkte zu setzen, was erreicht werden muss, damit eine andere Perspektive für Kinder und Eltern (andere Kontaktmöglichkeiten, Besuche in der Herkunftsfamilie bis zur Rückführung) wieder denkbar wird. Durch eine Rollenteilung zwischen den Fachkräften des Jugendamtes als normgebende Instanz und den Fachkräften der Einrichtung, die die Familie darin unterstützen, das Jugendamt „wieder los zu werden", können je nach Fall neue Entwicklungsoptionen eröffnet werden.

Da das Aufnahmegespräch oftmals eine emotional schwierige Situation für Eltern und Kind darstellt und in der Regel eine Vielzahl von relevanten Informationen mitgeteilt wird, haben sich Einrichtungen Gedanken darüber gemacht, wie wichtige Hinweise und Daten für Eltern adäquater vermittelt werden können. Auf der Ebene der Ziele und Vereinbarungen im Rahmen der Hilfe gibt es idealtypisch die Unterlagen des Hilfeplans, die den Eltern in Gänze zukommen. Optimal ist es, wenn zumindest handschriftliche Vereinbarungen auf einem separaten Blatt bereits unmittelbar nach dem Gespräch in Kopie allen zugänglich gemacht werden (näheres dazu bei den Ausführungen zur Hilfe- und Erziehungsplanung). Darüber hinaus haben einige Einrichtungen besondere Flyer für Eltern entwickelt, die je nach Inhalten beim Vorstellungs- oder Aufnahmegespräch verteilt werden. Damit soll der Stellenwert der Zusammenarbeit gegenüber den Müttern und Vätern betont werden. Auch sollen bestimmte Botschaften zum angestrebten Verhältnis zwischen Fachkräften und Eltern noch einmal verdeutlicht und mögliche Zusammenarbeitsformen transparent gemacht werden.

Beispiel für Elternflyer

Wegbeschreibung:

Aus Richtung Köln oder Frankfurt:

Autobahn A3, Abfahrt Neuwied, Rengsdorf
B256 in Richtung Neuwied. In Oberbieber vor
Ampelkreuzung links

Aus Richtung Mainz oder Köln:

Autobahn A61 bis Kreuz Koblenz, Autobahn
A48 in Richtung Frankfurt, Ausfahrt Neuwied,
Bendorf, B42 in Richtung Neuwied.

Zubringer nach Oberbieber, in Oberbieber hinter der Ampelkreuzung rechts.

Oberbieber
Evangelische Kinder-
und Jugendhilfe

Elterninfoblatt

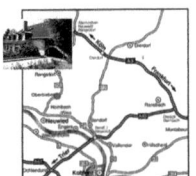

„Sie sind und bleiben die Experten für Ihr Kind"

„Sie sind für uns wichtige Partner!"

„Wir freuen uns auf eine gute Zusammenarbeit zum Wohle Ihres Kindes"

„Wir wollen Sie unterstützen!"

Das verstehen wir unter Zusammenarbeit mit Ihnen:

Sie sind uns in der Gruppe willkommen

Regelmäßiger telefonischer Austausch ist uns wichtig

Wir bieten die Möglichkeit gemeinsamer Gespräche und Unternehmungen mit Ihrem Kind / Jugendlichen

Wir wollen Sie nach Möglichkeit in den Alltag einbeziehen z.B.

- Arztbesuche
- Kleiderkauf
- Gemeinsames Kochen
- Schulische Angelegenheiten

Wir bereiten mit Ihnen die Besuchswochenenden und Beurlaubungen vor und nach

Wir beraten Sie gerne in Erziehungsfragen

Wir besuchen Sie auch gerne zu Hause

Wir laden Sie zu den Festen und besonderen Anlässen ein

Wir sind auch nach der Maßnahme Ansprechpartner für Sie

Wir brauchen Ihre Unterstützung und Information für die pädagogische Arbeit

Wir wollen mit Ihnen die gesundheitlichen, erzieherischen und schulischen Fragen abstimmen

Eine noch umfassendere Variante, die im Rahmen des Projektes erarbeitet wurde, sind so genannte Begrüßungsmappen für Eltern, die im Aufnahmegespräch übergeben werden. Es handelt sich dabei um einen Din A4 Ordner, der alle für Mütter und Väter relevanten Informationen rund um die Heimunterbringung bündelt. Zum einen soll dadurch sichergestellt werden, dass die von Seiten der Einrichtung wichtigen Informationen für Eltern schriftlich zur Verfügung stehen und für sie zugänglich sind. Zum anderen soll dieser Ordner zum Begleiter der Hilfe werden, indem hier alle relevanten Unterlagen im Hilfeverlauf abgeheftet werden können. Für Kinder und Jugendliche wurde als Pendant eine ähnliche Mappe entwickelt.

Beispielhaft seien die Inhalte der Begrüßungsmappe des Heilpädagogischen Kinderheims Oberotterbach vorgestellt:

Inhalte der Begrüßungsmappe für Eltern

Unsere Einrichtung:

Leitbild

Faltblatt

Unsere Gruppe:

kurzes Konzept

Faltblatt mit Bildern von den pädagogischen Mitarbeitern/ Mitarbeiterinnen und der Hauswirtschaft

Regeln, Hausordnung

individuelle Abmachungen

Sprechzeiten, Telefonnummern von Gruppe, Leitung, Jugendamt

Vollmachten, Belehrung:

Freizeit, Schwimmen, Infektionsbelehrung etc.

Beschwerden:

Was ist eine Beschwerde?

Der Weg der Beschwerde

Vordrucke

Zudem Platz zum Abheften von:

Hilfeplänen

Schriftverkehr

Gutachten

Zeugnissen und Urkunden

Zentrale Idee sowohl der entwickelten Flyer als auch der Begrüßungsmappe ist es, dass Mütter und Väter ab dem ersten Tag gezielt in ihrer Elternrolle angesprochen und relevante Informationen schriftlich weitergegeben werden. In Ergänzung zum ersten Hilfeplan im Kontext der Heimunterbringung bieten solche Materialien Ankerpunkte zur Ausgestaltung der gemeinsamen Arbeit.

Nach dem Aufnahmegespräch ermöglichen viele Einrichtungen den Eltern, noch Zeit mit dem Kind auf der Gruppe zu verbringen, um z. B. gemeinsam das Zimmer zu beziehen, die anderen Kinder/Jugendlichen der Gruppe kennen zu lernen und gemeinsam Kaffee zu trinken. So können Eltern erste tiefere Einblicke in den neuen Lebensort ihres Kindes bekommen. Um den realen Abschied zwischen Eltern und Kind zu erleichtern, werden in der Regel noch einmal die nächsten Kontaktpunkte sowie die Vereinbarungen zum Telefonieren in Erinnerung gerufen.

3.2.3 Unterstützendes für Eltern und junge Menschen in der ersten Zeit der Heimunterbringung

Mit der tatsächlichen Aufnahme in die Heimgruppe wird die Unterbringung für Eltern und junge Menschen konkret. Auch bei aller Vorbereitung stellen sich mit der realen Trennung – auch wenn es um eine erneute Trennung nach vorausgegangener anderer Fremdunterbringung geht – besondere Bewältigungsanforderungen bezüglich Schuldgefühlen, Verlustängsten, Wut etc. Dass Eltern und junge Menschen diese Emotionen bewältigen können, ist sowohl im Blick auf die Entwicklung einer tragfähigen Arbeitsbeziehung mit den Fachkräften der Einrichtung als auch hinsichtlich der biografischen Integration dieses kritischen Lebensereignisses „Fremdunterbringung" bedeutsam. Insofern kommt hierauf ausgerichteten Unterstützungsstrukturen für Eltern und junge Menschen in den ersten Tagen der Unterbringung eine besondere Bedeutung zu.

Im Rahmen der Zusammenarbeit mit den Eltern geht es in den ersten Wochen vor allem um gezielte Kontakte zwischen den Fachkräften und den Eltern. So sollte nach Einschätzung und Erfahrung der projektbeteiligten Einrichtungen innerhalb der ersten Woche nach Aufnahme mindestens ein geplanter Telefonkontakt mit den Eltern stattfinden. Dieses Telefonat soll bewusst zwischen den Erwachsenen geführt werden. Als inhaltliche Punkte eines solchen Gesprächs wurde erarbeitet:

- [ ] nachfragen, wie es den Eltern geht, wie sie den Übergang erlebt haben, welche Veränderungen sich zu Hause ergeben haben,

- [ ] von den ersten Tagen mit dem Kind in der Gruppe berichten,

- [ ] Vereinbarungen für das erste Elterngespräch, welches innerhalb der ersten vier Wochen nach der Unterbringung stattfinden sollte.

Darüber hinaus sollten – zumindest in der drei- bis viermonatigen Phase des Hilfebeginns – auch weiterhin wöchentliche Telefonkontakte zwischen Eltern(teil) und BezugserzieherIn sowie monatliche Elterngespräche stattfinden. Die dichte Taktung von telefonischen und persönlichen Gesprächen verdeutlicht Müttern und Vätern ihren Stellenwert im Rahmen der Hilfe. Zudem ist ein Mindestmaß an persönlichem Kennenlernen der Eltern notwendig, um professionell begründet einschätzen zu können, welche Zielperspektive und Intensität der Elternarbeit angemessen ist. Auch ist diese Intensität an Kontakten in der Regel erforderlich, um eine tragfähige Arbeitsbasis aufbauen zu können.

Auch für Kinder und Jugendliche markiert der Wechsel aus ihrem familialen Umfeld in die Heimgruppe ein einschneidendes Erlebnis. Sie kommen in ein unbekanntes Umfeld, das für eine Zeit lang ihr neuer Lebensmittelpunkt wird.

Um gerade in der ersten Zeit Sicherheit vermitteln und verlässliche Angebote des Kontaktes und Bezugs gewährleisten zu können, stellt das Kennenlernen relevanter Personen aus der Heimgruppe bereits vor der Aufnahme eine wichtige Brücke im Übergang in die Einrichtung dar. Auch die frühzeitige Festlegung des/der BezugserzieherIn ist diesbezüglich bedeutsam. Vor diesem Hintergrund ist es sinnvoll, dass diese Person die Familie bereits vor der Aufnahme besucht, bei der Aufnahme des Kindes anwesend ist sowie in den ersten Tagen/Wochen verstärkt zeitlich verfügbar ist. Entsprechende Zeitfenster sind bei der Dienstplangestaltung zu berücksichtigen, damit dieses Prozedere tatsächlich umgesetzt werden kann. Über diese Kontaktangebote und Orientierungshilfen durch Erwachsene hinaus haben einzelne Einrichtungen zusätzlich Patensysteme auf der Ebene der Kinder und Jugendlichen initiiert. Ein Mädchen/Junge, die/der schon länger in der Gruppe lebt, führt die/den Neue/n ein. Auch Rituale zum Ankommen werden in diesem Zusammenhang als sehr zieldienlich erachtet. Außerdem erleichtert in den allermeisten Fällen der weiterhin enge Kontakt zu Eltern und Geschwistern das Ankommen in der Einrichtung.

3.2.4 Handlungsstrategien bei kurzfristiger Aufnahme und Inobhutnahmen

In den vorangegangenen Abschnitten wurde beschrieben, wie wichtig ein sukzessiver Übergang in die Einrichtung für alle Beteiligten ist. Dieses Vorgehen ist prinzipiell anzustreben, lässt sich allerdings aus unterschiedlichen Gründen nicht immer realisieren. Wird eine Unterbringung mit einem sehr kurzen zeitlichen Vorlauf notwendig bzw. erfolgt sie im Rahmen einer Inobhutnahme, so stellt sich die Frage, wie die ansonsten vorgelagerten Handlungsschritte möglichst zeitnah nachgeholt werden können, um Eltern und jungem Menschen einen guten Start in die Hilfe bieten zu können. Hier ist es besonders wichtig, schnellstmöglich Telefonkontakt zu den Eltern herzustellen, da sie wichtige Partner für den sich anschließenden Klärungsprozess sind. Daran anschließend sollte eine Einladung zum persönlichen Kennenlernen erfolgen. Je nach Fallkonstellation kann es bei einer Inobhutnahme notwendig sein, dass Eltern(teil) und junger Mensch sich in diesem Zusammenhang nicht begegnen. Dies ist jedoch nicht die Regel, sondern der Erfahrung nach nur in Einzelfällen notwendig.

Um in krisenhaften Übergängen ein gewisses Maß an Kontinuität und vor allem einen verlässlichen Informationsfluss von Seiten der Einrichtung sicherstellen zu können, ist hier eine rasche Klärung der fallverantwortlichen Fachkraft relevant. So sollte gerade bei Inobhutnahmen zeitnah ein Bezugserzieher/eine Bezugserzieherin festgelegt werden.

Für Eltern und Fachkräfte der Einrichtung ist es außerdem bedeutsam, möglichst bald relevante Informationen und Unterlagen auszutauschen. Dies gilt es nach den Möglichkeiten des Einzelfalls zu organisieren. Gegebenenfalls sollten Informationen für Eltern (z. B. Flyer zur Einrichtung/Gruppe oder die Begrüßungsmappe) auch per Post zugesandt werden, wenn eine persönliche Begegnung nicht möglich ist.

Zentraler Ankerpunkt zur Klärung der weiteren Perspektive der Hilfe und somit auch der Zusammenarbeit mit Eltern ist dann ein Hilfeplangespräch. Dieses sollte zeitnah nach der Aufnahme erfolgen, damit explizite Vereinbarungen zum weiteren Vorgehen getroffen werden können. Nur so kann auch in einer Krisensituation für alle Beteiligten größtmögliche Klarheit entstehen.

3.2.5 Den Hilfebeginn in der Kooperation von öffentlichem und freiem Träger gestalten

Die gelingende Kooperation auf Ebene der Fachkräfte zwischen öffentlichem und freiem Träger bildet eine wichtige Rahmung für die Zusammenarbeit mit Eltern in den stationären Erziehungshilfen. Die Ausgestaltung dieser professionellen Schnittstelle – vor allem auch zu Hilfebeginn – ist im Projektverlauf vielfach betont worden. Im Hinblick auf die Zusammenarbeit mit Eltern sind dabei vor allem die Informationsweitergabe, die Gestaltung des Übergangs sowie eine dichte Hilfeplanung von Bedeutung. Wohl wissend, dass es die Anforderungen des Alltags nicht immer erlauben, diesen Maßgaben zu folgen, ist diesen Aspekten des Hilfebeginns dennoch eine hohe Bedeutung für einen gelingenden Einstieg in die Zusammenarbeit mit den Eltern zuzuschreiben.

Die Notwendigkeit einer gebündelten und möglichst frühen Informationsweitergabe zu allen relevanten Aspekten wurde von Seiten der Einrichtungen hinsichtlich einer gelingenden Gestaltung des Hilfebeginns immer wieder betont. Da einer stationären Hilfe in der Regel andere Hilfen zur Erziehung vorangegangen sind, kennen die zuständigen Fachkräfte aus dem Allgemeinen Sozialen Dienst des Jugendamtes (ASD) die Familien zumeist schon über einen längeren Zeitraum. Sie verfügen über Einschätzungen zur Lebenssituation der Familie, über vorangegangene Hilfen und zu den Gründen, die aktuell zur Entscheidung für eine stationäre Hilfe geführt haben. Hier gehört es zur Aufgabe des ASD, die verfügbaren Informationen zusammenzustellen und entsprechend weiterzugeben. Ebenso ist es aber auch Aufgabe der Einrichtungen, gezielt Einschätzungen zu relevanten Aspekte aus der ASD-Perspektive nachzufragen. Dies gilt beispielsweise für Einschätzungen zur Eltern-Kind-Bindung, zur Motivation der Eltern zur Zusammenarbeit sowie zu Erziehungskompetenzen in einzelnen Handlungsbereichen. Zudem sollten Aufträge seitens des Jugendamtes in Bezug auf die Eltern bereits bei Anfrage, aber auch bei Aufnahme expliziter als bislang thematisiert und formuliert werden, damit die Einschätzungen des ASD sowohl für die Fachkräfte der Einrichtung, aber auch für die Mütter und Väter transparenter werden.

Darüber hinaus sollte auch die Ausgestaltung des Übergangs in die Einrichtung stärker in der Kooperation thematisiert werden. Aufnahmen sollten möglichst geplant erfolgen, so dass ein angemessener Zeitraum zur Vorbereitung aller Beteiligten gewährleistet ist. Stationäre Hilfen mit sehr kurzem zeitlichem Vorlauf und Inobhutnahmen in Regelgruppen sollten – wann immer es möglich ist – vermieden werden, damit das Wunsch- und Wahlrecht in angemessener Weise gewährt werden kann. Auch sollte Eltern nach einem Vorstellungsgespräch eine Bedenkzeit zur Verfügung stehen, so dass eine bewusste Entscheidung für die Einrichtung/Gruppe getroffen werden kann. Darüber hinaus sollte vor Aufnahme soweit als möglich ein wechselseitiges Kennenlernen von Familie und Fachkräften der Einrichtung angeboten werden.

Eine weitere zentrale Schnittstelle zwischen Jugendamt und Einrichtung zu Hilfebeginn einer Heimunterbringung stellt das erste Hilfeplangespräch dar. Prinzipiell sollte die Aufnahme des jungen Menschen mit einem Hilfeplangespräch verbunden werden, damit alle Beteiligten – der junge Mensch, seine Eltern, die zuständige Fachkraft im ASD sowie die fallverantwortliche Fachkraft der Einrichtung – zu Beginn der Maßnahme gemeinsame Vereinbarungen zu den ersten drei bis vier Monaten der Hilfe treffen. Zum Abschluss dieser Eingangsphase sollte wiederum ein Hilfeplangespräch stattfinden, wenn ein vertieftes wechselseitiges Kennenlernen zwischen Familie und Einrichtung stattgefunden hat. Außerdem liegen dann erste diagnostische Einschätzungen von Seiten der Einrichtung vor, die für konkretere Zielvereinbarungen genutzt werden können. Vereinbarungen bezüglich der Kontaktgestaltung zwischen Eltern und jungem Menschen sowie Vereinbarungen zur Zusammenarbeit zwischen Eltern und Einrichtung sollten im Hilfeplan jeweils explizit festgehalten werden.

3.3 Sozialpädagogische Diagnostik hinsichtlich der Zusammenarbeit mit Eltern

Die Ausgestaltung einer fachlich begründeten und angemessenen Hilfe stellt Professionelle in jedem Einzelfall vor die Herausforderung, das individuell passende Setting zu entwickeln, damit Hilfen wirkungsvoll ausgestaltet werden können. Diese Frage stellt sich somit auch im Rahmen stationärer Hilfen hinsichtlich der Zusammenarbeit mit Eltern. Der zentrale Schlüssel zur Einschätzung einer solchen Passung erfolgt über das Fall-Verstehen. Dieser Verstehensprozess ist der Gegenstand sozialpädagogischer Diagnostik. Es geht darum, das familiäre Verhalten im Kontext sozialer Beziehungen und biografischer Erfahrungen sowie im Zusammenhang mit den aktuellen Lebensverhältnissen zu begreifen. Das Verhalten der einzelnen Familienmitglieder, so seltsam und unangemessen es manchmal erscheinen mag, ist sinnhaftes Verhalten, dem es sich professionell bezüglich Logik und Sinnstrukturen zu nähern gilt.

Die Erhebung und Einschätzung von relevanten Informationen zum Fall, die für Verstehen grundlegend sind, erfolgen im Rahmen der sozialpädagogischen Diagnostik. Diagnostik meint von seiner Wortbedeutung her ein Durchforschen bzw. Erkennen im Sinne der Unterscheidung und Entscheidung. Es geht also um ein systematisches Sammeln und Einordnen von Informationen, um ein Gesamtbild entwickeln zu können. Auf Grundlage dieser Zusammenschau, sollen dann die passendsten Interventionen und Hilfestellungen abgeleitet werden. Diagnostik zielt somit „darauf ab, durch systematische Informationsverarbeitung Entscheidungen begründet zu fällen, um Handlungen vorzubereiten" (Heiner 2011, S. 238).

Charakteristisch für sozialpädagogische Diagnosen ist, dass dieser Prozess nur unter enger Beteiligung der einzelnen Familienmitglieder erfolgen kann. Die Deutungen der Eltern und jungen Menschen, deren Bedürfnisse und Ziele sowie deren Prioritäten etc. spielen eine zentrale Rolle. Die einzelnen Familienmitglieder werden mit ihrer jeweiligen Sicht auf die Dinge als handelnde Akteure wahrgenommen. Fachliche Deutungen werden den Beteiligten transparent gemacht und müssen begründet werden können. Es geht darum, bestimmte Deutungen auszuhandeln sowie die Anschlussfähigkeit der Hilfe sicher zu stellen. Auch die Nachvollziehbarkeit bestimmter Entscheidungsprozesse sollte für alle Beteiligten möglich sein. Ein begründeter Bezug zwischen Fall, fachlichem Wissen und professioneller Einschätzung sollte den jeweiligen Entscheidungen zu Grunde liegen.

Sozialpädagogische Diagnosen enthalten allerdings auch Kriterien, die, wenn sie zutreffen, eine Intervention gegen den Willen der Betroffenen zur Folge haben können. Dies ist insbesondere im Kontext der Einschätzung von Kindeswohlgefährdungen der Fall. Wenn diesbezüglich auf Seiten der Eltern keine Problemeinsicht besteht, sind Grenzen der Aushandlung und Verständigung erreicht. Handlungsrelevant ist dann die fachlich begründete Einschätzung der Fachkraft.

Zu Hilfebeginn im Kontext der Heimerziehung liegen bereits diagnostische Erkenntnisse von Seiten des Jugendamtes vor, die zum einen zur Einschätzung der Notwendigkeit einer stationären Hilfe geführt haben und zum anderen die ersten Aufträge und Zielsetzungen des Jugendamtes für die Ausgestaltung der Hilfe begründen. In vielen Fällen gibt es darüber hinaus auch diagnostische Einschätzungen von Seiten anderer Professionen und Institutionen (z. B. Schule, Psychiatrie, Medizin). Diese Informationen bilden die Grundlage für eine vertiefende sozialpädagogische Diagnose im Rahmen der stationären Hilfe, die zur Steuerung und Ausgestaltung der konkreten Intervention dient. Dieser eigenständige diagnostische Zugang zur Familie durch Fachkräfte der stationären Einrichtung ist notwendig, um begründete fallbezogene Entscheidungen zur handlungsorientierten Ausgestaltung der Hilfe treffen zu können.

Im Rahmen des Projektes zeigte sich in allen projektbeteiligten Einrichtungen der Bedarf, Informationen zur Einschätzung der fallbezogenen Optionen der Elternarbeit systematischer zu erheben. Bevor im Folgenden auf die zentralen Ergebnisse aus dem Arbeitsprozess eingegangen wird, werden zunächst Ziele und zentrale Qualitätsstandards sozialpädagogischer Diagnosen zusammenfassend skizziert, die die nachfolgenden Ausführungen rahmen.

3.3.1 Ziele der sozialpädagogischen Diagnostik mit Eltern zu Hilfebeginn

Der erkenntnisleitende Fokus der Diagnostik zu Hilfebeginn im stationären Kontext liegt bezüglich der Zusammenarbeit mit Eltern auf zwei Aspekten. Dies ist zum einen das Verstehen der Eltern in ihrer Eigenlogik hinsichtlich der Sinnhaftigkeit ihres bisherigen Handelns. Zum anderen geht es um die Erarbeitung von Ansatzpunkten zur konkreten Ausgestaltung der Inhalte und Formen der Zusammenarbeit mit den Eltern.

Zielsetzung der sozialpädagogischen Diagnostik ist es, über die Erforschung der Familiengeschichte, der sozialen Interaktionen, der biografischen Erfahrungen sowie der aktuellen Lebensverhältnisse der Familie die Anschlussfähigkeit der Hilfe sicherzustellen, so dass Mütter und Väter Bezüge zwischen ihrer Situation und der Nützlichkeit der Hilfe herstellen können. Eine weitere Zielsetzung, die eng mit der Herstellung der Anschlussfähigkeit verknüpft ist, ist die Schaffung einer Basis für eine gelingende Arbeitsbeziehung. Durch eine wertschätzende, fragende und interessierte Grundhaltung gegenüber Eltern sowie das Interesse am Verstehen der Situation der Familie kann die Basis für ein tragfähiges Arbeitsbündnis geschaffen werden. Der Aufbau eines Vertrauensverhältnisses zu den Fachkräften ist Voraussetzung dafür, dass sich Eltern im Arbeitsprozess öffnen. Gespräche im Rahmen des diagnostischen Prozesses können einen solchen Vertrauensaufbau fördern. Teil der Diagnostik zu Hilfebeginn ist darum auch zu reflektieren und zu überprüfen, ob es in einem ersten Schritt gelungen ist, eine gute Grundlage für die weitere Zusammenarbeit zu schaffen.

Zur Vorbereitung von fallbezogen angepassten Handlungsstrategien ist es notwendig, mit Eltern Einschätzungen bezüglich ihrer Probleme und Ressourcen vorzunehmen sowie die Kompetenzen der Eltern zur Verantwortungsübernahme in bestimmten Bereichen der Erziehung einzuschätzen. Zudem ist die Einschätzung der Motivation der Eltern zur Zusammenarbeit ein weiterer wichtiger Aspekt der Zusammenarbeit mit Eltern im konkreten Fall. Da Motivation und eigene Zielvorstellungen – wie bereits beschrieben – eng aufeinander bezogen sind, zielt die sozialpädagogische Diagnostik zu Hilfebeginn immer auch darauf ab, Hinweise zur sukzessiven Konkretisierung von Zielen zu bekommen, so dass diese handlungsleitend werden können.

3.3.2 Prozessschritte und Handlungsstrategien der sozialpädagogischen Diagnostik mit Eltern zu Hilfebeginn

Ausgangspunkt des diagnostischen Prozesses innerhalb der Einrichtung sind diagnostische Einschätzungen von Seiten des Jugendamtes, die wichtige Hinweise für den Einstieg in den Arbeitsprozess mit Eltern liefern. Ein wesentlicher Bezugspunkt für die Ausrichtung der Zusammenarbeit mit Müttern und Vätern liegt in der Risiko- und Gefährdungseinschätzung des öffentlichen Trägers hinsichtlich der Gewährleistung des Kindeswohls im jeweiligen Fall. Diese Einschätzungen geben den Rahmen zur Ausgestaltung der Kontakte zwischen Eltern und Kind sowie zu ersten Zielen der Zusammenarbeit für die erste Zeit der stationären Hilfe vor. Sie werden durch entsprechende Aufträge des Jugendamtes an die Einrichtung zur Arbeit mit den Eltern bei Aufnahme des jungen Menschen konkretisiert. Von Seiten der Einrichtung können zum

Zeitpunkt der Aufnahme noch keine eigenen Einschätzungen vorliegen. Diese zu gewinnen, ist Ziel der Eingangsphase.

Um die beschriebenen Zielsetzungen der sozialpädagogischen Diagnostik im Rahmen der Heimerziehung verfolgen zu können, liegt eine wichtige Voraussetzung in entsprechenden Gelegenheiten zum intensiven Dialog mit Eltern gerade zu Beginn der Hilfe. Auch gilt es, bereits bestehende Orte unter diesem Blickwinkel verstärkt zu nutzen. So ergab der Arbeitsprozess mit den projektbeteiligten Einrichtungen, dass in den ersten drei bis vier Monaten einer stationären Hilfe verstärkt zeitliche Ressourcen für Gespräche mit Eltern bereit gestellt werden müssen. Als notwendige Standards wurden hierzu angesehen:

☐   mindestens ein Hausbesuch,

☐   zwei bis drei Elterngespräche von mindestens ein bis zwei Stunden sowie

☐   möglichst wöchentliche Telefonate zwischen Eltern und Fachkräften in diesem Zeitraum.

Zudem wurde angeregt, dass sowohl das Vorstellungs- als auch das Aufnahmegespräch stärker an diagnostischen Fragestellungen ausgerichtet werden. Ergänzend dazu sollte mindestens eine Gelegenheit geschaffen werden, in der Fachkräfte Eltern-Kind-Interaktionen unmittelbar beobachten können und Verantwortungsübernahme durch die Eltern in Teilbereichen erprobt werden kann. Außerdem sollten die Eltern eingeladen werden, punktuell am Gruppenalltag teilzunehmen.

Ein solch intensiver Arbeitsprozess wurde zwar als aufwändig angesehen, allerdings hat sich im Projektverlauf gezeigt, dass die Investition in den Hilfebeginn für den folgenden Hilfeprozess so lohnenswert ist, dass dieser Aufwand als gerechtfertigt eingeschätzt wird. Der Gewinn des Mehraufwands wurde auf zwei Ebenen gesehen: Zum einen kann eine Vielzahl von Eltern zur Zusammenarbeit gewonnen werden, wenn die Kooperation zu Beginn der stationären Hilfe so intensiv eingeführt wird. Als besonders bedeutsam hat sich dabei herausgestellt, die Eltern mit Aufnahme des Kindes in die Heimgruppe nicht aus der Verantwortung zu entlassen, und zwar sowohl bezogen auf ihre Kinder, als auch bezüglich der Ausgestaltung des Hilfeprozesses. So erwies es sich als wesentlich schwieriger, Eltern nach einer längeren Phase, in der sie nicht beteiligt waren, für eine Mitarbeit zu gewinnen als sie von Beginn an in den Alltag einzubeziehen. Zum anderen können durch den ausdrücklichen und intensiven Verstehensprozess vorschnell gefundene sowie nicht passende Zuschreibungen und Lösungsoptionen vermieden werden. Außerdem kann über ein solches Vorgehen wesentlich konkreter herausgearbeitet werden, was für die jeweilige Familie passt und was sie benötigt, um danach möglichst zielgerichtet zusammenarbeiten zu können. Auch tragen die Familien die so gefundenen Lösungsoptionen wesentlich besser mit und ihre Motivation zur Zusammenarbeit wächst.

Natürlich gibt es immer wieder Fälle, in denen es nicht gelingt, Eltern gleich zu Beginn in einen gemeinsamen Arbeitsprozess einzubinden. Nicht in allen Fällen ist es möglich, die aufgezeigten Handlungsschritte in der fachlich erstrebenswerten Weise umzusetzen. Allerdings hat sich gezeigt, dass ein solches Vorgehen für die Mehrzahl der Familien im stationären Kontext passt und das professionelle Handeln hierüber wesentlich gestärkt werden kann. Vor diesem Hintergrund ist zu reflektieren, inwieweit von professioneller Seite das Bestmögliche getan wurde, um die Eltern für die Zusammenarbeit zu gewinnen. Bei den Müttern und Vätern, die (noch) nicht für eine Zusammenarbeit gewonnen werden konnten, sollte zudem stets der Frage nachgegangen werden, wie für sie im Hilfeverlauf die Zugänge offen gehalten werden können, um evtl. zu einem späteren Zeitpunkt in die Zusammenarbeit einsteigen zu können.

3.3.3 Qualitätsstandards der sozialpädagogischen Diagnostik

Wesentliche Qualitätsstandards sozialpädagogischer Diagnosen liegen in der methodischen Strukturierung der Informationserhebung und -bewertung. Entsprechende Instrumente und Verfahren müssen für den jeweiligen Erkenntniskontext erarbeitet werden.

Nach Maja Heiner lassen sich die professionellen Standards diagnostischer Informationsverarbeitung generell in vier Dimensionen aufteilen: Erstens eine partizipative, zweitens eine sozialökologische, drittens eine mehrperspektivische und viertens eine reflexive Orientierung. Diese allgemeinen Prinzipien gelten auch für den spezifischen Fokus der Einschätzung zu Optionen zur Zusammenarbeit mit den Eltern.

Die partizipative Orientierung ist dadurch gekennzeichnet, dass die Informationssammlung und -bewertung beteiligungs- und aushandlungsorientiert mit den Eltern und den jungen Menschen erfolgt. Im Dialog werden gemeinsame und unterschiedliche Einschätzungen aus der jeweiligen Perspektive zusammengetragen. Strukturell abgesicherte Verfahren sichern und befördern die Beteiligungsmöglichkeiten der AdressatInnen.

Die sozialökologische Orientierung stellt sicher, dass sowohl Analysen der wechselseitigen Interaktionen und kontextabhängige Faktoren berücksichtigt werden als auch das soziale Umfeld der Familie (z. B. Freunde, Nachbarn, Kollegen etc.) sowie die regionale Infrastruktur, die die Lebenslage der Familie prägt.

Die mehrperspektivische Orientierung zielt auf den Standard, dass die Perspektiven möglichst aller Beteiligten differenziert erhoben werden. Zu dieser aktuellen Betrachtung kommen als weitere Perspektiven dann noch einmal biografische oder historische Aspekte hinzu, um sich der Komplexität der Situation zu nähern.

Zuletzt verweist die reflexive Orientierung auf wichtige Verfahrensstandards im diagnostischen Prozess. So kann Reflexivität über rekursive Prozesse gestärkt werden, d. h., dass „bereits durchlaufene Arbeitsschritte der Diagnose mehrfach wiederholt werden, wenn neue Einsichten eine Korrektur früherer Annahmen oder eine Ergänzung der Einschätzung erfordern" (Heiner 2011, S. 246). Ursprüngliche Einschätzungen im Hilfeprozess werden somit bewusst hinterfragt und überprüft. Zu solchen Überprüfungen gehört auch die kritische Analyse der Informationsbeschaffung, -auswahl und -interpretation durch die Fachkräfte. Zudem sollte die Beziehungsebene zwischen Fachkraft und Familienmitglied dahingehend analysiert werden, inwiefern sie Einfluss auf die Wahrnehmungs- und Urteilsprozesse der Fachkraft nimmt. Schlussendlich sollten diagnostische Einschätzungen dem Versuch der Falsifikation unterzogen werden, d. h. zu einer zentralen These der Diagnose, z. B. „diese Eltern sind nicht zur Zusammenarbeit motiviert", sollten möglichst viele Informationen und Argumente gesammelt werden, die dazu geeignet sein könnten, das Gegenteil der aktuellen Einschätzung zu belegen (vgl. ebd.).

Um diese beschriebenen Standards im Diagnoseprozess berücksichtigen zu können und der erforderlichen Komplexität ausreichend gerecht zu werden, sind unterschiedliche diagnostische Zugänge notwendig, die durch entsprechende Instrumente und Verfahren gestützt werden. Dies gilt sowohl für die Erhebung der Informationen hinsichtlich der verschiedenen benannten Dimensionen, als auch für die Bewertung der gesammelten Informationen. Die kommunikative Validierung ist ein weiterer Standard der diesbezüglich zu beachten ist. Einschätzungen im Rahmen einer sozialpädagogischen Diagnostik sind keine individuellen Deutungen, sondern professionelle Einschätzungen, die über ein Verfahren der kollegialen Beratung und Supervision auf Ebene der Fachkräfte abgesichert werden. Zudem sollten die Ergebnisse auch mit den AdressatInnen der Hilfe selbst validiert werden. Eine entsprechende Dokumentation der relevanten Aspekte sowie des Abwägungsprozesses im Rahmen der Bewertung dient schließlich der Nachvollziehbarkeit der Entscheidungsfindung und -begründung. Letztlich lässt sich die Qualität einer sozialpädagogischen Diagnose daran erkennen, inwiefern es gelungen ist, einen (auch für Eltern und junge Menschen) plausiblen Bezug zwischen der Beschreibung der Ausgangssituation, den Problemen und Ressourcen, der Erklärung und Bewertung dieser Situation sowie den Vorschlägen zur Veränderung der Situation herzustellen.

3.3.4 Inhalte und Methoden der sozialpädagogischen Diagnostik unter dem Blickwinkel der Zusammenarbeit mit Eltern

Der Anspruch des Verstehens der Familie in ihren jeweiligen Bezügen führt zu komplexen und vielschichtigen Informationen, die je nach Fall stark variieren können. Dennoch lassen sich Themenkomplexe herausarbeiten, die im Rahmen der Eingangsphase der stationären Hilfe prinzipiell angesprochen werden sollten, da sie für die Herstellung von Anschlussfähigkeit sowie zur Einschätzung von Optionen zur Zusammenarbeit mit den Eltern zentral sind. Diese sind:

☐ Problembeschreibung bzgl. Ausgangslage/Begründung der stationären Hilfe

☐ Familiengeschichte und aktuelle Familiensituation

☐ Lebenssituation und Umfeld der Familie

☐ Erfahrungen mit Hilfen und Helfersystemen

☐ Einschätzung der Elternkompetenzen in unterschiedlichen Verantwortungsbereichen

Jedem dieser Oberthemen lässt sich eine Vielzahl von Unterpunkten zuweisen, die im Folgenden skizziert werden.

Diese Systematisierung ist nicht trennscharf, da einzelne Informationen ineinander fließen bzw. unter unterschiedlichen Blickpunkten relevant sein können. Die Auflistung bietet sich aber als Reflexionsfolie an, die je nach Verwendungskontext anders zusammengestellt und ergänzt werden kann und muss. So hat sich in der Arbeit mit den Einrichtungen gezeigt, dass die als relevant erachteten Themen in der Arbeit mit den Eltern sehr ähnlich eingeschätzt wurden. Die Zuordnungen im Arbeitsprozess sowie die konkrete Ausgestaltung der diagnostischen Instrumente erfolgt hingegen sehr unterschiedlich. Wesentlich ist aber, dass die zentralen Themen im Gesamtset der Instrumente verortet sind. Generell wurden Instrumente, Fragebögen und Checklisten als hilfreich erachtet. Allerdings hat sich gezeigt, dass ein flexibler, fallangemessener und prozessorientierter Umgang mit den Instrumenten wichtig ist, um den situativen Anforderungen in Gesprächen mit Familien gerecht werden sowie den Erzähllogiken und Gesprächsdynamiken der Familien folgen zu können.

Die entwickelten und genutzten Instrumente sind daher als Leitfäden konzipiert und dienen dazu, möglichst alle relevanten Themenfelder im Blick zu behalten und entsprechend zu dokumentieren. Manche Punkte lassen sich möglicherweise erst im Verlauf mehrerer Gespräche klären. Es braucht jeweils ein Gespür für die Situation und das Gegenüber, um die nicht immer einfachen Themen mit Eltern und jungem Mensch ansprechen zu können. Die Anforderungen an einen gelingenden und zielführenden Arbeitsprozess mit den AdressatInnen müssen jeweils dem Bestreben möglichst vollständiger und guter Qualität der Informationen gegenüber gestellt und abgewogen werden.

Trotz bestem Vorgehen und einer entsprechenden Anzahl von Gesprächen werden zum Ende der drei- bis viermonatigen Diagnosephase im stationären Kontext immer Bereiche des Nicht-Wissens bestehen bleiben und auch bleiben müssen. Diese gilt es explizit festzuhalten und zu reflektieren, worüber bislang nicht gesprochen wurde und welche Themen ausgeklammert wurden. Auch dieses „Nicht-Wissen" ist ein relevanter Aspekt im Kontext des Verstehens und im Rahmen der Hypothesenbildung.

In der Erarbeitung von Diagnostik-Instrumenten sollte darauf geachtet werden, dass der Blick auf Probleme und Ressourcen bezüglich der einzelnen Aspekte konsequent durchgehalten wird. Gleiches gilt für die Perspektivendifferenzierung. Einschätzungen zu bestimmten Themen sollten jeweils aus Perspektive der Mutter, des Vaters, des jungen Menschen und anderer für diese Einschätzung relevanten Personen abgefragt und jeweils personenbezogen dokumentiert werden. Beide Grundprinzipien sollten durch die jeweiligen Formulare unterstützt werden, damit ihnen ausreichend Beachtung zukommt und deutlich werden kann, wenn einer dieser Aspekte oder eine relevante Perspektive nicht aufgenommen wurde.

Zentrale Themenfelder

Problembeschreibung bzgl. Ausgangslage/Begründung der stationären Hilfe

Ausgangspunkt erster Gespräche mit der Familie im Kontext der stationären Unterbringung ist in der Regel die Beschreibung der aktuellen Situation, die zur Heimunterbringung geführt hat. Generell geht es in diesem Themenfeld darum, aus Perspektive der einzelnen Familienmitglieder zu hören, welche

Probleme zu dieser Entscheidung geführt haben. Es sollte danach gefragt werden, wer was als problematisch bzw. nicht-problematisch ansieht. Sieht die Familie bzw. einzelne Mitglieder ein Problem oder werden die Probleme eher als von außen zugeschrieben wahrgenommen? Kontexte, Dauer, Intensität des als problematisch Erlebten sollten konkretisiert sowie Erklärungen/ Hypothesen zum Problem abgefragt werden. Auch die „gute" Seite des jeweiligen Problems bzw. positive Aspekte für einzelne Beteiligte sollten thematisiert werden, ebenso wie bisherige Lösungsstrategien im Umgang mit dem Problem, deren Erfolge und Misserfolge sowie die Ausnahmen von problematischen Situationen und die Charakteristika solcher Situationen. Außerdem können Personen identifiziert werden, die im Umgang mit dem Problem unterstützen (können).

Charakteristische Instrumente, in denen diese Aspekte bearbeitet werden, sind in der Regel Anamnesebögen sowie Gesprächsleitfäden, die im Vorstellungs- und Aufnahmegespräch eingesetzt werden.

Familiengeschichte und aktuelle Familiensituation

Zentraler Bestandteil des Verstehensprozesses im Rahmen der sozialpädagogischen Diagnostik ist es, einen Überblick über die Familienmitglieder und deren Beziehungsmuster und -qualitäten, besondere Ereignisse in der Familie (Geburten, Scheidungen, Krankheiten, Tod etc.) sowie zu übergreifenden Familienthemen zu gewinnen. Außerdem sollen Belastungen und Ressourcen in Beziehungen, in der Familiengeschichte und der aktuellen Lebenslage beleuchtet werden.

Dies sind Inhalte, die klassisch im Rahmen der Genogrammarbeit aufgegriffen werden. In der Regel wird ein Familiengenogramm schon im Kontext der diagnostischen Prozesse im Jugendamt angefertigt und oftmals mit den Anfrageunterlagen an die Einrichtungen weitergegeben. Allerdings geht es hier nicht nur um die zur Verfügung stehenden Informationen, sondern die Heimeinrichtungen erstellen in der Regel noch einmal eigenständig ein Genogramm mit der Familie, da hierüber Gesprächsanlässe geschaffen werden, die wichtige Anknüpfungspunkte für die weitere Zusammenarbeit mit Eltern bieten können.

Geht es eher darum, einen Überblick über die Familiengeschichte in zeitlicher Abfolge zu erhalten bzw. die Biografie einzelner Mitglieder zusammenhängend abzubilden, so bietet sich die Arbeit mit einem Zeitstrahl/einer Zeitleiste an. Hierüber können Einblicke in zentrale Wendepunkte wie Krisen und positive Entwicklungen im Leben der Familie gewonnen werden. Relevante Faktoren für Veränderungsdynamiken zu bestimmten Zeitpunkten können deutlich werden. Die Zeitstrahlarbeit kann unter verschiedenen thematischen Schwerpunkten erfolgen, so z. B. bzgl. relevanter Ereignisse seit Geburt des Kindes, bzgl. der Historie des Problems etc. Auch über diesen Zugang können generelle Familienthemen deutlich werden.

Lebenssituation und Umfeld der Familie

Unter Berücksichtigung der Anforderungen der Lebensweltorientierung sind neben den engeren familialen Bezügen auch die Verhältnisse, in denen die Familie lebt und mit denen sie umgehen muss, relevant. Diesbezüglich sind Beschreibungen der Tages- und Wochenstruktur der Familie, des Freizeitverhaltens, der gesundheitlichen Situation der einzelnen Familienmitglieder sowie der materiellen und finanziellen Ausstattung der Familie wichtige Aspekte im Rahmen der Diagnostik. Weitere Bezugspunkte, die die Lebenssituation prägen und Ressourcen oder Belastungsfaktoren darstellen können, sind soziale Netzwerke. Hier geht es um freundschaftliche, kollegiale oder nachbarschaftliche Beziehungen. Viele belastete Familien sind von sozialer Isolation betroffen. Die Suche nach Unterstützungssystemen im alltäglichen Kontext der jeweiligen Familie ist dann oftmals von besonderer Bedeutung.

Darüber hinaus hat die Familie in der Regel Bezüge in institutionelle Kontexte, so etwa durch den Besuch der Kinder einer Kindertagesstätte oder der Schule. Aber auch andere Zugehörigkeiten können relevant sein, wie zu Vereinen oder anderen Gruppierungen.

Instrumente, die diese Fragestellungen aufgreifen, sind z. B. Familienfrage-
bögen oder Netzwerkkarten.

Erfahrungen mit Hilfen und Helfersystemen

Die meisten Familien, die im Rahmen stationärer Hilfen zur Erziehung betreut
werden, haben bereits Vorerfahrungen mit anderen Hilfen gemacht bzw. sind
auch während der Zeit der Heimunterbringung in andere Hilfesysteme invol-
viert. Hier ist wichtig zu wissen, inwieweit es diese Hilfen und Helfer gab bzw.
gibt. Nur so können parallele Hilfen aufeinander bezogen und Interventionen
zwischen Helfersystemen abgestimmt werden, und zwar sowohl innerhalb
der Jugendhilfe als auch an der Schnittstelle zu anderen Leistungsträgern.
Zur Entwicklung passgenauer Hilfen ist es darüber hinaus bedeutsam, nach
den Erfahrungen mit vorangegangenen und anderen Hilfen zu fragen. Das ermöglicht aus den Erfahrungen zu lernen, die in diesen Kontexten seitens der
Eltern (und auch der jungen Menschen) gemacht wurden. Darüber hinaus
können Eltern und junger Mensch in der Regel aus diesen Erfahrungszusam-
menhängen heraus gut formulieren, was sie in diesen Kontexten als hilfreich
und weniger hilfreich erlebt haben und was sie sich für eine zukünftige Zusammenarbeit wünschen. Auch Erwartungen an die stationäre Hilfe können
vor diesem Hintergrund thematisiert werden.

Motivation der Eltern zur Zusammenarbeit

Zur Einschätzung der Bereitschaft und Antriebskraft der Eltern zur Zusammenarbeit im Rahmen der stationären Hilfe gibt es vielfältige Ankerpunkte.
Grundlegend ist hierbei die Qualität der Eltern-Kind-Bindung. Gibt es eine relativ intensive Verbundenheit zwischen Elternteil und Kind, so ist dies oftmals
eine starke Triebfeder für ein Engagement im Rahmen der Hilfe. Motivation
kann bei engeren Bindungen eher vorausgesetzt bzw. erarbeitet werden, als
wenn die Eltern-Kind-Bindung durch eine grundsätzliche Ablehnung charakterisiert ist.

Weitere zentrale Punkte zur Einschätzung der Motivation sind die Themen
Problemakzeptanz, Problemkongruenz und Hilfeakzeptanz. Problemakzeptanz steht für die Bereitschaft der Eltern anzuerkennen, dass ein Problem

vorliegt. Bei der Problemkongruenz geht es darum, dass eine Übereinstimmung zwischen Fachkräften und Eltern dahingehend gegeben ist bzw. erarbeitet werden kann, wie gravierend und bearbeitungsbedürftig das Problem anzusehen ist. Hilfeakzeptanz umfasst die Einschätzung der Familienmitglieder, dass die Hilfe zieldienlich und unterstützend im Umgang mit den Problemen ist. Diese drei Reflexionsebenen können im Rahmen der sozialpädagogischen Diagnostik davor schützen, vorschnelle Zielvereinbarungen zu treffen. Sind diese Voraussetzungen von Seiten einzelner Familienmitglieder noch nicht gegeben, werden vereinbarte Ziele oftmals von den Betroffenen nicht entsprechend verfolgt.

Die Formulierung eigener für die Person relevanter Ziele steht in engem Zusammenhang zur Motivation. Darum sollte ein Fokus im Rahmen der Hilfeeingangsphase (aber auch immer wieder im Hilfeverlauf) darauf liegen, inwiefern die jeweilige Person für sich Ziele im Kontext der Hilfe formulieren kann. Im Rahmen der Sondierung von Zielperspektiven ist es hinsichtlich der Motivation außerdem relevant, inwiefern die Eltern und der junge Mensch daran glauben, dass die Möglichkeit der Veränderung besteht und dass sie selbst Einfluss auf die Situation nehmen können. Ohne die Idee der Selbstwirksamkeit erscheinen viele gute Ziele nicht erreichbar, womit es nicht (mehr) lohnenswert erscheint, sich auf den Weg zu machen. Darüber hinaus sollten Einschätzungen mit Eltern dazu erarbeitet werden, wer sie auf dem Weg der Zielerreichung unterstützen könnte, und zwar sowohl innerhalb als auch außerhalb der Hilfe.

Einschätzungen der Elternkompetenzen
in unterschiedlichen Verantwortungsbereichen

Sollen Eltern im Rahmen stationärer Hilfen passgenauer darin unterstützt werden, ihre Elternverantwortung in Rahmen der Erziehung ihrer Kinder (wieder) wahrzunehmen, so muss zu Hilfebeginn erst einmal eine Einschätzung erfolgen, welche Verantwortungsbereiche Mütter und Väter vor der Unterbringung gelingend ausgestaltet haben und wo sie selbst Handlungsbedarf sehen bzw. wo von Seiten der Fachkräfte Unterstützungsbedarf gesehen wird. Wird in diesem Zusammenhang von Verantwortungsbereichen der Eltern gesprochen, so meint dies die Summe der alltäglichen Aufgaben und Tätigkeiten, die zur Versorgung, Betreuung und Erziehung eines Kindes altersgemäß dazugehören. Die relevanten Bereiche sind:

Alltagsversorgung
Nahrung, Hygiene, Tagesstruktur, Wohnraum etc.

Gesundheitsfürsorge und medizinische Versorgung
Ernährung, Bewegung, Körperwahrnehmung, Untersuchungen, Medikamentengabe etc.

Förderung, Bildung sowie schulische Belange
anregungsreiches Umfeld, Kita- und Schulbesuch, Hausaufgabenbetreuung etc.

Freizeitgestaltung
Mediennutzung, Freundschaften, Vereine etc.

Sicherstellung von Schutz, Emotionalität und Bindung
Sicherheit, Zuwendung, Verlässlichkeit, Kommunikation etc.

Vermittlung von sozialen Werten und Normen
Umgangsformen und Kulturtechniken, Vorbildfunktion etc.

Diese Aufgabenbereiche sollten mit Eltern im Rahmen der sozialpädagogischen Diagnose angesprochen und reflektiert werden, um darauf basierend konkrete Vereinbarungen zur Zusammenarbeit treffen zu können. Die explizite Bearbeitung dieses Themenstranges wurde im Rahmen des Projektes als wesentliche Neuerung und zentraler Ansatz zur fallbezogenen Klärung der Zusammenarbeit mit Eltern gesehen. Vor der Unterbringung gelingend ausgestaltete Bereiche sollten im stationären Kontext größtmöglich erhalten bleiben. Aus anderen Bereichen ergeben sich mögliche Arbeitsaufträge und Zielperspektiven, die in der Zusammenarbeit mit den Eltern angegangen werden können.

Zur Klärung dieser Punkte bedarf es unterschiedlicher Zugänge. So geht es in einem ersten Schritt darum, dass Mütter und Väter Selbsteinschätzungen vornehmen, welche Bereiche sie im stationären Kontext auch weiterhin übernehmen können und wollen, sofern diese nicht bereits vorher aufgrund kinderschutzrelevanter Aspekte ausgeschlossen wurden. Für ein solches Gespräch kann ein Leitfaden hilfreich sein, wie er vom Heilpädagogischen Kinderheim Oberotterbach entwickelt wurde (siehe Seite 86).

Bezüglich gelingender Verantwortungsübernahme sollten Ideen entwickelt werden, wie diese zumindest punktuell im Rahmen der Heimerziehung erhalten bleiben können. Im nächsten Schritt geht es darum, Gelegenheitsstrukturen zu schaffen, um zu erproben, inwieweit die Selbsteinschätzungen der Eltern realistisch sind. Hier gilt es, verbindliche Vereinbarungen zu treffen, welche überschaubaren Aufgaben konkret übernommen werden und wie diese realisiert werden können.

Wichtig ist, dass im Rahmen der Vereinbarungen auch Kriterien zur „guten" Umsetzung der Aufgabe vereinbart werden. Fachkräfte und Teams müssen für sich klären, inwiefern und wie stark elterliches Erziehungsverhalten und die Realisierung ganz konkreter Tätigkeiten von ihren eigenen Ansprüchen an die Erziehung von Kindern abweichen dürfen. Eine Unterscheidung zwischen dem was notwendig und was evtl. darüber hinaus wünschenswert für die „gute" Entwicklung eines jungen Menschen ist, stellt in diesem Zusammenhang eine hilfreiche Reflexionsebene dar, denn Erziehung ist immer eng mit Werte- und Normfragen verknüpft. Sind Aufgaben durch Eltern umgesetzt worden, gilt es diese gemeinsam zu reflektieren und ein Feedback zur Selbsteinschätzung und Realisierung der Aufgabe zu geben. Die Einschätzung der Einrichtung wird außerdem sukzessive mit denen der Eltern und des Jugendamtes abgeglichen. Gegebenenfalls braucht es bzgl. einzelner Punkte Vereinbarungen zur weiteren Klärung, wenn unterschiedliche Einschätzungen vorliegen.

Eltern bleiben Eltern

Welche Verantwortung übernehmen Sie als Eltern/Bezugspersonen während des Heimaufenthalts Ihres Kindes _____?

Regelmäßige Elterngespräche	□ wo und wie oft? □ Teilnahme an Elterntreffen □ Besuche im Gruppenalltag □ ......
Heimfahrten, Besuche/ Vor- u. Nachbesprechung	□ wohin und wie oft, wie lange? □ Vor- und Nachbesprechung, persönlich/telefonisch □ Telefonate □ Besuche im Heim □ ......
Teilnahme an Festen/ sonstige Besuche in der Einrichtung	□ Teilnahme an Jahresfesten □ Besuche in der Gruppe □ Elterntreffen □ ....
Freizeitgestaltung	□ gemeinsame Aktivitäten (Spielen, Ausflüge, Fernsehen, Computer...) □ Besuche im Heim □ ......
Schule/Bildung	□ Teilnahme an Elternabenden □ Gespräche mit Lehrern □ Besuch von Schulfesten □ Hausaufgaben/Unterstützung beim Lernen □ ......
Gesundheitsfürsorge	□ Sorge für Körper- und Zahnpflege/Gewicht/ Brille □ Ernährung/Bewegung, Alkohol? Rauchen? □ Wahrnehmung von Arztterminen/Impfungen □ ......
Alltagsversorgung	□ Essen, Trinken, Süßigkeiten,.... □ Haarschnitt? Piercings? Kleidung? Taschengeld? □ Einkauf von Bekleidung □ Regeln für Fernseh- und Computerkonsum □ ......
Sonstiges	□ alle schriftlichen Informationen, Zeugnisse □ ....

Aus den Verantwortungsbereichen, die die Eltern selbst als aktuell nicht gelingend einschätzen bzw. die von Seiten der Fachkräfte problematisiert werden, können dann Fragen abgeleitet werden, inwiefern Eltern durch die Einrichtung darin unterstützt werden können, die Verantwortung in bestimmten Bereichen wieder zu übernehmen. In der Regel zeigen sich in diesem Prozess der Selbst- und Fremdeinschätzung sowie durch das Ausprobieren und anschließende Reflektieren Bereiche des konkreten erzieherischen Handelns mit Unterstützungsbedarf. Diese Bereiche können anschauliche Hinweise zur Zielkonkretisierung mit Eltern geben.

Viele Aspekte, die in unterschiedlichen Kontexten der sozialpädagogischen Diagnostik angesprochen werden, haben Schnittstellen zur Zielentwicklung. Wünsche und Veränderungsbedarfe aus Perspektive der Eltern und jungen Menschen können in diesen Zusammenhängen deutlich werden. Diese gilt es durch die Professionellen aufzugreifen, sie evtl. zu bündeln und zusammen mit den Betroffenen dahingehend zu konkretisieren, dass Aufträge und Ziele daraus formuliert werden können. Die explizite Frage danach, ob aus einzelnen Punkten ein erstrebenswertes Ziel abgeleitet werden kann bzw. soll, ist ein weiterer wichtiger Aspekt zum Ende der Diagnosephase. Auch geht es darum, unterschiedliche, zunächst nebeneinander stehende Ziele aller Beteiligten zu priorisieren. Es gilt zu klären, an welchem Aspekt vorrangig gearbeitet werden soll, so dass diesbezüglich konkrete Schritte und die dafür benötigte Unterstützungsstruktur erarbeitet werden können.

3.3.5 Bündelung und Bewertung der Erkenntnisse

Ausgehend von der Zielsetzung der sozialpädagogischen Diagnostik, Informationen so zu verarbeiten, dass daraus begründete Entscheidungen getroffen werden können, kommt der Bündelung und Bewertung der gesammelten Erkenntnisse zentrale Bedeutung zu. Durch Gespräche, das methodische Arbeiten mit Instrumenten, Beobachtungen und erste konkrete Erfahrungen mit Eltern kommt eine Vielzahl von Fakten, Einschätzungen und Hinweisen zusammen, die systematisiert und bewertet werden müssen.

Leitende Fragestellungen zur Einordnung und Auswertung können sein:

- ☐ Um was geht es in diesem Fall?
- ☐ Bestehen Problemakzeptanz, Problemkongruenz und Hilfeakzeptanz?
- ☐ Wo liegen zieldienliche Ansatzpunkte/bisherige positive Lösungsansätze?
- ☐ Welche Ziele streben die Eltern für sich an? Was möchten sie erreichen?
- ☐ Worauf können sich die Eltern im Rahmen der Zusammenarbeit aktuell einlassen?

Zuständig für die erste Systematisierung der gewonnenen Informationen sollte die fallzuständige Fachkraft, d. h. in der Regel der Bezugserzieher/die Bezugserzieherin sein. Besteht ein doppeltes Bezugserziehersystem, d. h. zwei Fachkräfte sind für den Fall verantwortlich, sollten beide zusammen die erste Bündelung der Informationen vornehmen. Zielsetzung dieses Arbeitsschrittes ist die Zusammenführung der relevanten Aspekte, die Bildung erster eigener Hypothesen sowie der Abgleich der Vorinformationen mit den selbst erhobenen Informationen.

Auf der Basis dieser ersten Zusammenfassung sollte die Vorbereitung einer Fallberatung im Team erfolgen. Dazu gehören die Erarbeitung einer Fallvorstellung sowie die Formulierung einer expliziten Beratungsfrage. Die Fallberatung im Team sollte methodisch strukturiert erfolgen, so dass eine multiperspektivische Betrachtung des Falls möglich wird. Zentrale Hypothesen zum Fall, zur Motivation der Eltern sowie zur Ausgestaltung der Zusammenarbeit mit der Familie sollten im Team gebildet und reflektiert werden. Erste Einschätzungen und Vorschläge zu passenden Interventionen können in diesem Kontext erarbeitet werden. Wichtig ist, dass im Rahmen dieser Reflexion auf Fachkräfteebene lediglich Vorschläge zum weiteren Vorgehen erarbeitet werden, die dann mit Eltern kommuniziert und reflektiert werden müssen.

Zum Ende der Diagnosephase sollte es somit wiederum ein geplantes Elterngespräch geben, in dem der Arbeitsprozess sowie die Einschätzungen aus der Bündelung der Informationen sowie der Fallberatung kommuniziert und reflektiert werden. Hypothesen sollten mit Eltern(-teilen) überprüft, erste Aufträge und Zielvereinbarungen mit Eltern in diesem Zusammenhang konkretisiert werden. All diese Aspekte fließen in die erste schriftliche Vorab-Information zum Hilfeplangespräch ein, die zur Vorbereitung aller am Hilfeplangespräch Beteiligter dient. Genauere Ausführungen zu diesem Instrument werden im Kapitel zur beteiligungsorientierten Hilfe- und Erziehungsplanung gemacht.

Zum Abschluss der Diagnosephase findet das zweite Hilfeplangespräch im Rahmen der stationären Hilfe statt. Hier werden Zielvereinbarungen sowie Vereinbarungen zur Zusammenarbeit von Einrichtung und Eltern verbindlich besprochen und schriftlich fixiert. Es werden Abmachungen dazu getroffen, in welchen Bereichen Eltern in der Verantwortung bleiben und an welchen Aspekten mit welcher Unterstützung gearbeitet wird. Auch werden ggf. Vereinbarungen dazu getroffen, wie mit noch offenen Fragen umgegangen wird bzw. wie diese geklärt werden können. Der diagnostische Prozess geht in eine neue Phase, ist somit an diesem Punkt nicht beendet. Im Hilfeverlauf ist der Hilfeplanungsprozess der Kontext für weiterführende diagnostische Einschätzungen und Entscheidungen, da Bewertungen aus der Phase des Hilfebeginns regelmäßig überprüft werden müssen.

Exkurs: Handlungsstrategien in der Arbeit mit nicht präsenten Eltern[2]

Im Zuge der Konkretisierung von Anforderungen und Vorgehensweisen in der Zusammenarbeit mit Eltern in der Heimerziehung wurde deutlich, dass es trotz aller Bemühungen oder auch auf Grund der spezifischen Ausgangssituation Eltern gibt, die in der Hilfe nicht präsent sind. Diese Gruppe von nicht präsenten Eltern stellt die Fachkräfte vor besondere Herausforderungen. Im Rahmen einzelner Workshops wurde darum dieses Thema aufgegriffen und bearbeitet. In einem ersten Schritt wurde mit den Fachkräften herausgearbeitet, was die Gruppe nicht präsenter Eltern charakterisiert. Es zeigte sich, dass sich hinter diesem Begriff ganz unterschiedliche Formen

---

[2] Autorin des Exkurses: Marion Moos

des Nicht-Präsent-Seins verbergen können. Für die erarbeiteten Formen des Nicht-Präsent-Seins wurden anschließend Handlungsstrategien im Umgang mit dem jungen Menschen und seinen Eltern erarbeitet. Die Erkenntnisse dieses Arbeitsprozesses werden im Folgenden ausgeführt.

Formen des Nicht-Präsent-Seins von Eltern

Ein Nicht-Präsent-Sein von Eltern bzw. Elternteilen kann im Kontext der Heimerziehung vielfältige Hintergründe haben. Vier Grundformen konnten diesbezüglich herausgearbeitet werden:

1. Verstorbene Eltern(teile)
2. Eltern(teile), die vor der stationären Unterbringung nicht in Erziehungsverantwortung waren bzw. unbekannt sind
3. Kontaktverweigernde Eltern(teile)
4. Nicht in der Elternrolle präsente Eltern(teile)

Familien mit verstorbenen Eltern bzw. Elternteilen sind hinsichtlich der Nicht-Präsenz gegenüber den anderen benannten Formen eine besondere Gruppe, da diese Mütter/Väter durch den Tod real nicht präsent sind. Allerdings leben verstorbene Elternteile in Erinnerungen, Bildern und hinterlassenen Botschaften für die zurückgebliebenen Familienangehörigen weiter und sind in diesem Sinne dennoch präsent. Arbeitsschwerpunkt ist in diesem Zusammenhang, die Trauer des jungen Menschen (und des verbliebenen Elternteils) zu begleiten, den Verlust des Elternteils zu bearbeiten und einen angemessenen Umgang mit dem Tod zu finden. Zudem stellt sich in diesem Kontext die Frage, inwiefern alternative Bezugspersonen gefunden und gestärkt werden können, die an Stelle des verstorbenen Elternteils das Kind/ den Jugendlichen begleiten und unterstützen.

Konstellationen mit Eltern(teilen), die vor der stationären Unterbringung nicht in Erziehungsverantwortung waren bzw. unbekannt sind, ergeben sich zumeist in Familien mit alleinerziehenden Elternteilen oder in Trennungs- und Scheidungsfamilien, in denen der Eltern-Kind-Kontakt zu einem Partner nicht (weiter)gepflegt wurde. Auch kann diese Situation entstehen, wenn Adoptiv-

oder Pflegeverhältnisse scheitern und während dieser Zeit kein Kontakt zu den Herkunftseltern bestand. Im Kontext der Heimerziehung entstehen oftmals Fragen nach den leiblichen Eltern bzw. den nicht präsenten Elternteilen. In diesem Zusammenhang stellt sich die Aufgabe, die jungen Menschen, ggf. auch das andere in die Hilfe eingebundene Elternteil, in der Auseinandersetzung mit einer möglichen Kontaktaufnahme zu begleiten.

So genannte kontaktverweigernde Eltern(teile) finden sich in unterschiedlichen Familienkonstellationen. So kann ein Elternteil bereits vor der stationären Unterbringung nicht präsent gewesen sein und auch nach einer Kontaktaufnahme seitens der Einrichtung, dem jungen Menschen oder auch sonstigen Personen den Kontakt zum Kind ablehnen. Es kann sich aber auch bei/für Eltern(teilen), die vor der Unterbringung in Erziehungsverantwortung standen, die familiäre Situation so zugespitzt haben oder die Beziehung zwischen Eltern und Kind kann so geschädigt oder belastet sein, dass es aktuell nicht gewollt ist oder als nicht möglich eingeschätzt wird aufeinanderzuzugehen.

Als vierte Form wurden Eltern als nicht präsent beschrieben, die zwar als Person präsent sind, allerdings den Rollenerwartungen und -anforderungen nicht gerecht werden, die in der Regel an das Elternsein geknüpft werden. Diese Eltern wurden in der Wahrnehmung der Fachkräfte eher auf der Ebene Freundin/Freund des Kindes oder als Bekannte beschrieben. In einer solchen Beziehungs- bzw. Rollenstruktur können aber spezifische Eltern-Kind-Aktivitäten und generationsspezifische Aufgabenteilungen nicht als solche ausgefüllt werden.

Neben diesen kurz skizzierten Formen sind weitere Fallkonstellationen denkbar, die ebenso eine Nicht-Präsenz im Sinne der oben beschriebenen Aspekte nach sich ziehen, aber darüber hinaus noch weitere Besonderheiten mit sich bringen. Dies gilt beispielsweise, wenn ein Elternteil in Haft sitzt, über längere Zeit schwer psychisch erkrankt ist/war o. Ä. Im Folgenden werden die benannten vier Formen hinsichtlich relevanter Zielsetzungen und Handlungsstrategien in der Zusammenarbeit beleuchtet.

Zielsetzungen und Handlungsstrategien in der Arbeit
mit nicht präsenten Eltern

In der Arbeit mit nicht präsenten Eltern geht es insbesondere um drei Zielsetzungen. Erstens kommt es darauf an, mit dem Kind/Jugendlichen zu bearbeiten, was dieses Nicht-Anwesend- bzw. Nicht-Greifbar-Sein der Eltern in bestimmten Kontexten für den jungen Menschen bedeutet und wie er/sie mit der Situation bestmöglich umgehen kann. In der Auseinandersetzung mit diesen Fragestellungen geht es immer auch um die Klärung der Eltern-Kind-Beziehung. Zweitens gilt es gemeinsam mit dem jungen Menschen (und ggf. dem präsenten Elternteil) auszuloten, ob eine verstärkte Präsenz der Eltern/ des Elternteils (außer natürlich bei verstorbenen Eltern) angestrebt und erarbeitet werden kann und soll. Drittens geht es in der Zielperspektive der Arbeit darum, weitere relevante Bezugspersonen für den jungen Menschen zu gewinnen und in die Arbeit einzubinden, die statt der Eltern bestimmte Aufgaben übernehmen können. Diese Personen sollten, wenn möglich nicht im Heimkontext gesucht werden, sondern im Lebensumfeld des jungen Menschen. Aus Perspektive der jungen Menschen macht es in der Regel einen Unterschied, wenn eine solche Aufgabe nicht aus professionellen Motiven heraus übernommen wird. Das Interesse am jungen Menschen sollte im Vordergrund stehen. Darüber hinaus sollte der junge Mensch diese „neue" Bezugsperson möglichst eigenständig und den eigenen Bedürfnissen entsprechend ansprechen und erreichen können. Außerdem sollte die Beziehung auch über den Hilfezeitraum hinaus gelebt werden können.

Um bezogen auf nicht präsente Eltern mit dem jungen Menschen (und ggf. dem anderen Elternteil) angemessene Formen der Zusammenarbeit entwickeln zu können, ist in einem ersten Schritt jeweils fallbezogen zu sondieren, was Nicht-Präsenz hier genau bedeutet. Dabei können die oben beschriebenen Formen für die Einordnung und Reflexion hilfreich sein. Inhaltlich kommt es darauf an in jedem Fall zu konkretisieren, inwiefern Eltern nicht präsent sind, welche Gründe des Nicht-Präsent-Seins bekannt sind und welche Ausnahmen es diesbezüglich gibt. Außerdem gilt es in Erfahrung zu bringen, inwieweit das Nicht-Präsent-Sein schon einmal mit den Eltern thematisiert werden konnte.

Für die Ausgestaltung der Zusammenarbeit ist es in diesen Kontexten darüber hinaus bedeutsam zu prüfen, für wen die Eltern nicht präsent sind. Dabei ist zum einen die Präsenz der Eltern gegenüber ihren Kindern und zum anderen gegenüber den Fachkräften zu reflektieren. So können Eltern(teile) für ihre Kinder und die Fachkräfte nicht präsent sein. Hieraus ergeben sich andere Optionen für die Zusammenarbeit, als wenn sie entweder nur für ihre Kinder oder nur für die Fachkräfte nicht präsent sind. Verweigern Eltern(teile) nur auf einer Ebene (junger Mensch oder Fachkräfte) den Kontakt bzw. die Zusammenarbeit, so bietet sich die Chance, die gelingenden Kontaktmöglichkeiten zu nutzen und zu stärken. Außerdem können hierüber die anderen indirekt eingebunden werden, so dass an der Beziehungsklärung gearbeitet und Möglichkeiten des Umgangs mit der gegebenen Situation gefunden werden können.

Arbeit zum Thema verstorbene Eltern(teile)

In der Arbeit mit Familien, in denen ein Elternteil oder gar beide Eltern verstorben sind, geht es insbesondere darum, die Trauer und den Verlust zu bearbeiten. Durch die Thematisierung und die evtl. notwendige begleitete Auseinandersetzung mit dem Thema Tod soll der junge Mensch (und der verbliebene Elternteil) darin unterstützt werden, für sich einen Umgang mit der Situation zu finden. Je nachdem wie lange der Tod der Eltern zurückliegt, können unterschiedliche Themen zentral sein. So kann es um Abschied und Trauer gehen, um die Akzeptanz der Situation oder um die Schaffung von Offenheit zur Auseinandersetzung. Es kann aber auch um die Frage gehen, wie Erinnerungen an die Mutter/den Vater lebendig gehalten werden können oder eine Aussöhnung stattfinden kann, obwohl eine persönliche Auseinandersetzung nicht mehr möglich ist. Über Trauer- und Biografiearbeit können Zugänge eröffnet werden, damit der junge Mensch den Tod in seinen Lebensweg integrieren kann. Dazu gehört, dass er/sie ein realistisches Bild des verstorbenen Elternteils entwerfen und für sich zukunftsgerichtete Entwicklungsoptionen erschließen kann.

Die Auseinandersetzung mit dem Verlust eines Elternteils ist sehr persönlich. Außerdem ist der Tod generell ein Thema, welches mit Ängsten, Unsicherheiten und Tabus besetzt ist. Darum gilt es hier, zum einen die diesbezüglichen Impulse des jungen Menschen aufzugreifen und zum anderen Situationen zu schaffen, in denen anlassbezogene Gesprächsangebote eröffnet werden können. Um dies angemessen ausgestalten zu können, sind Informationen bzgl. der Todesumstände, der Eltern-Kind-Beziehung zu Lebzeiten sowie dem bisherigen Umgang mit dem Tod innerhalb der Familie hilfreich. Entsprechende Hinweise sollten aus den unterschiedlichen Kontexten zusammen getragen werden.

Neben der Auseinandersetzung mit der Situation kann es auch wichtig sein, den verstorbenen Elternteil in bestimmten Situationen und im Alltag des Kindes präsent zu halten. Dies kann beispielsweise durch Rituale geschehen, die fortgeführt oder neu geschaffen werden. So können die Berücksichtigung des Geburts- und Todestages oder Besuche am Grab ebenso hilfreich sein wie die Integration bestimmter Botschaften der verstorbenen Mutter/des Vaters ins Erziehungskonzept. Dies kann z. B. dadurch erfolgen, dass in bestimmten Situationen danach gefragt wird, was der junge Mensch denkt, was seine Mutter/sein Vater zu bestimmten Situationen oder Entscheidungen sagen würde. Bedeutsam ist, dass diese Frage nicht moralisierend verwandt wird, sondern im Sinne von Präsent-Halten, was dem verstorbenen Elternteil wichtig gewesen wäre bzw. der junge Mensch für sich als solche Aspekte ansieht.

Schließlich hat es sich als hilfreich erwiesen, – sofern möglich – mit dem Kind/Jugendlichen oder auch mit dem verbliebenen Elternteil, Vereinbarungen zum Umgang mit dem Thema Tod und Trauer im Rahmen der Hilfe zu treffen. Darüber hinaus zeigte sich im Projektkontext die besondere Bedeutung von professionellen wie auch persönlichen Kompetenzen im Umgang mit diesem Thema. So stellt die Reflexion des fallbezogenen Vorgehens eine wichtige Unterstützungsstruktur für die fallverantwortlichen Fachkräfte dar. Darüber hinaus bieten Fortbildungen zum Thema „Sprechen über Tod und Sterben" oder auch zur „Trauerarbeit" wichtige Möglichkeiten, selbst Sicherheit im Umgang mit dem Thema zu erlangen. Aber auch die Reflexion der eigenen Haltung zu Tod und Trauer wurde von den projektbeteiligten Fachkräften als wichtig erachtet.

**Arbeit mit Eltern, die vor der stationären Unterbringung
nicht in Erziehungsverantwortung waren bzw. unbekannt sind**

In der Arbeit mit Familien, in denen ein Elternteil vor der stationären Unterbringung nicht in Erziehungsverantwortung war bzw. unbekannt ist, geht es
zunächst um die Aufklärung der gegebenen Situation, soweit dies möglich
und sinnvoll ist. Dabei stehen das Verstehen und damit verbunden das Entwickeln einer möglichst tragfähigen subjektiven Deutung im Vordergrund. In
einem zweiten, oftmals parallel sich vollziehenden Schritt gilt es zu sondieren, inwieweit dieses Elternteil aufgesucht und eine Kontaktaufnahme angestrebt werden soll. Wird dies positiv eingeschätzt, sollte dieses Vorhaben
möglichst mit dem jungen Menschen und ggf. auch dem präsenten Elternteil
vorbereitet werden.

Für viele Mädchen und Jungen wird es in einer bestimmten Lebensphase –
meist in der Pubertät – zentral zu erfahren, wer der nicht bekannte Elternteil
ist, warum der Kontakt abgerissen ist und nicht gepflegt wurde. Da der junge Mensch mit diesem Elternteil nie zusammengelebt hat und oftmals über
lange Zeit kein Kontakt bestand, gibt es in der Regel viele offene Fragen, die
ihn umtreiben. Außerdem stehen unterschiedliche Erwartungen, Hoffnungen
und Befürchtungen im Raum. Hier kann es für die jungen Menschen wichtig
werden, bestimmte innere Bilder des unbekannten Elternteils mit der Realität abgleichen und persönliche Erfahrungen mit dem Vater oder der Mutter
machen zu können. Eine Zielperspektive der Arbeit mit dieser Gruppe von
nicht präsenten Eltern ist die Auseinandersetzung mit dieser „Leerstelle" in
der Biografie des jungen Menschen. Dabei geht es primär um die Begleitung
und Unterstützung in der Suche nach Antworten und im Sondieren, inwieweit das nicht bekannte Elternteil aufgesucht und eine Kontaktmöglichkeit
geschaffen werden soll. Ziel ist dabei, Ungewissheiten zu minimieren und
bestehende Verhältnisse etwas besser nachvollziehen und verstehen zu können. Auch sollen die betreffenden jungen Menschen hierüber die Chance
erhalten, ein möglichst realistisches Bild von dem bisher fehlenden Elternteil
gewinnen zu können.

Wenn die Frage ansteht, inwieweit ein (weitgehend) unbekanntes Elternteil aufgesucht und ein Kontakt angebahnt werden soll, gilt es zunächst, die Aus- und Nebenwirkungen dieses Vorhabens gemeinsam mit dem jungen Menschen und dem präsenten Elternteil auszuloten. Außerdem empfiehlt es sich, auch auf Fachkräfteebene (in der kollegialen Fallberatung) zu reflektieren, welche Bedeutung das Auffinden oder auch eine tatsächliche Kontaktaufnahme für den jungen Menschen in seiner aktuellen Lebenssituation haben könnten. Dabei sollten Erwartungen und Einschätzungen zum Verlauf und zu den Wirkungen möglichst konkret hinsichtlich darin enthaltener Chancen und Risiken herausgearbeitet werden, so dass sie anschließend mit den tatsächlichen Erfahrungen verglichen und innere Bilder überprüft werden können. In diesem Prozess ist es hilfreich zunächst zu sondieren, welche Gründe für den Kontaktabbruch in der Vergangenheit angeführt werden. In einem zweiten Schritt gilt es, Für und Wider für eine (erneute) Kontaktaufnahme zu sammeln.

Ein solcher Prozess der Kontaktanbahnung und Kontaktaufnahme ist oftmals für alle Beteiligten stark emotional besetzt und kann das Verhältnis zwischen dem jungen Menschen und dem präsenten Elternteil, ggf. auch zu den Fachkräften, vor besondere Herausforderungen stellen. Hier ist es zielführend, stets auf eine klare Perspektivendifferenzierung zwischen allen Beteiligten zu achten, so dass unterschiedliche Einschätzungen wahrgenommen werden und Beachtung finden. Besondere Bedeutung kommt dabei oftmals der Differenzierung zwischen der Eltern-Kind-Beziehung bezogen auf das nicht präsente Elternteil einerseits und dem Verhältnis bzw. der ehemaligen Partnerschaft zwischen den beiden Elternteilen andererseits zu. Entsprechend motivierte, von Erfahrungen, Enttäuschungen und ggf. auch Ängsten geprägte Einschätzungen gilt es vor diesem Hintergrund zu ordnen und hinsichtlich ihrer Relevanz für die Entscheidung des jungen Menschen zu gewichten, inwiefern er bzw. sie den Kontakt zu dem (weitgehend) unbekannten Elternteil suchen will. Mit zunehmendem Alter der jungen Menschen muss letztlich ihnen die Entscheidung überlassen werden, ob und wann sie diesen Schritt der Kontaktaufnahme gehen wollen. Aufgabe der Fachkräfte ist es, sie hierbei zu begleiten und angemessen zu unterstützen. Je nach Entwicklungsstand, grundsätzlich aber auch bei jüngeren Kindern ist ggf. zu prüfen, inwieweit sie über die nötige Entscheidungskompetenz verfügen, um die mit einem solchen Schritt verbundene Tragweite abschätzen zu können. Die Sorgeberechtigten sind dann entsprechend einzubeziehen. Da sich aus diesem Prozess hilfeplanungsrelevante Aspekte ergeben können, sollte darüber hinaus in jedem Fall schon in der Planung der Kontaktanbahnung das Jugendamt informiert oder auch eingebunden werden.

Wird eine Kontaktanbahnung grundsätzlich befürwortet, gilt es, diese gründlich vorzubereiten und zu begleiten. Dazu bietet es sich an, verschiedene Optionen mit dem jungen Menschen durchzuspielen, wie das (noch) unbekannte und wenig vertraute Elternteil möglicherweise auf den ersten Kontakt reagiert. Hierzu gehören gerade auch die weniger erwünschten Möglichkeiten des Verlaufs wie die Erfahrung von Ablehnung, unerfüllten Wünschen oder auch nicht eingehaltenen Versprechungen. Je nach Alter und Entwicklungsstand des jungen Menschen ist es darüber hinaus hilfreich, die ersten Kontakte zunächst auf der Erwachsenenebene vorzubereiten. Auf diese Weise können mit dem bisher nicht präsenten Elternteil wechselseitige Erwartungen sowie dessen Bereitschaft zur Kontaktaufnahme und -ausgestaltung abgeklärt werden.

Sollen erste Kontakte erfolgen, ist wiederum deren Vorbereitung und ggf. deren Begleitung zentral und zwar sowohl mit dem jungen Menschen als auch mit dem bisher nicht präsenten Elternteil. Ebenso spielt die Nachbereitung eine Rolle, um in der Prozessbegleitung und -gestaltung einschätzen zu können, inwieweit wechselseitige Erwartungen erfüllt werden können oder Enttäuschungen bearbeitet werden müssen. Wenn sich kontinuierliche Kontakte abzeichnen, gilt es darüber hinaus zu prüfen, inwieweit eine tragfähige Eltern-Kind-Beziehung daraus erwachsen könnte und der Vater bzw. die Mutter perspektivisch auch anteilig Elternverantwortung wahrnehmen kann. Dazu bedarf es allerdings konkreter gemeinsamer Erfahrungsräume, um sich sukzessive annähern und kennen lernen zu können.

Solche Findungs- und Annäherungsprozesse lassen sich inzwischen allerdings nur noch eingeschränkt planen. So werden Kinder und Jugendliche mit Hilfe der neuen Medien und der sozialen Netzwerke im Internet zunehmend selbst initiativ, um den unbekannten Vater oder die Mutter zu suchen. In diesen Fällen können Fachkräfte erst im Nachhinein das Thema aufgreifen und bearbeiten. Vor diesem Hintergrund gewinnt die Biografiearbeit als Möglichkeit an Bedeutung, anlassunabhängig die Nichtpräsenz von Eltern zu thematisieren und einen Raum zur Auseinandersetzung mit den damit verbundenen Fragen, Hoffnungen und Wünschen, aber auch Befürchtungen und Ängsten zu schaffen.

Arbeit mit kontaktverweigernden Eltern

Die Gründe für eine Kontaktverweigerung von Seiten der Eltern können im Kontext der Heimerziehung vielfältig sein. Bei einem Teil der Familien bestand zwischen Elternteil und Kind noch nie eine enge Bindung. In anderen Familien sind die Verletzungen/Ängste im Vorfeld oder während der Heimunterbringung (zeitweise) so groß, dass Begegnungen zwischen Elternteil und Kind als nicht möglich oder hilfreich eingeschätzt werden. Außerdem sind manche Eltern durch eigene Probleme so sehr belastet, dass ein Aufrechthalten des Kontaktes nicht möglich scheint. Hierbei ist allerdings oftmals zu unterscheiden, inwieweit sich die Kontaktverweigerung auf Kontakte zum Kind bezieht oder auf die Zusammenarbeit mit den Fachkräften der Einrichtung.

Besteht zwischen dem kontaktverweigernden Elternteil und dem jungen Menschen keine engere Bindung, so sind die Zielperspektiven und Handlungsstrategien den oben beschriebenen Ansätzen in der Arbeit mit unbekannten Elternteilen sehr ähnlich und werden hier nicht noch einmal vertiefend beschrieben. Bestehen allerdings engere Bindungen, so gehen Kontaktabbrüche vielfach mit konkreten Anlässen einher, die zu Enttäuschungen, Verletzungen, Überforderungen, Missverständnissen etc. geführt haben. Oftmals sind diese Situationen stark emotional besetzt. Zudem können Kontaktabbrüche von Seiten der Eltern oder auch der jungen Menschen (meist Jugendliche) Eigendynamiken in der Eltern-Kind-Beziehung entwickeln, die mit zeitlich fortschreitender Dauer ein Aufeinander-Zugehen zunehmend schwerer machen.

Steht die Kontaktverweigerung zwischen Eltern(teil) und Kind im Vordergrund, so geht es in einem ersten Schritt darum zu sondieren, welche Beweggründe zur aktuellen Situation geführt haben. Um dies thematisieren zu können, ist der Versuch auf der Erwachsenenebene in Kontakt zu bleiben von zentraler Bedeutung. So kann es zieldienlich sein, den direkten Kontakt zwischen Eltern und Kind zunächst zurückzustellen und zwischen Eltern und Fachkräften die Verbindung aufrecht zu erhalten. Durch Gesprächsangebote von Seiten der Einrichtung kann evtl. geklärt werden, was die Mutter/der Vater bräuchte, um wieder mit dem Mädchen/Jungen in Kontakt treten zu können. Parallel gilt es, dieselben Fragen auch mit dem jungen Menschen innerhalb der Einrichtung anzugehen. Zudem geht es um den Versuch die wechselseitigen Auswirkungen des mangelnden/fehlenden Kontakts für die einzelnen Personen deutlich zu machen und zwischen den Positionen zu vermitteln, um evtl. wieder neue Kontaktoptionen eröffnen zu können.

Werden zu Beginn einer stationären Hilfe „Auszeiten" zwischen Eltern und Kind vereinbart, so hat sich gezeigt, dass es in solchen Situationen wesentlich darauf ankommt zu klären, welche Zielsetzungen mit solchen Pausen verfolgt werden. Außerdem sollte verbindlich festgelegt werden, wie lange die Auszeit andauern soll und wann durch wen eine erneute Kontaktaufnahme erfolgen kann. Dies sollte möglichst konkret hinsichtlich Zeitpunkt und Ort, ggf. auch mit weiteren Absprachen zur Gestaltung geschehen.

In der Arbeit mit dem jungen Menschen zum Thema Eltern geht es in Zusammenhängen ohne Kontakte darum, das Kind/den Jugendlichen im Umgang mit der Situation und seinen Gefühlen zu unterstützen und trotz der evtl. schwierigen Situation eine grundsätzlich positive Einstellung zu seinen Eltern zu bewahren. Ein wertschätzendes Sondieren für Gründe des aktuellen Soseins der Situation kann hilfreich sein, um für den jungen Menschen verstehende Ankerpunkte zu entwickeln.

Bezieht sich die Kontaktverweigerung der Eltern auf die Einrichtung/Fachkräfte, so bleibt im Rahmen der Elternarbeit erst einmal die Möglichkeit einseitig Kontakt zu halten. Dies kann beispielsweise über Briefe geschehen, in denen Informationen über die Entwicklung des Kindes weitergegeben werden. Auch kann zu allgemeinen Aktivitäten für Mütter und Väter weiterhin eingeladen werden. Sofern es die Vorgeschichte erlaubt, können auch nicht anlassspezifische Anrufe fortgeführt werden. Über solche Aktivitäten kann an Eltern immer wieder das Signal gesendet werden, dass sie zur Zusammenarbeit eingeladen sind und Möglichkeiten der Mitwirkung im Rahmen der Heimerziehung weiterhin bestehen.

Wenn Eltern den Kontakt verweigern, aber das Sorgerecht für den jungen Menschen innehaben, kann es im Blick auf richtungsweisende Entscheidungen im Hilfeverlauf erforderlich werden, entsprechende Verantwortlichkeiten zu klären. Dies wird beispielsweise bei getrennt lebenden Eltern mit gemeinsamem Sorgerecht notwendig, bei denen ein Elternteil den Kontakt verweigert. Hier müssen Verantwortlichkeiten im Familiensystem und/oder an der Schnittstelle zum Jugendamt explizit geklärt werden, damit relevante Entscheidungen im Hilfeprozess getroffen werden können und Handlungsfähigkeit erhalten bleibt bzw. wiederhergestellt werden kann.

Arbeit mit Eltern, die nicht in der Elternrolle präsent sind

Die Arbeit mit Eltern, die nicht in der Elternrolle präsent sind, ist insofern besonders, als diese Eltern in der Regel ansprechbar und anwesend sind. Sie wollen sich oftmals auch in die Zusammenarbeit einbringen. Allerdings entspricht das, was sie einbringen, nicht dem, was Fachkräfte (und evtl. auch das Kind/der Jugendliche) hinsichtlich der Übernahme der Elternrolle erwarten. In diesem Einschätzungs- und evtl. auch Zuschreibungsprozess ist es wichtig zu klären, woran festgemacht wird, dass die Elternrolle nicht angemessen ausgefüllt wird bzw. werden kann. Dabei geht es zum einen um konkrete Verhaltensweisen und auch Selbsteinschätzungen der Betroffenen. Zum anderen gilt es die Erwartungshaltung an Mütter/Väter kritisch zu überprüfen, was sie in welchem Kontext einbringen und übernehmen sollen.

Das Sondieren und Verstehen der Gründe für eine Nicht-Übernahme der Elternrolle ist in diesem Zusammenhang eine erste zentrale Zielsetzung der Zusammenarbeit mit den Eltern. Dabei kommt es für die Fachkräfte u. a. darauf an unterscheiden zu können, ob Eltern bestimmte Dinge nicht übernehmen können oder nicht übernehmen wollen. Dies erfordert, gemeinsam mit den Eltern Erwartungen an die Elternrolle herauszuarbeiten und Unterschiede im jeweiligen Rollenverständnis zu identifizieren. Hierüber gilt es, gemeinsame Bezugspunkte für die Einschätzung von Kompetenzen und Möglichkeiten ihrer Erweiterung zu entwickeln. So kommt es in der Zusammenarbeit mit diesen Eltern darauf an, ihre Kompetenzen zu erkennen und zu stärken, aber auch ihre Grenzen wahrzunehmen und zu akzeptieren. Die größtmögliche Unterstützung in der Kompetenzerweiterung einerseits und die Erarbeitung eines gelingenden Umgangs mit Einschränkungen andererseits können hier gleichberechtigte Handlungsmaximen darstellen.

Auch in der Arbeit mit dem jungen Menschen kann es fallbezogen bedeutsam sein, ein Verständnis für die Einschränkungen der Eltern z. B. in Folge einer Erkrankung oder Behinderung zu wecken. Möglicherweise können vor diesem Hintergrund bestimmte Erwartungen an die Eltern-Kind-Interaktion und auch an die Zusammenarbeit mit den Fachkräften nicht erfüllt werden. Hier ist es wichtig, die Erwartungen sukzessive an die Realität anzupassen und mit den gegebenen Ressourcen zu arbeiten. Dazu können auch Signale an Eltern und den jungen Menschen gehören, dass ein „Nicht-Können" in bestimmten Situationen und Kontexten in Ordnung ist.

Je nach Fallkonstellation kann es zudem hilfreich sein, bestimmte Fragen auch an der Schnittstelle zu anderen Professionen zu klären bzw. im Rahmen der Zusammenarbeit mit Eltern darauf hinzuwirken und sie darin zu unterstützen, andere Hilfe- bzw. Beratungsangebote wahrzunehmen.

Schlussfolgerungen zur Zusammenarbeit mit nicht präsenten Eltern

In der Auseinandersetzung mit dem Thema nicht präsente Eltern wurde deutlich, dass es zum einen trotz starker Bemühungen um Zusammenarbeit und Motivationsarbeit Eltern gibt, die in unterschiedlicher Form und Ausprägung (zumindest in bestimmten Phasen des Hilfeprozesses) nicht präsent sein können. Hier ist es wichtig, diese Situation explizit mit dem jungen Menschen zu bearbeiten. Zum anderen kristallisierte sich heraus, dass es im engeren

Sinne keine nicht präsenten Eltern gibt, da das Thema Eltern zumindest mittelbar mit den Kindern und Jugendlichen immer bearbeitet werden muss. Darum müssen auch nicht präsente Eltern durch die Fachkräfte im Hilfeverlauf und im Rahmen der Elternarbeit mitgedacht und auf diese Weise präsent gehalten werden.

Die Klärung der Beziehung des jungen Menschen zu seinen Eltern ist ein vielschichtiger Prozess, vor allem wenn kein Kontakt bestand/besteht und Erwartungen und Hoffnungen nicht erfüllt werden. Biografiearbeit stellt in diesem Zusammenhang einen geeigneten Ansatz zur Bearbeitung des Themas Eltern und deren Präsenz im Leben der Kinder dar. In der Zusammenarbeit mit Eltern und Kindern wird außerdem der Versuch unternommen, für die jeweilige Familie größtmögliche Transparenz und wechselseitige Erwartbarkeit zu erreichen, so dass Wunsch und Realität immer wieder miteinander in Verbindung gebracht werden. So soll letztlich für und mit jedem Familienmitglied der jeweils bestmögliche Umgang mit der aktuellen Situation gefunden werden. Gleichzeitig kann ein Teil der Zusammenarbeit sein (außer bei verstorbenen Eltern), dass die Fachkräfte der Einrichtung bei Bedarf einseitig mit Eltern(teilen) Kontakt halten. Dabei geht es vor allem um Informationsweitergabe und wiederkehrende Signale, dass die Möglichkeit zur Zusammenarbeit mit der Einrichtung für die Mutter/den Vater über den gesamten Hilfeverlauf besteht und jederzeit aufgenommen werden kann.

3.4 Beteiligungsorientierte Hilfe- und Erziehungsplanung

Der Hilfeplanungsprozess nach § 36 SGB VIII dient der Planung und Steuerung der stationären Hilfe insgesamt. In diesem Rahmen gilt es auch, Kontrakte zwischen Jugendamt, Einrichtung und Familie zur verbindlichen Zusammenarbeit mit den Eltern zu schließen. Im Projektverlauf wurde der Frage nachgegangen, wie dieses Verfahren stärker als bislang dahin gehend genutzt werden kann, dass Eltern jeweils für sich Ziele entwickeln und durch Unterstützung der Fachkräfte an diesen Zielen arbeiten können. Dies ist insofern bedeutsam, als Menschen sich letztlich nur dann auf Veränderungsprozesse einlassen, wenn ihnen die Ziele lohnenswert erscheinen, somit die

Ziele nicht nur vorgegeben werden, sondern auch zu den eigenen werden. Im Blick auf eine solche Stärkung der Zielorientierung in der Zusammenarbeit mit Eltern konnten vier Ansatzpunkte identifiziert werden:

Dies ist zum einen die beteiligungsorientierte Ausgestaltung des gesamten Prozesses inklusive der Befähigung der einzelnen Familienmitglieder zur Beteiligung. Zum anderen sollte im Rahmen der Zielvereinbarungen im Hilfeplan zwingend nach kind- und elternbezogenen Zielen unterschieden werden, damit beide Perspektiven gleichwertig im Hilfeprozess Berücksichtigung finden. Außerdem erwies es sich als notwendig, den „roten Faden" zwischen Hilfeplanung, Erziehungsplanung und alltagsbezogener Umsetzung/Unterstützung mit jeweils entsprechenden Reflexionsschleifen mit den Müttern und Vätern zu stärken. Schließlich hat sich herauskristallisiert, dass es der handlungsrelevanten Konkretisierung von Zielen im Rahmen der Erziehungsplanung mit Eltern bedarf, damit alternative Handlungsoptionen vorstellbar und umsetzbar werden können.

Bevor auf diese vier Aspekte im Folgenden näher eingegangen wird (siehe 3.4.2), werden zunächst generelle Verfahrens- und Qualitätsstandards der Hilfeplanung skizziert, da diese die grundsätzliche Rahmung der soeben aufgezeigten Punkte darstellen.

3.4.1 Verfahrens- und Qualitätsstandards der Hilfeplanung

Qualitätsstandards der Hilfeplanung mit besonderem Fokus auf Beteiligung und Kooperation wurden im Rahmen des Bundesmodellprojektes „Hilfeplanung als Kontraktmanagement" eingehend betrachtet. In diesem Kontext wurde unter anderem ein Instrumentenset entwickelt, das die zentralen fachlichen Standards unterstützen soll. Dieses wurde im Rahmen einer Handreichung (Moos/Schmutz 2005) veröffentlicht und floss inzwischen in die Empfehlungen zur Hilfeplanung seitens des Landesjugendamtes Rheinland-Pfalz ein. Als zentrale Verfahrens- und Qualitätsstandards sollen im Rahmen dieses Praxishandbuches vor allem vier Aspekte hervorgehoben werden. Dies sind die zeitliche Taktung der Hilfeplangespräche, die Vorbereitung der Hilfeplangespräche mit Eltern und jungen Menschen, die Unterstützung fachlicher Standards durch entsprechende Instrumente sowie die Abstimmung des Verfahrens zwischen öffentlichem und freiem Träger. Nachfolgend werden diese Standards genauer beschrieben.

Zur zeitlichen Taktung der Hilfeplangespräche

Entsprechend den allgemeinen Verfahrensstandards der Hilfeplanung sollte das erste Hilfeplangespräch, wie bereits im Kapitel zum Hilfebeginn beschrieben, im Rahmen der Aufnahme des jungen Menschen in die Einrichtung erfolgen. Alle bereits getroffenen Vereinbarungen sollten zu diesem Zeitpunkt schriftlich fixiert werden. So wird ein gemeinsamer Ausgangspunkt zur Ausgestaltung der stationären Hilfe für alle Beteiligten gesichert. Das zweite Hilfeplangespräch sollte dann zum Ende der Diagnosephase, d. h. drei bis vier Monate nach Aufnahme stattfinden. Zu diesem Zeitpunkt können fast immer die ersten Vereinbarungen zur Ausgestaltung der Hilfe und der Zusammenarbeit mit Eltern konkretisiert werden, da zwischenzeitlich ein intensiveres Kennenlernen von Familie und Einrichtung erfolgen konnte. Außerdem wurden im Rahmen der sozialpädagogischen Diagnostik systematisch Informationen mit Eltern erhoben und bewertet. Das dritte sowie alle weiteren Hilfeplangespräche folgen halbjährlich, es sei denn, es ergibt sich ein besonderer Bedarf für eine frühzeitigere Abstimmung.

Soll der Hilfeplan als Arbeitsgrundlage und Werkzeug für den weiteren Prozess genutzt werden, so ist es wichtig, dass die getroffenen Vereinbarungen zeitnah allen Beteiligten schriftlich zur Verfügung stehen. Um dies zu erreichen, hat es sich in der Praxis bewährt, die Zielvereinbarung als wesentlichen Teil des Hilfeplans auf einem separaten Blatt zu notieren. Dies erfolgt handschriftlich während des Hilfeplangespräches. Dabei sollten die Formulierungen möglichst mit den Beteiligten abgestimmt werden, so dass sie sich auch im Wortlaut wieder finden. Anschließend wird dieses Blatt kopiert und allen Beteiligten sofort nach dem Gespräch ausgehändigt. Diese Zielvereinbarung ist Teil des Hilfeplans (vgl. Moos/Schmutz 2005). Entsprechende Beispiele für Instrumente sind im Anhang am Ende dieses Praxishandbuches aufgeführt.

Notwendigkeit der Vorbereitung von Hilfeplangesprächen mit Eltern und jungem Mensch

Neben der zeitlichen Taktung sind weitere Verfahrensstandards wichtig, um den Hilfeplanungsprozess mit seinen hohen Anforderungen gelingend auszugestalten. So hat sich gezeigt, dass die Vorbereitung des Hilfeplangesprächs mit Eltern und jungem Mensch wesentlich dazu beitragen kann, dass Familienmitglieder für sich Ziele im Rahmen des Hilfeplangesprächs formulieren können (vgl. Moos/Schmutz 2005). Eine solche Vorbereitung kann durch die Erstellung einer so genannten Vorab-Information unterstützt werden. Dabei geht es um die Bilanzierung des Hilfeprozesses seit dem letzten Hilfeplangespräch. Diese wird von den Fachkräften der Einrichtung mit den Eltern und dem jungen Mensch in einem Gespräch erarbeitet und fokussiert insbesondere das Maß der Zielerreichung sowie diesbezügliche Gelingensfaktoren und Hürden. Außerdem gehen in die Vorab-Info Veränderungen im Hilfeverlauf ein, die eine Anpassung der Ziele erforderlich machen. Die Dokumentation der Ergebnisse dieser Bilanzierung dient zur Reflexion des Hilfeprozesses und zur Vorbereitung des nächsten Hilfeplangespräches. Die Vorab-Info geht schriftlich circa vierzehn Tage vor dem Hilfeplangespräch von Seiten der Einrichtung an das Jugendamt und die Familienmitglieder. Damit wird für alle Beteiligten eine Vorbereitung des Hilfeplangespräches und der dort zu verhandelnden Themen möglich. Die Erarbeitung der Vorab-Info schafft darüber hinaus Raum für die Einschätzungen der einzelnen Familienmitglieder und stärkt damit ihre Beteiligung im Hilfeprozess nachhaltig. Außerdem macht sie den Eltern und jungen Menschen gegenüber transparent, wie der Verlauf der Hilfe seitens der Einrichtung eingeschätzt wird und welche Informationen dazu an das Jugendamt gehen.

Darüber hinaus trägt eine solche Vorbereitung dazu bei, dass im begrenzten zeitlichen Rahmen des Hilfeplangesprächs eine inhaltliche Fokussierung möglich wird. Die schriftliche Vorab-Info ersetzt die ausführlichen Situationsschilderungen im Hilfeplangespräch. So entstehen Raum und Zeit für Aushandlungsprozesse mit Eltern und Kindern bezüglich der Ziele und Aufgaben für den Hilfeprozess bis zum nächsten Hilfeplangespräch. Wie die Erfahrungen der Praxis zeigen, kann so zugleich die Beteiligung nachhaltig gestärkt werden.

Instrumente sollten fachliche Prinzipien bestmöglich unterstützen

Für die Fachkräfte stellt es in der Regel einen eigenen Schritt der Implementierung dar, im fachlichen Diskurs vereinbarte Standards im zumeist dichten Alltag umzusetzen. Entsprechend gestaltete Instrumente können hier unterstützen. Für die Hilfeplanung haben sich insbesondere die Ressourcenorientierung und die Perspektivendifferenzierung als zentrale fachliche Standards erwiesen, die auf jeden Fall durchgängig im Hilfeplanungsprozess Beachtung finden sollten. Dies kann durch eine entsprechende Gestaltung der Hilfeplanungsinstrumente gestärkt werden.

Im Blick auf die Ressourcenorientierung hat es sich als zieldienlich erwiesen, explizite Fragen zu Stärken, positiven Entwicklungen und Erfolgen sowohl im Rahmen der Vorab-Info, als auch im Hilfeplanformular vorzugeben, so dass diese Aspekte in jedem Gespräch thematisiert werden. Werden diese Fragen für den Gesprächseinstieg genutzt, kann damit das Gesprächsklima positiv beeinflusst werden. Zugleich können Erfolge sichtbar werden, was wiederum motivationssteigernd wirken kann.

Um multiperspektivische Erhebungen bzw. Einschätzungen zu sichern, hat es sich bewährt, Beschreibungen und Bewertungen der Situation sowie der Ziele differenziert aus Sicht von Eltern, jungem Mensch, Jugendamt und Einrichtung zu erfragen. Die je spezifische Sicht der Person sollte möglichst in deren eigenen Worten aufgenommen werden. Sind die unterschiedlichen Perspektiven herausgearbeitet worden, geht es um einen diskursiven Aushandlungsprozess, um einen möglichst breiten gemeinsamen Nenner zu finden. Dabei ist es hilfreich, zunächst die übereinstimmenden Einschätzungen herauszuarbeiten. Davon ausgehend gilt es dann zu prüfen, wie die Unterschiede zu bewerten sind, welche Unterschiede nebeneinander bestehen bleiben können und wo Brücken zur Überwindung großer Differenzen gefunden bzw. gebaut werden müssen. Unterschiede und Nicht-Übereinstimmungen sollten dabei nicht nivelliert, sondern gezielt betrachtet und als Gegenstand der Zusammenarbeit genutzt werden. Darüber hinaus kann durch die schriftliche Fixierung der verschiedenen Perspektiven in den Formularen auch sichtbar werden, wenn eine Person im Prozess nicht beteiligt war bzw. sich bezüglich einzelner Punkte nicht geäußert hat. Auch dies sind Hinweise, die es zu reflektieren und für den weiteren Arbeitsprozess zu nutzen gilt.

Abgestimmte Verfahren und Instrumente
zwischen öffentlichem und freiem Träger

Für den Gesamtprozess der Hilfeplanung im allgemeinen, aber in besonderer Weise für die Zusammenarbeit mit den Eltern im Kontext stationärer Hilfen ist ein abgestimmtes und bestmöglich aufeinander bezogenes Vorgehen auf Fachkräfteebene in Kooperation von Jugendamt und Einrichtung als wesentlicher Gelingensfaktor anzusehen. Dabei geht es insbesondere um die Aufgaben- und Rollenklärungen sowie um fallübergreifende Vereinbarungen zur Ausgestaltung der jeweiligen Schnittstellen. So werden die Zusammenarbeit im Fall durch Absprachen gerahmt und die Handlungssicherheit erhöht. Dazu werden auch abgestimmte Instrumentensets als hilfreich erachtet.

Die erste fallbezogene Schnittstelle in der Kooperation von Jugendamt und Einrichtung liegt bei der Anfrage zur möglichen Aufnahme des jungen Menschen. Im Rahmen dieses Abklärungsprozesses bis zur Aufnahme des Kindes/Jugendlichen ist eine koordinierte Informationsübergabe anzustreben. Alle notwendigen (und verfügbaren) Informationen seitens des Jugendamtes sollten an die Einrichtung weitergegeben werden. Konkrete Vereinbarungen dazu, welche Informationen prinzipiell immer weitergegeben bzw. von Seiten der Einrichtung erfragt und erwartet werden, sind als zieldienlich anzusehen. Neben Informationen zur Familiensituation, zu Problemen und Ressourcen der Familie, Einschätzungen zum Hilfebedarf sowie der Zielperspektive der Hilfe sollten in diesem Zusammenhang bereits erste Einschätzungen und Ziele zur Zusammenarbeit mit Eltern von Seiten des Jugendamtes formuliert werden.

Darüber hinaus braucht es Vereinbarungen dazu, wie die konkrete Aufnahmesituation in Kooperation von Jugendamt und Einrichtung ausgestaltet wird. Dabei geht es insbesondere um die zeitliche Taktung der Hilfeplanung. Wie oben aufgezeigt sollte das erste Hilfeplangespräch möglichst zu diesem Zeitpunkt stattfinden. Allerdings müssen zu den Standards der Hilfeplanung zuvor entsprechende Übereinkommen getroffen werden.

Zur Stärkung des Fokus der Zusammenarbeit mit Eltern im stationären Kontext hat sich die Arbeit an einem gemeinsamen Fach- und Fallverständnis zum Stellenwert der Elternarbeit zwischen öffentlichem und freiem Träger als lohnenswert herausgestellt. Im Rahmen gemeinsamer Fachveranstaltungen oder Fortbildungen sollte Raum zur Diskussion der verschiedenen Zielperspektiven der Zusammenarbeit mit Eltern und fallangemessenen Vorgehensweisen geschaffen werden. Solche generellen fachlichen Arbeitszusammenhänge erleichtern in der Regel die Zusammenarbeit im Fall, da auf eine gemeinsame fachliche Verständigung Bezug genommen werden kann.

Als weiterer wichtiger Punkt in der Kooperation von Jugendamt und Einrichtung zur Ausgestaltung einer fallbezogen adäquaten Zusammenarbeit mit Eltern hat sich die Klärung der Entscheidungsbefugnisse der Fachkraft des ASD im Kontext der Hilfeplanung herausgestellt. Dabei geht es um die Frage, welche Entscheidungen hinsichtlich der Bewilligung von fallbezogenen Leistungen der Elternarbeit, die über die im Entgelt beinhalteten Leistungen hinausgehen, unmittelbar im Hilfeplangespräch getroffen werden können. Möglichst zeitnahe und unbürokratische Klärungsprozesse befördern eine flexible Ausgestaltung der Zusammenarbeit mit Eltern im Einzelfall.

3.4.2 Stärkung der Zusammenarbeit mit Eltern im Rahmen der Hilfe- und Erziehungsplanung

Wie eingangs aufgezeigt haben sich im Verlauf des Projektes hinsichtlich der Beteiligung der Eltern in der Hilfeplanung vier Ansatzpunkte herauskristallisiert, die die Initiierung und gelingende Umsetzung der Zusammenarbeit mit Eltern wesentlich befördern. Diese sollen nun eingehender vorgestellt werden.

Beteiligungsorientierte Ausgestaltung des Hilfeplanungsprozesses mit Eltern

Zu Beginn der stationären Hilfe ist es wichtig, Müttern und Vätern den Sinn und Zweck der Hilfeplanung und ihre Rolle im Verfahren transparent zu machen, damit ihnen der Stellenwert dieses Verfahrens mit den dazu gehörenden Rechten und Pflichten verständlich werden kann. In der Regel haben Eltern und junger Mensch zwar schon Vorerfahrungen mit der Hilfeplanung, dennoch lohnt es sich, im Übergang in die stationäre Hilfe noch einmal auf deren Bedeutung zu verweisen.

Wie bereits bei den generellen Verfahrensstandards zur Hilfeplanung beschrieben, bilden die Vor- und Nachbereitung von Hilfeplangesprächen zentrale Bausteine der Zusammenarbeit mit Eltern. Indem ein strukturiertes Elterngespräch circa vier bis sechs Wochen vor dem Hilfeplangespräch zur Erstellung der Vorab-Info sowie ein zeitnahes Elterngespräch danach zur Konkretisierung der getroffenen Ziele geführt werden, kann der Hilfeplan verstärkt in den Gesamtprozess der Hilfe integriert werden. Durch die Vorbereitung des Hilfeplangespräches sollen sowohl Eltern wie auch Kinder darin unterstützt werden, sich aktiv am Gespräch zu beteiligen. Eine vorausgegangene Reflexion des Hilfeverlaufs seit dem letzten Hilfeplangespräch gemeinsam mit einer vertrauten (und akzeptierten) Fachkraft ermöglicht die Betrachtung des Erreichten und auch Nicht-Erreichten sowie ein gemeinsames Sondieren möglicher Begründungszusammenhänge zunächst in einem geschützten Rahmen. Darüber hinaus können unterschiedliche Sichtweisen zwischen Müttern/Vätern und der Fachkraft der Einrichtung bereits vorab im kleinen Rahmen ausgelotet werden. So können Eltern zum einen in der Vertretung ihrer Sicht und Einschätzung gestärkt werden. Zum anderen können gemeinsam differenziertere Betrachtungsweisen entwickelt werden, die zugleich mögliches Konfliktpotenzial im Blick auf das Hilfeplangespräch entschärfen. Des Weiteren können Mütter und Väter durch ein solches Vorgehen sukzessiv gestärkt werden, ihre Anliegen im Hilfeplangespräch selbst einzubringen. Je nach Fallkonstellation kann auch diesbezüglich Unterstützung im Gespräch selbst notwendig sein. Hierzu können im Rahmen der Vorbereitung explizit Vereinbarungen getroffen werden.

Differenzierung von kind- und elternbezogenen Zielen

Die Differenzierung von kind- und elternbezogenen Zielen im Hilfeplan hat sich als ein zentrales methodisches Element herauskristallisiert, um den Fokus der Zusammenarbeit mit Eltern im stationären Kontext zu stärken. Bislang sind Hilfeplanziele in der Regel stark kindzentriert ausgerichtet. Meist stehen Veränderungen bezogen auf den jungen Menschen im Mittelpunkt. Ziele und Vereinbarungen mit Eltern steuern tendenziell auf die Unterstützung zur Erreichung dieser kindbezogenen Ziele zu. Fokus dieser Zielvereinbarungen ist somit die Frage, wie die Mutter oder der Vater den jungen Mensch auch über die Trennung der Lebensorte hinweg in seiner Entwicklung unterstützen können. Die entsprechenden Vereinbarungen betreffen in diesem Zusammenhang kindbezogene Formen der Zusammenarbeit mit Eltern. Diese umfassen meist Regelungen zu Austausch und Informationen bezogen auf das Kind, zur Ausgestaltung der Kontakte zwischen Eltern und Kind sowie zu Austausch und Abstimmung zwischen Fachkräften und Eltern.

Elternbezogene Ziele hingegen erwachsen aus der Notwendigkeit, den Eltern Unterstützung für sich selbst anzubieten, um Erziehungsbedingungen verbessern zu können. Die Bezugspunkte zur Verbesserung der Erziehungsbedingungen können allerdings in vielfältigen Problemlagen verortet sein, die nicht unbedingt in der Zuständigkeit der Jugendhilfe liegen. Beim Sondieren der Notwendigkeiten und Voraussetzungen zur Verbesserung der Erziehungsbedingungen gilt es deshalb zu prüfen, welche Aspekte im Rahmen der stationären Hilfe bearbeitet werden können. Dazu gehören in der Regel alle Themen des engeren Erziehungsgeschehens. Aspekte wie etwa Schulden, Partnerschaftskonflikte, psychische Erkrankung etc. können maßgeblichen Einfluss auf die Situation haben, die zur stationären Unterbringung geführt hat. Sie können im Kontext der stationären Hilfe aber nicht unmittelbar bearbeitet, sondern immer nur bezüglich ihrer Auswirkungen auf das Erziehungsverhalten oder die Entwicklung des jungen Menschen hin thematisiert werden. Zur Bearbeitung anderer Fragen und Probleme können Fachkräfte der stationären Einrichtung lediglich Zugänge schaffen und Vermittlungsfunktionen hin zu anderen Leistungsträgern und Hilfesystemen übernehmen.

Leitfrage für elternbezogene Ziele im Rahmen der Hilfeplanung ist somit: Was brauchen Mütter/Väter für sich, um mit den Anforderungen der Erziehung besser zurecht kommen zu können? Diesbezüglich gilt es dann zu klären, welche Hilfe- und Unterstützungsleistungen im Rahmen der stationären Hilfe möglich und welche flankierenden Maßnahmen evtl. notwendig sind. Fallbezogen muss somit jeweils das Grobziel der „Verbesserung der Erziehungsbedingungen" im Hilfeplan konkretisiert werden.

Stärkung des „roten Fadens"
zwischen Hilfe- und Erziehungsplanung mit Eltern

Wurden im Rahmen der Hilfeplanung explizit auch elternbezogene Ziele erarbeitet, gilt es diese im Rahmen des weiteren Arbeitsprozesses entsprechend zu bearbeiten. Um diesen Prozess auszugestalten, bietet es sich an, auch mit den Eltern in eine Form der Erziehungsplanung einzusteigen. Dies bedeutet, dass im Rahmen von vereinbarten Gesprächen mit Müttern/Vätern konkretisierende Planungen für kleinere Zeitabschnitte vorgenommen werden, die regelmäßig überprüft und fortgeschrieben werden. Fallbezogen gilt es diesbezüglich zu klären:

- ☐ Wann bzw. in welchen Abständen erfolgen Gespräche mit Eltern, um Ziele zu konkretisieren und zu reflektieren?

- ☐ Welche Prioritäten zur Zielerreichung und Aufgabenerledigung werden gemeinsam mit den Eltern festgelegt?

- ☐ Welche Formen der Unterstützung sind für die Eltern bei der Umsetzung der Aufgaben notwendig?

Wird mit Eltern ein veränderungsorientierter Arbeitsprozess bezogen auf ihr Erziehungsverhalten angestrebt, braucht es zumeist Gespräche im Abstand von vier bis sechs Wochen, um entsprechende Vereinbarungen im Sinne einer Erziehungsplanung mit Eltern zu treffen. Aus den Zielen des Hilfeplans müssen jeweils überschaubare Teilaufgaben herausgearbeitet werden, die von Seiten der Eltern im Sinne konkreter Tätigkeiten übernommen werden können. Bezogen auf diese Tätigkeiten ist fallbezogen zu vereinbaren, ob und wenn ja, in welcher Form Eltern für die Umsetzung der vereinbarten Aufgabe Unterstützung im Sinne der Anleitung benötigen. Diese Vereinbarungen zur

Unterstützung kennzeichnen wesentliche Elemente der Arbeit der Fachkräfte mit den Eltern. Im Rahmen des Arbeitsprozesses setzen Eltern die entsprechenden Aufgaben dann im vereinbarten Rahmen (mit oder ohne Unterstützung) um. Die Erledigung der Aufgaben wird wiederum mit Eltern reflektiert und führt zu neuen Vereinbarungen im Rahmen der Erziehungsplanung. Die Summe dieser Vereinbarungen, Umsetzungsschritte und Reflexionsschleifen mündet dann in die Einschätzung der Zielerreichung sowie die Erarbeitung neuer Ziele mit Eltern für das nächste Hilfeplangespräch.

Handlungsrelevante Konkretisierung von Zielen in der Zusammenarbeit mit Eltern

Der Schlüssel zur Erziehungsplanung mit Eltern liegt in der Frage, wie die Hilfeplanziele der Eltern in praktisches Handeln überführt werden können. Es braucht regelmäßige Gespräche um die Hilfeplanziele so zu konkretisieren, dass sie handlungsleitend werden. Die Erarbeitung von Handlungsoptionen mit Eltern auf der sprachlichen Ebene ist ein erster Schritt in diese Richtung. Zielperspektiven müssen darüber hinaus aber so herunter gebrochen werden, dass der erste Schritt möglichst genau beschrieben werden kann. Dabei kann die Methode ZAP-Modell (Zukünftige Alternativen Planen) (vgl. Poss 2005) unterstützen. Dieses Verfahren wurde durch einzelne projektbeteiligte Einrichtungen erfolgreich mit Eltern ausprobiert und wird im Folgenden kurz vorgestellt:

Der ZAP(Zukünftige Alternativen Planen)-Prozess

Die acht Schritte des ZAP-Prozesses

1. Den Traum berühren – der „Polarstern".
2. Sich des Ziels bewusst werden.
3. Sich in die gegenwärtige Situation vertiefen.
4. Menschen identifizieren, die helfen können.
5. Mittel und Wege erkennen, die helfen, Kraft zu sammeln.
6. Die Handlungsschritte für die nächsten Monate planen.
7. Die Arbeit des kommenden Monats planen.
8. Den ersten Schritt gehen.

Das ZAP-Prozess-Schaubild

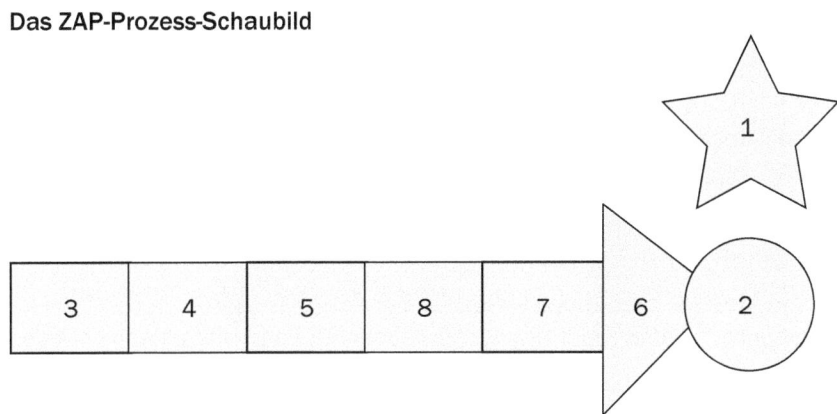

Die ZAP-Prozess-Fragen

1. Notieren Sie einige Vorsätze, die Sie für sich gefasst haben.Schreiben Sie die Antriebskräfte und Stärken, die Sie auszeichnen, jeweils an die Zacken des Sterns, der mit der Nummer 1 gekennzeichnet ist.

2. Bestimmen Sie ein erreichbares Ziel aus Ihrer gedachten Liste an guten Vorsätzen, welches Sie innerhalb der nächsten sechs Monate erreichen wollen und schreiben Sie es in den mit 2 gekennzeichneten Kreis.

3. Was tun Sie im Augenblick dafür, sich Ihrem Ziel zu nähern? (Feld 3)

4. Welche Leute können Ihnen dabei behilflich sein, sich Ihrem Ziel zu nähern? (Feld 4)

5. Welches neue Wissen, welche neuen Fertigkeiten benötigen Sie, um Ihr Ziel zu erreichen? (Feld 5)

6. Was müssen Sie am Ende der drei Monate geschafft haben, um sicher sein zu können, dass Sie die Hälfte des Weges zu Ihrem Ziel zurückgelegt haben? (Achtung Feld 6!)

7. Was möchten Sie am Ende des ersten Monats erreicht haben? (Feld 7)

8. Was ist der erste Schritt, den Sie in Richtung Ihres Ziels einschlagen werden, wenn dieses Gespräch heute beendet ist? (Feld 8)

(vgl. Poss 2005)

Für Mütter/Väter muss bezogen auf die jeweilige Situation, die sie verändern möchten, ein Bild davon entstehen, was genau sie anders tun können. Für viele Eltern, deren Kinder stationär untergebracht wurden, genügt eine rein sprachliche Auseinandersetzung bzgl. der Veränderungen ihrer bisherigen Erziehungspraxis allerdings nicht, um hinreichend konkrete Ideen zur Veränderung bisheriger Handlungsroutinen entwickeln zu können. Hier braucht es Ergänzungen im Rahmen der Zusammenarbeit mit Eltern, die Lernoptionen für Mütter/Väter durch Beobachtungen der Fachkräfte in vergleichbaren Situationen schaffen oder Übungssituationen für Eltern mit entsprechender Unterstützung bieten können.

Wurden so die Ziele für die Zusammenarbeit mit Eltern herausgearbeitet und konkretisiert, stellt sich im nächsten Schritt die Frage, was eine gelingende Umsetzung der getroffenen Vereinbarungen fördert. Dazu werden die Erkenntnisse des Projektes bezüglich der Ausgestaltung eines eigenständigen Arbeitsprozesses mit Eltern vorgestellt.

3.5 Unterstützung der Eltern in einem eigenständigen Arbeitsprozess

Die Unterstützung von Müttern und Vätern in einem eigenständigen Arbeitsprozess ist ein zentrales Merkmal einer familienunterstützenden Heimerziehung und entspricht den fachlich-rechtlichen Anforderungen nach § 37 SGB VIII. Danach sollen stationäre Hilfen immer auch darauf hinarbeiten, dass sich die Erziehungsbedingungen in der Herkunftsfamilie so verändern, dass der junge Mensch dort nach Möglichkeit wieder angemessen gefördert und begleitet werden kann. Um mit Eltern in einen solchen Arbeitsprozess zu kommen, ist es zunächst erforderlich, dass sie zu einer solch engen Zusammenarbeit bereit sind und entsprechende Zielsetzungen im Rahmen der Hilfeplanung ausgehandelt wurden. Die hier vereinbarten elternbezogenen Ziele geben die Richtung an, in welcher Hinsicht mit den Eltern an Kompetenzzuwachs bezüglich ihres Erziehungshandelns gearbeitet werden soll.

Damit eine solche Zusammenarbeit gelingend implementiert und entwickelt werden kann, braucht es Arbeitszusammenhänge, in denen Eltern adäquat in ihrem angestrebten Lern- und Veränderungsprozess unterstützt werden können. Dazu gehören Unterstützungs- und Übungskontexte für Mütter und Väter, die systematisch mit Planungs- und Reflexionskontexten verknüpft werden. Im Folgenden werden einzelne Elemente des Unterstützens und Übens im Arbeitsprozess mit Eltern näher beschrieben. Anschließend wird dargestellt, welche weiteren Elemente der Arbeit mit Eltern einen solchen Prozess rahmen bzw. einem solchen Prozess vorausgehen, wenn Mütter/Väter (noch) nicht zu einer Arbeit an Veränderungen ihrer Erziehungskompetenzen bereit sind. Zum Schluss wird aufgezeigt, welche Anforderungen an die Reflexion solcher Arbeitsprozesse mit Eltern und unter Fachkräften gestellt werden.

3.5.1 Übungs- und Lernkontexte mit und für Eltern ausgestalten

Um Eltern darin zu unterstützen ihre Erziehungsverantwortung (wieder) verstärkt wahrnehmen zu können, stellt sich die Frage wie kleinschrittig die Heranführung an bestimmte Aufgaben ausgestaltet werden muss und welche Unterstützung Mütter/Väter jeweils benötigen, um besser mit den an sie gestellten Anforderungen umgehen zu können. Wie bereits beschrieben, lässt sich Erziehungsverantwortung in eine Vielzahl von einzelnen Aufgaben untergliedern. Diese Aufgaben setzen sich dann wiederum aus einer Reihe von Tätigkeiten zusammen. Indem Eltern unterstützt werden, verschiedene Einzeltätigkeiten zu übernehmen, können sie in der Summe darauf vorbereitet werden, perspektivisch eine „ganze" Aufgabe wahrzunehmen. Es existiert also eine lineare Verkettung zwischen Verantwortung, Aufgaben und Tätigkeiten.

Eltern bedarfsgerecht in der Erweiterung ihrer Möglichkeiten zur Verantwortungsübernahme zu unterstützen, erfordert somit ein gestuftes Vorgehen. Zudem können diese Stufen der Unterstützung in unterschiedlichen Kontexten umgesetzt werden, die jeweils eigene Qualitäten aufweisen. So können all die Aufgabenbereiche der Erziehungsverantwortung, in denen Unterstützungsbedarf besteht, anlassbezogen entlang entsprechender Gelegenheiten im Alltag ausgestaltet werden. Für das Lernen am Modell der Fachkräfte bietet sich der Gruppenkontext des Heimes an, da hier fast alle alltäglichen Dinge im Miteinander anfallen, die auch im familiären Kontext realisiert werden müssen. Trotz aller Potenziale dieses Lern- und Übungsfeldes im stationären Kontext, braucht es dann aber im nächsten Schritt auch die Umsetzung unter „normalen" häuslichen Bedingungen, d. h. Übungsmöglichkeiten unmittelbar in der Lebenswelt der Familie. Ein weiterer spezifischer Lernkontext sind gruppenbezogene Angebote für Eltern, wo Mütter und Väter im Austausch wechselseitig voneinander profitieren können. Im Folgenden werden zunächst die Stufen der Unterstützung skizziert, bevor anschließend die verschiedenen Kontexte bezüglich ihrer Chancen und Anforderungen an die Ausgestaltung näher beschrieben werden.

Stufen der Zusammenarbeit mit Eltern im Unterstützungsprozess

Im Rahmen der sozialpädagogischen Diagnostik zu Hilfebeginn werden die verschiedenen Bereiche der Erziehungsverantwortung in Zusammenarbeit mit den Eltern eingeschätzt. Durch konkrete Gelegenheiten des Ausprobierens werden Erfahrungen in der Umsetzung gesammelt und mit Eltern im Gespräch reflektiert. Hieraus ergeben sich Einschätzungen, auf welcher Ebene der Aufgaben oder Tätigkeiten der jeweilige Unterstützungsbedarf liegt. Auf diese Weise können sowohl die Tätigkeiten identifiziert werden, die Eltern ohne Unterstützung im Rahmen der stationären Unterbringung weiterhin übernehmen können, als auch solche Tätigkeiten mit Unterstützungsbedarf. Das gleiche gilt analog für Aufgabenbereiche.

Zeigen sich auf einer der beiden Ebenen Unterstützungsbedarfe, so kann Eltern diesbezüglich Hilfestellung gegeben werden durch:

☐ Lernoptionen am Vorbild

☐ Anleitung geben für eigenes Handeln

☐ Reflexion einzelner Situationen und Interaktionen

Lernoptionen am Vorbild bieten meint, dass Mütter/Väter im Gruppenalltag oder in anderen Situationen beobachten können, wie die Fachkräfte entsprechende Situationen im Umgang mit dem Kind lösen bzw. mit bestimmten Situationen umgehen. Konkrete Handlungsstrategien können durch die Beobachtung erkennbar werden und so Handlungsalternativen deutlich machen.

Die Unterstützungsoption besteht in solchen Kontexten darin, dass für Eltern neue Möglichkeiten sichtbar werden können. Damit dies gelingen kann, ist eine entsprechende Rahmung der Situation erforderlich. Eltern dürfen vor ihrem Kind nicht in die Situation gebracht werden, dass ihnen gezeigt wird, wie man „es richtig macht". Vielmehr geht es darum, für Mütter und Väter dann ein solches Angebot zu machen, wenn sie für sich feststellen, dass ihnen das Bild für mögliche alternative Handlungsstrategien fehlt. So kann es für Eltern hilfreich sein, am vorgelebten Modell zu sehen, wie sie mit bestimmten Situationen anders umgehen könnten bzw. wie sie alternativ organisiert werden könnten. Dies gilt beispielsweise für die Strukturierung der Hausaufgabenzeit oder das Durchsetzen von vereinbarten Regeln gegenüber dem Kind/ Jugendlichen. Eine solche Vorgehensweise wurde von vielen Eltern explizit als hilfreich beschrieben.

Als weitere Stufe der Unterstützung kann die Anleitung für bestimmte Handlungen im Erziehungskontext beschrieben werden. Die Anleitung durch eine Fachkraft kann in diesem Zusammenhang theoretisch oder praktisch erfolgen. Mit theoretischer Unterstützung ist gemeint, dass bestimmte Situationen mit Eltern im Gespräch vorbereitet werden. Es werden Handlungsstrategien erarbeitet, die dann im jeweiligen Kontext von Müttern/Vätern eigenständig ausprobiert und anschließend wiederum mit der Fachkraft reflektiert werden. Eine praktische Anleitung erfolgt in Situationen, in denen Eltern und Fachkräfte etwas gemeinsam mit dem jungen Menschen tun. Hier ist es wichtig im Vorfeld zu klären, wer welche Aufgabe und Rolle übernimmt, aber auch wer Hauptverantwortung für welchen Part übernimmt, ab welcher Situation Unterstützung angezeigt ist bzw. wie dieser Bedarf in der Situation angezeigt werden kann. Entscheidend ist dabei, dass das gemeinsame Tun der Erwachsenen gegenüber dem Kind/Jugendlichen deutlich wird. Die anschließende Reflektion der Situation ist wiederum integraler Bestandteil des Unterstützungsprozesses.

Als dritte Stufe der Unterstützung lässt sich die jeweilige Reflexion bestimmter Handlungssequenzen und Interaktionen der Eltern mit ihrem Kind herausstellen. Der Blick auf einzelne Situationen jeweils im Nachgang einer

Sequenz dient zum einen der Einschätzung vorangegangener Schritte. Zum anderen ergeben sich hieraus aber auch immer wieder konkrete Anlässe zur Ideenentwicklung und Planung der nächsten Schritte. Vor allem können über das Sprechen und Analysieren einzelner Aspekte aber auch erste Veränderungen und Erfolge sichtbar gemacht werden. Diese jeweils explizit herauszuarbeiten, ist hinsichtlich der Motivation aber auch der Selbstwirksamkeitserfahrungen der Eltern wichtig.

Zeigen sich bei der Übernahme von Aufgaben oder Tätigkeiten durch Eltern Schwierigkeiten in der Umsetzung, so können im Rahmen der Reflexion verschiedene Aspekte bedeutsam sein. So gilt es zu prüfen, ob die getroffenen Vereinbarungen mit den eigenen Zielen der Eltern einhergehen oder ob die Zielsetzungen von Seiten der Fachkräfte zugeschrieben wurden. Des Weiteren hat sich im Rahmen des Praxisentwicklungsprozesses gezeigt, dass Vereinbarungen zur Verantwortungsübernahme oftmals in zu großen Schritten getroffen werden, so dass Teilerfolge der Eltern nicht sichtbar werden können. In diesem Zusammenhang gilt es dann wiederum zu prüfen, wie kleinschrittig das Vorgehen ausgestaltet werden muss und welche Intensität der Hilfestellung und Begleitung notwendig ist. Unterstützungsprozesse mit Eltern müssen somit wie Unterstützungsprozesse der jungen Menschen auf möglichst realistische Ziele ausgerichtet und jeweils im Fallverlauf der Situation entsprechend angepasst werden.

Die beschriebenen Unterstützungsoptionen und Reflexionsbedarfe können in unterschiedlichen Kontexten umgesetzt werden.

Aufgabenübernahme durch Eltern in einzelnen Erziehungsbereichen

Ausgehend von den Einschätzungen der Diagnosephase und durch Erfahrungen in der Zusammenarbeit von Eltern und Fachkräften zeigen sich neben gelingenden Verantwortungsbereichen der Erziehung, die größtmöglich in Verantwortung der Eltern verbleiben, auch Bereiche mit Unterstützungsbedarf. Diese Bereiche können anlassbezogen genutzt werden, um Eltern entsprechende Erfahrungs- und Lernfelder zu eröffnen. Klassische Übungsfelder in diesem Zusammenhang sind z. B. Arztbesuche, Schulkontakte, die Begleitung der Hausaufgaben, Aktivitäten der Freizeitgestaltung mit dem

Kind/Jugendlichen oder auch hauswirtschaftliche Tätigkeiten. Je nach Unterstützungsbedarf der Mutter/des Vaters stellt sich die Frage, wie sich Anlässe für die jeweiligen Aufgaben aus den alltäglichen Anforderungen der Erziehung des jungen Menschen heraus ergeben. Zudem ist zu klären, wie diese zumindest punktuell so ausgestaltet werden können, dass Eltern mit entsprechender Vorbereitung und Unterstützung in die Aufgabenbewältigung einbezogen werden können. Das kann im ersten Schritt bedeuten, dass Fachkräfte und Eltern Termine gemeinsam wahrnehmen und Eltern evtl. erst einmal in einer beobachtenden Rolle dabei sind. Die Anforderungen im jeweiligen Kontext sollten dann sukzessive gesteigert werden. Dies bedarf jeweils einer entsprechenden Vor- und Nachbereitung der Termine/Anlässe. Ein solch aufgabenbezogenes Vorgehen bietet die Chance unmittelbarer und konkreter Lernoptionen, die in der Regel aus sich heraus handlungsorientiert sind. Über die jeweilige Situation ergeben sich die Anforderungen, die es anschließend jeweils zu überprüfen gilt. Dabei bietet es sich an, einzelne Aufgabenbereiche in einem gewissen Zeitraum schwerpunktmäßig zu bearbeiten. Die Prioritätensetzung erfolgt zumeist über den Handlungsdruck, den Mütter/Väter in einzelnen Situationen erleben sowie über die vereinbarten Ziele der Hilfe- und Erziehungsplanung.

Lernen am Modell in der Gruppe

Zeigen sich im Rahmen der Aufgabenübernahme in einzelnen Bereichen Bedarfe, die auf Unterstützungen durch Lernen am Vorbild der Fachkräfte verweisen, so bietet es sich an, Kontexte im Rahmen der Heimgruppe des Kindes zu schaffen, in denen die Eltern spezifische Situationen miterleben und im Verlauf des Hilfeprozesses auch selbst in diesem Kontext ausprobieren können. Dieses Lernen am Modell kann explizit oder implizit initiiert werden. So werden im ersten Fall Eltern zu spezifischen Zeiten mit entsprechender Vor- und Nachbereitung ausdrücklich in die Gruppe eingeladen. Diese Einladung wird unter dem Fokus des Lernens ausgesprochen. Im zweiten Fall werden einzelne Eltern allgemein zu bestimmten Zeiten in die Gruppe eingeladen, um den Alltag des Kindes und das Miteinander von Fachkräften und jungen Menschen erleben zu können. Hier geht es eher darum, dass sie

Kontakte zu ihrem Kind pflegen und Ängste oder Vorurteile gegenüber der Heimgruppe und den Fachkräften abbauen können. Eine solche Teilhabe der Eltern am Gruppengeschehen kann generelle Anstöße geben.

Wichtig bei solchen Einladungen von Eltern(teilen) in die Gruppe unter dem Fokus implizites oder explizites Lernen sind entsprechende Rahmenbedingungen in der Gruppe. Zum einen braucht es einen mindestens doppelt besetzten Dienst zu diesen Zeiten, damit eine Fachkraft eher den Gruppenprozess im Blick behalten kann und die andere Fachkraft ausreichend Zeit für das Elternteil/die Eltern hat. Zum anderen müssen je nach Lernintention sowohl die Mutter/der Vater, als auch die Kinder und Jugendlichen der Wohngruppe auf den Besuch vorbereitet werden. Regeln für das Miteinander in der spezifischen Situation sollten vorher ebenso thematisiert werden, wie Fragen der Rollen- und Aufgabenteilung zwischen Fachkraft und Eltern. Bei expliziten Lernanlässen sollte der Besuch jeweils mit einer Reflexion enden. Zentrale Leitfragen sind dabei, welche Aspekte des Beobachteten die Mutter/der Vater als Anregung für das eigene Erziehungshandeln mitnimmt und wie der Übertrag in ihren jeweiligen Kontext erfolgen könnte.

Übungseinheiten im häuslichen Umfeld

Konnten Eltern für sich im Rahmen von Gesprächen oder durch Anregungen aus der Beobachtung alternative Handlungsstrategien erarbeiten, so besteht oftmals eine besondere Herausforderung darin, diese Handlungen im alltäglichen Umfeld der Familie umzusetzen. Die neuen Interaktionen zwischen Kind und Eltern sollen auch unter den realen Bedingungen des Miteinanders im Alltag umgesetzt werden können. Um dies ausprobieren zu können, müssen durch die stationäre Unterbringung bedingt explizit solche „normalen" Familienkontexte geschaffen werden. Wochenendbesuche des jungen Menschen in seiner Familie bieten in einem ersten Schritt solche Gelegenheiten. Allerdings sind Wochenenden noch weitgehend von schulischen Anforderungen befreit und von den Strukturierungsanforderungen in der Regel nicht so hoch wie Schultage, an denen Mütter/Väter gleichzeitig auch noch berufliche Belange berücksichtigen müssen. So stellt sich in diesem Zusammenhang die Frage, wie das sukzessive Einüben und Ausprobieren der wieder gewonnenen Kompetenzen unter annähernd realen Bedingungen ausgestaltet werden kann. Gerade auch, wenn es um fachlich fundierte Einschätzungen von Rückkehroptionen des jungen Menschen in seine Familie geht, ist es wichtig, solche Kontexte verstärkt zu schaffen.

Gruppenbezogene Angebote für Eltern

Als ein weiterer Kontext mit Unterstützungspotenzial für Eltern haben sich gruppenbezogene Angebote für und mit Eltern herauskristallisiert, die auf den Austausch und das wechselseitige Lernen von Müttern und Vätern in ähnlichen Lebenssituationen setzen. Elternabende, -foren oder -wochenenden haben sich hier als gute Gelegenheiten gezeigt. Die Bereitschaft zur Teilnahme an solchen Elternrunden scheint zu steigen, wenn ein vorheriges Kennenlernen der Eltern untereinander möglich ist. Aufgabenbezogene Aktionen, die ein praktisches Miteinander erfordern, sind zieldienlich für ein solches Kennenlernen. So haben einzelne Einrichtungen z. B. Reparaturtage mit Kindern und Eltern, Kochaktionen in der Gruppe oder Freizeitaktivitäten mit Eltern initiiert, so dass erste Kontakte möglich wurden und Eltern sich mit ihren Kompetenzen einbringen konnten.

Wenn Eltern auf diese Weise miteinander in Kontakt kommen, werden von ihnen besonders solche Runden positiv bewertet, die Themen der Mütter und Väter aufgreifen und prozessorientiert auf deren Fragen und Wünsche eingehen. Ausreichend Raum für Austausch und Diskussion sollte zur Verfügung stehen. Oftmals wünschen sich Eltern im Verlauf dieser gruppenbezogenen Angebote Informationen und Hinweise von Seiten der Fachkräfte zu spezifischen Fragen. Dann können auch fachliche Inputs passend sein. Anregungen zur Bearbeitung einzelner Themen können standardisierte Elternprogramme oder -kurse bieten, da diese in der Regel Themen wie etwa gelingende Kommunikation, Loben, Durchsetzen von Regeln oder Pubertät aufgreifen und bereits für Eltern entsprechend aufbereitet haben. Feste Kursprogramme oder Trainings wurden für Eltern im stationären Kontext allerdings im Gesamtpaket als weniger angemessen erachtet, da diese oftmals als zu starr empfunden wurden. Zudem werden spezifische Fragen der Eltern, die im Zusammenhang mit der Heimunterbringung stehen, oftmals nicht ausreichend berücksichtigt. Auch unter zeitlichen Aspekten sind gruppenbezogener Angebote für Eltern im stationären Kontext zumeist flexibler zu handhaben und werden in der Regel in zeitlich größeren Abständen angeboten. Durchgeführt werden diese Angebote für Eltern oftmals durch eine Fachkraft der Gruppe sowie eine weitere Person, z. B. Erziehungsleitung oder psychologischer Dienst. Einzelne Einrichtungen haben gruppenbezogene Angebote für Eltern auch mit parallelen Angeboten für die jungen Menschen verknüpft und in ganz- oder mehrtägigen Kontexten Räume für gemeinsames Erleben der Eltern- und Kindergruppen ermöglicht.

Durch die Verknüpfung der beschriebenen Unterstützungsoptionen für Eltern mit entsprechender Abstufung der Intensität der Hilfestellung und Begleitung können gezielte Arbeitsprozesse hinsichtlich elternbezogener Ziele initiiert und begleitet werden. Eine solch ausgeprägte Unterstützung ist allerdings an entsprechende Rahmenbedingungen und Ressourcen im stationären Kontext gebunden. Diese Aspekte werden im folgenden Kapitel näher beschrieben. Zuvor werden allerdings noch weitere Standards in der Zusammenarbeit mit Eltern beschrieben, die entweder den fallbezogen intensiven Arbeitsprozess rahmen oder die generelle Zusammenarbeit mit Eltern beschreiben, wenn es (noch) nicht angezeigt ist, in die vertiefende Arbeit mit Eltern an der Erweiterung ihrer Erziehungskompetenz einzusteigen. Diese Optionen der Zusammenarbeit können in der Mehrzahl der Fälle realisiert werden. Auch sollte in allen Fällen angestrebt werden, möglichst viele dieser Aspekte umzusetzen, um die Eltern angemessen in den Hilfeprozess einbeziehen und auf einen veränderungsorientierten Arbeitsprozess hinwirken zu können.

3.5.2 Generelle Standards der Zusammenarbeit mit Eltern

Je nach Ausgangssituation des Einzelfalls kann, wie bereits beschrieben, die Intensität der Zusammenarbeit mit Eltern sehr unterschiedlich sein und im Hilfeprozess variieren. Allerdings haben sich im Projektverlauf Standards der Zusammenarbeit mit Eltern herauskristallisiert, die prinzipiell in allen stationären Hilfen umgesetzt werden sollten. Diese allgemeinen Bausteine verfolgen im Hauptfokus nicht die Arbeit an der Kompetenzerweiterung des Erziehungsverhaltens der Eltern durch handlungsorientierte Unterstützung und Begleitung, sondern verfolgen die Zielsetzung, Kontakte und Beziehungen zwischen Eltern und Kind zu fördern, die Motivation zur Zusammenarbeit auszubauen und Planungen mit Eltern zur Förderung der Entwicklung des Kindes voranzutreiben. Für einen Teil der Familien im stationären Kontext sind diese Formen der Zusammenarbeit somit die Kernelemente der Elternarbeit, da die Bereitschaft zur Zusammenarbeit im weiterführenden Sinne (noch) nicht gegeben ist bzw. im Rahmen der Hilfe andere Ziele verfolgt werden. Für den anderen Teil der Familien sind die im Folgenden beschriebenen Formen der Zusammenarbeit verzahnte Elemente im Unterstützungsprozess der Eltern.

Gesicherter Informationsfluss zwischen Fachkräften und Eltern

Ein bedeutender Anteil der Zusammenarbeit zwischen Fachkräften und Eltern im stationären Kontext besteht aus der Sicherstellung des regelmäßigen Informationsaustauschs. Als Standard wurde im Rahmen des Projektes erarbeitet, dass möglichst zu allen jungen Menschen wöchentlich ein Gespräch von Seiten der Einrichtung mit den Eltern geführt wird. Dieser Austausch findet in der Regel telefonisch statt. Als bedeutsam wurde herausgestellt, dass diese Kontaktaufnahme aus Initiative der Fachkräfte erfolgt, auch dann, wenn Eltern selbst den Kontakt zur Einrichtung wenig bzw. nicht suchen. Die Inhalte des Gesprächs sollten sich ausdrücklich nicht nur auf Absprachen und Organisatorisches begrenzen, sondern den Alltag der jungen Menschen (und ggf. auch der Eltern) zum Gegenstand haben. Situationen und Erlebnisse aus dem Alltag des Kindes werden im Rahmen dieser Telefonate von Seiten der fallzuständigen Fachkraft erzählt, so dass Eltern weiterhin am Leben und der Entwicklung des Kindes teilhaben und bei Kontakten und Gesprächen mit dem Kind Anknüpfungspunkte zum Erlebten des Sohnes/der Tochter herstellen können. Zudem geht es darum zu hören, wie es den Eltern geht, was sich durch die Unterbringung und den Arbeitsprozess verändert und welche Ereignisse aktuell die Situation in der Herkunftsfamilie prägen. Durch solche regelmäßige Kontakte auf der Erwachsenenebene können Grundlagen für ein tragfähiges Arbeitsbündnis geschaffen werden. Die gemeinsame Ausrichtung der Arbeit mit dem Kind kann gestärkt werden.

Gelingende Verantwortungsbereiche größtmöglich bei Eltern belassen

Wird im Rahmen der Eingangsdiagnostik ein expliziter Fokus auf gelingende Verantwortungsbereiche im Erziehungshandeln der Eltern gelegt, so hat sich gezeigt, dass sich eigentlich in jedem Fall zumindest einzelne Tätigkeiten herauskristallisieren lassen, die auch weiterhin durch die Mutter oder den Vater punktuell übernommen werden können. Hierzu sollten bewusst Gelegenheitsstrukturen im Rahmen der Zusammenarbeit geschaffen werden, damit bestehende Kompetenzen erhalten bleiben und Eltern nicht stärker als notwendig aus Verantwortungsbereichen entlassen werden. Prinzipiell können Eltern im Rahmen der Gruppe Möglichkeiten eröffnet werden, um ihre Kompetenzen einzubringen, so dass sie wenigstens in begrenztem Maße bestimmte Dinge für ihr Kind tun können oder evtl. sogar andere Kinder/ Jugendliche aus der Gruppe davon profitieren. So hat im Projektkontext z. B. eine Mutter mit guten Mathematikkenntnissen punktuell die Fachkräfte in der Hausaufgabenzeit der Gruppe unterstützt und in diesem Kontext regelmäßig mit ihrem Kind geübt. Andere Eltern haben ihr Kind selbst ins Bett gebracht, wenn sie ihren Sohn/ihre Tochter aus einer Beurlaubung zurück in die Einrichtung gebracht haben. Andere haben in Einzelaktionen für die Gruppe gekocht oder die Geburtstagsfeier ihres Kindes in der Einrichtung mitorganisiert und umgesetzt. Der Alltag mit jungen Menschen bietet hier viele Optionen. Dabei sind auch „kleine" Tätigkeiten bedeutsam.

In der Umsetzung dieser Form der Zusammenarbeit hat sich gezeigt, dass einzelne Aspekte um so leichter zu realisieren sind, je näher Eltern an der Einrichtung wohnen bzw. je besser diese für sie zu erreichen ist. Allerdings konnten auch bei größeren Distanzen Möglichkeiten für Eltern gefunden werden, sich einzubringen. So können bestimmte Aktionen mit anderen Terminen in der Einrichtung verknüpft werden, insbesondere im Anschluss an Elterngespräche oder das Holen zu bzw. Bringen aus Beurlaubungen.

Vor- und Nachbereitung von Beurlaubungen des jungen Menschen nach Hause

Monatliche Wochenendheimfahrten und zeitweise Beurlaubungen der jungen Menschen in den Ferien nach Hause sind im Rahmen der Heimerziehung üblich. Die Kinder/Jugendlichen, aber auch alle Familienmitglieder, die in der Herkunftsfamilie leben, müssen sich in diesen Zeiten wieder neu aufeinander einstellen. Die einzelnen Familienmitglieder erleben sich in ihrem ursprünglich gewohnten Kontext. Um den Wechsel zwischen Heim und Familie besser bewältigen zu können, hat sich die Vor- und Nachbereitung von Beurlaubungen bewährt. In einem Gespräch zeitnah vor oder unmittelbar in der Abholsituation wird mit Eltern und jungem Mensch besprochen, welche Erwartungen und Befürchtungen sie mit dem Besuch verknüpfen und wie jeweils angemessen mit diesen umgegangen werden kann. Für einige Familien ist es in diesem Zusammenhang auch hilfreich, Aktivitäten des Wochenendes grob zu planen oder noch einmal Regeln, die vereinbart wurden, in Erinnerung zu rufen.

Auch bietet es sich an, solche Besuche gezielt als Übungs- und Lernfeld für den Umgang mit bisher problematisch erlebten Situationen zu nutzen. Durch das Vorgespräch können „typische" Punkte angesprochen und gemeinsam nach alternativen Umgangsformen mit der Situation gesucht werden. Eltern und junger Mensch können so jeweils für sich erarbeiten, welchen Beitrag jeder einzelne zu einem gelingenden Miteinander leisten kann bzw. wie mit schwierigen und strittigen Punkten angemessener umgegangen werden kann.

Um die gemeinsamen Erfahrungen bei Beurlaubungen wieder in den Gesamtarbeitsprozess einbinden zu können, ist eine entsprechende Nachbereitung der Beurlaubungen wichtig. Diese sollte möglichst zeitnah erfolgen. D. h. entweder unmittelbar in der Übergangssituation aus dem Wochenende oder telefonisch innerhalb von spätestens drei Tagen, so dass noch unmittelbar an die Erfahrungen angeknüpft werden kann.

Durch die enge Kommunikation von Eltern, jungem Mensch und Fachkräften wird in solchen Kontexten die gemeinsame Ausrichtung der Arbeit gestärkt. Die Lebenswelt des Mädchen/Jungen im Heim und in der Herkunftsfamilie stehen nicht mehr isoliert nebeneinander. Erfahrungen und Erlebnisse im einen Kontext werden im anderen Kontext bewusst wahrgenommen und berücksichtigt.

Hausbesuche durch Fachkräfte der Einrichtung

Ein weiterer Standard, der sich im Projektverlauf als bedeutsam herausgestellt hat, ist die verstärkte Nutzung von Hausbesuchen im Rahmen der Zusammenarbeit mit Eltern. Durch Besuche der Fachkräfte bei den Eltern soll verdeutlich werden, dass Interesse am Lebensumfeld der Familie besteht. Eltern müssen nicht nur in die Einrichtung kommen, Fachkräfte kommen auch zu den Eltern nach Hause. Damit sollen zugleich die Verbindungen zwischen Heim und Herkunftsfamilie gestärkt werden.

Als hilfreich wurde erachtet, Hausbesuche im Hilfeverlauf möglichst früh anzuregen. So bietet ein Teil der am Projekt beteiligten Einrichtungen Eltern einen Hausbesuch bereits vor Aufnahme des Kindes an. Mindestens ein Hausbesuch im Rahmen der drei- bis viermonatigen Diagnosephase zu Hilfebeginn wurde auch unter diagnostischen Gesichtspunkten als nützlich erachtet. Werden Hausbesuche Eltern gegenüber entsprechend eingeführt und als Angebot von Seiten der Einrichtung formuliert, hat die Mehrzahl der Eltern diese Möglichkeit gerne in Anspruch genommen. Viele Eltern erleben es als Entlastung, wenn Fachkräfte auch zu ihnen kommen und sie sich nicht immer einseitig auf den Weg in die Einrichtung machen müssen. Ein „Heimspiel" der Eltern eröffnet zudem andere Möglichkeiten. Mütter und Väter bewegen sich in ihrem vertrauten Kontext. Manches können sie hier leichter ansprechen oder bearbeiten.

Im Hilfeverlauf werden als Standard zwei Hausbesuche pro Jahr angestrebt. Bei intensiveren Arbeitsprozessen mit Eltern haben Hausbesuche teilweise monatlich stattgefunden, da sie mit Übungseinheiten zu Hause verknüpft waren bzw. strukturierte Gespräche abwechselnd in der Einrichtung und bei der Familie zu Hause stattfanden.

Je nach Entfernung zwischen Elternhaus und Einrichtung wurden Hausbesuche mit Hol- oder Bringsituationen der Kinder verknüpft, um Fahrzeiten zu beschränken.

Strukturierte Elterngespräche in regelmäßigen Abständen

Neben vielfältigen Tür- und Angelgesprächen, die sich in unterschiedlichen Kontexten der Zusammenarbeit mit Eltern ergeben, haben sich regelmäßige, strukturierte Elterngespräche als zentraler Planungs- und Reflexionsort bewährt. Um gemeinsam an Hilfeplanzielen zu arbeiten und die konkrete Ausgestaltung der Zusammenarbeit besprechen zu können, sollten Mütter und Väter ca. alle sechs bis acht Wochen zu solch einem Gespräch eingeladen werden. Falls verstärkt an elternbezogenen Zielen gearbeitet werden soll, kann zumindest in bestimmten Phasen eine zeitlich dichtere Taktung notwendig werden.

Die Inhalte dieser Gespräche ergeben sich aus den Arbeitszusammenhängen mit den Eltern und dem jungen Mensch. Erfahrungen der Eltern im Umgang mit ihrem Kind, Einschätzungen und Rückmeldungen zu übernommenen Verantwortungsbereichen sowie Bewertungen der Zusammenarbeit mit den Fachkräften werden thematisiert. Daraus resultierend werden dann jeweils die nächsten konkreten Schritte der Zusammenarbeit abgeleitet. So dienen diese Gespräche auch dazu, den roten Faden zwischen Hilfeplanzielen, konkretisierten Arbeitsschritten sowie praktischen Unterstützungsleistungen für die Eltern sichtbar zu machen und mit ihnen weiterzuspinnen.

Explizite Reflexion der Zusammenarbeit mit Eltern

Als eine besondere Form des Elterngesprächs wurde in einzelnen Einrichtungen ein Gespräch eingeführt, das losgelöst von konkreten Vereinbarungen und Aufgaben des zielorientierten Arbeitens darauf fokussiert, wie Eltern die Zusammenarbeit mit Fachkräften erleben. Es geht in diesem Gespräch um die Form, wie zusammengearbeitet werden soll. Außerdem holen sich die Fachkräfte Feedback dazu, wie ihre Botschaften und Mitteilungen an die Eltern tatsächlich ankommen. Darüber hinaus soll dieses Gespräch den Eltern Gelegenheit geben, Erwartungen und Wünsche an die Fachkräfte auszusprechen. Zudem gibt es Raum Missverständnisse in der Kommunikation sowie Befürchtungen und Hürden, die die Zusammenarbeit erschweren, gemeinsam zu beleuchten und zu klären.

Das Heraustreten aus dem Arbeitsprozess kann für beide Seiten, Fachkräfte und Eltern, neue Anknüpfungspunkte für die Zusammenarbeit erschließen und dient der Vergewisserung des gemeinsamen Arbeitsbündnisses.

Im Folgenden wird ein Beispiel für einen solchen Gesprächsleitfaden abgebildet, der in der Kinder- und Jugendhilfe Oberbieber erarbeitet wurde. Fachkräfte werden zur Anwendung im Rahmen einer internen Fortbildung geschult.

Leitfadengestütztes Interview zur Beurteilung der Elternarbeit durch die Eltern

(Zur Durchführung dieses leitfadengestützten Interviews gibt es ein Training innerhalb der Einrichtung)

Interview 1

Nach Aufnahme:

1. Wie willkommen und wertgeschätzt fühlten Sie sich von uns im Aufnahmegespräch/bei der Aufnahme? (Skala 0 – 10)
2. Woran lag dies?
3. Was würden Sie sich bei der Aufnahme anders vorstellen? Wie könnte dies aussehen?
4. Wie sehr wurden Ihre Anliegen und Befürchtungen zur Unterbringung Ihres Kindes ernst genommen und berücksichtigt? (Skala 0 – 10)
5. Was fehlte Ihnen?
6. Wie sehr fühlen Sie sich als Eltern wichtig genommen? (Skala 0 – 10)
7. Woran merken Sie dies?
8. Was fehlt Ihnen, um sich wichtig genommen zu fühlen?

9. Wie gut fühlen Sie sich über die Abläufe in der Gruppe und die
    Zusammenarbeit zwischen Ihnen und den MitarbeiterInnen
    informiert? (Skala 0 – 10)
    Was möchten Sie noch wissen?

10. Welche Wünsche und Anliegen haben Sie für Ihre Zusammenarbeit
    mit der Gruppe?

Fragen zur Verbesserung der Vertrauensbasis:

11. Was brauchen Sie, damit Sie besondere und wichtige Vorkomm-
    nisse bei Ihrem Kind oder in Ihrer Familie erzählen können – auch
    solche, die Sie nicht gerne aussprechen würden? Was können wir
    dazu tun?

12. Welche sonstigen Ideen und Vorschläge haben Sie für die Zusam-
    menarbeit zwischen Ihnen und den GruppenmitarbeiterInnen?

Interview 2 und folgende

Wiederholte Befragungen

(ausführliche Ersterhebung nach drei Monaten; wiederholte Befragung
jeweils nach sechs oder zwölf Monaten)

1. Wie gut fühlen Sie sich über den Gruppenalltag informiert?
    Schätzen Sie dies bitte auf einer Skala von 0 bis 10 ein.

2. Was möchten Sie noch wissen?

3. Wie gut fühlen Sie sich über das erzieherische Vorgehen mit
    Ihrem Kind informiert? Schätzen Sie dies bitte auf einer Skala
    von 0 bis 10 ein.

4. Was möchten Sie zu diesem Punkt noch wissen?

5. Inwieweit finden Absprachen über das erzieherische Vorgehen
    zwischen Ihnen und den GruppenmitarbeiterInnen statt?
    Schätzen Sie dies auf einer Skala zwischen 0 und 10 ein.

6. Welche Absprachen fehlen Ihnen?

7. Wie gut fühlen Sie sich bei besonderen Vorkommnissen informiert? Schätzen Sie dies auf einer Skala zwischen 0 und 10 ein.

8. Was wünschen Sie sich anders?

9. Wie gut fühlen Sie sich an der Entwicklung Ihres Kindes beteiligt? Schätzen Sie dies auf einer Skala zwischen 0 und 10 ein.

10. Welche Vorgehensweisen der GruppenmitarbeiterInnen helfen Ihnen, sich als beteiligt zu empfinden?

11. Was wünschen Sie sich anders?

12. Wie zufrieden sind Sie mit der Abhol- und Bringsituation bei der Beurlaubung Ihres Kindes? Schätzen Sie dies auf einer Skala zwischen 0 und 10 ein.

13. Was verläuft gut?

14. Was wünschen Sie sich anders?

15. Wie zufrieden sind Sie mit den Absprachen und Beratungen zur Beurlaubungssituation? Schätzen Sie dies auf einer Skala zwischen 0 und 10 ein.

16. Was ist hilfreich für Sie?

17. Was wünschen Sie sich anders?

Fragen zur Haltung

18. Wie sehr fühlen Sie sich in Gesprächen mit den GruppenmitarbeiterInnen ernst genommen und anerkannt? Schätzen Sie dies auf einer Skala zwischen 0 und 10 ein.

19. In welchen Bereichen fühlen Sie sich ernst genommen/anerkannt und in welchen nicht?

20. Wodurch fühlen Sie sich ernst genommen/anerkannt?

21. Was wünschen Sie sich anders?

22. Welches Gefühl haben Sie, wie gut Ihnen die GruppenmitarbeiterInnen zuhören? Schätzen Sie dies auf einer Skala zwischen
0 und 10 ein.

23. Was fehlt Ihnen? Was können die MitarbeiterInnen anders
machen?

24. Wie gut können Sie Vorschläge und Beschwerden in Gesprächen
mit den GruppenmitarbeiterInnen vorbringen? Schätzen Sie dies
auf einer Skala zwischen 0 und 10 ein.

25. Wie reagieren die GruppenmitarbeiterInnen auf Ihre Vorschläge
und Beschwerden?

26. Was müsste sich ändern, damit Sie Vorschläge und Beschwerden
eher aussprechen würden?

27. Inwiefern haben Sie das Gefühl, dass die MitarbeiterInnen mit
Ihnen gemeinsam nach Lösungen für schwierige Situationen
suchen. Schätzen Sie dies auf einer Skala zwischen 0 und 10 ein.

28. Wann haben Sie das Gefühl, dass es eine gemeinsame Lösungs-
suche ist?

29. Was wünschen Sie sich anders?

30. Gelten Ihre Einschätzungen für das gesamte MitarbeiterInnenteam
oder gibt es individuelle Unterschiede? Wie beurteilen Sie Ihren
Austausch mit einzelnen MitarbeiterInnen?

Fragen zur Verbesserung der Vertrauensbasis:

31. Was brauchen Sie, damit Sie besondere und wichtige Vorkomm-
nisse bei Ihrem Kind oder in Ihrer Familie erzählen können – auch
solche, die Sie nicht gerne aussprechen würden? Was können wir
dazu tun?

32. Welche sonstigen Ideen und Vorschläge haben Sie für die Zusammenarbeit zwischen Ihnen und den GruppenmitarbeiterInnen?

Erklärung zur Anwendung:

Die Skalierungsfragen werden allen Eltern wörtlich gestellt. Zur besseren Einschätzung wird den Eltern eine Skala von 0 (= gar nicht) bis 10 (= sehr gut) vorgelegt und dabei die 5 als Mitte deutlich gemacht.

Weitere Fragen beziehen sich immer darauf, konkret zu erfassen, weshalb die Skalierung so ausfiel; also was den Eltern geholfen oder gefallen hat und was sie bemängeln. Diese Fragen können gegebenenfalls modifiziert oder durch weitere Fragen ergänzt werden. Dabei sollten die Kritikpunkte der Eltern nicht wegdiskutiert, sondern durch weitere, offene Fragen genauer erfasst werden. Eine Diskussion zu strittigen Punkten kann zu einem anderen Zeitpunkt speziell zu dem betreffenden Thema geführt werden.

Alle Skalierungen werden in einer Tabelle notiert. Die Antworten der Eltern auf die offenen Fragen werden stichwortartig mitgeschrieben.

Einladungen zu Festen und Freizeitangeboten der Einrichtung

Über die unterschiedlichen Gelegenheiten und Settings für Gespräche mit den Eltern hinaus stellen Feste und gemeinsame Freizeitangebote in der Einrichtung wichtige Gelegenheiten dar, mit Eltern in Kontakt zu kommen und zu bleiben. Feste in der Gruppe wie auch in der Gesamteinrichtung bieten ebenso wie entsprechend geplante Freizeitangebote mit Eltern und jungen Menschen niedrigschwellige Gelegenheiten für Eltern, die Einrichtung zu besuchen und andere Eltern kennen zu lernen. Familienspezifische Themen und zielbezogenes Arbeiten treten hier in den Hintergrund. Stattdessen geht es um das gemeinsame Erleben und gesellige Miteinander. Indem gewissermaßen zweckfreie Begegnungen ermöglicht werden, werden für Eltern zugleich Chancen eröffnet, neue und unerwartete Erfahrungen mit ihren Kindern, anderen Kindern, anderen Eltern oder auch den Fachkräften zu machen.

Hierbei kommt es wesentlich darauf an, dass solche Gelegenheiten nicht im Einzelkontakt mit einer Familie geschaffen werden, sondern für eine Gruppe von Eltern gemeinsam mit ihren Kindern und Jugendlichen. Indem sie etwas miteinander tun – verbunden mit unterschiedlichen Gesprächs- und Interaktionsmöglichkeiten in verschiedenen Konstellationen –, können sie neue Erfahrungen mit ihren eigenen Kindern, den Fachkräften oder auch mit sich selbst machen. Bewährt haben sich hierzu in den projektbeteiligten Einrichtungen Sommerfeste, Weihnachtsfeiern in der Gruppe oder auch in der Gesamteinrichtung (Adventsbasar o. Ä.), Ausflüge, gemeinsames Grillen oder auch Bastel- und Werkaktionen, Musik- und Theateraktionen gemeinsam mit Kindern und Jugendlichen. Darüber hinaus können solche Aktivitäten für sozial isolierte Familien oder auch für Familien mit sehr geringen finanziellen Spielräumen eine Bereicherung für ihren Alltag darstellen.

Damit Feste und Freizeitaktivitäten Wirkungen in der aufgezeigten Weise erzielen können, ist es notwendig, dass diese nicht einmalig, sondern in einer gewissen Regelmäßigkeit und Selbstverständlichkeit angeboten werden. Als anzustrebender Standard hat sich im Projektverlauf bewährt, zwei solche Angebote pro Jahr einzuplanen. Hierüber kann eine ausreichende Kontinuität für Eltern und junge Menschen erreicht werden, die zugleich seitens der Fachkräfte und in Abstimmung mit den Gesamtaktivitäten im Hilfeverlauf wie auch in der Gruppe und der Gesamteinrichtung machbar erscheinen. Oftmals gibt es in den Einrichtungen bereits eine Tradition von Sommerfesten und/oder Weihnachtsbasar, Adventskaffee oder ähnliches. Diese gilt es gezielt für die Kontaktpflege mit Eltern und zur Eröffnung alternativer Beziehungserfahrungen zu nutzen. Werden diese bereits etablierten Angebote durch ein oder zwei Aktivitäten auf Gruppenebene ergänzt, kann hierüber ein zentraler Baustein im Gesamtsystem einer systematischen Zusammenarbeit mit Eltern implementiert werden.

Oftmals wird in der Planung und Umsetzung solcher gruppenbezogener Aktivitäten mit Eltern als Hindernis angeführt, dass nicht alle Eltern der zur Gruppe gehörenden jungen Menschen zur Mitwirkung gewonnen werden können. Dies ist in der Ausgestaltung zu beachten, soll aber kein Hinderungsgrund für die Durchführung sein. Vielmehr gilt es diese Situation als Anlass zu nutzen, mit den betroffenen jungen Menschen das Thema Eltern aufzugreifen und zu bearbeiten. Zudem sollte im Rahmen der Planung solcher Aktivitäten der weitere Familienkreis berücksichtigt werden. Dabei können auch außerfamiliäre Bezugspersonen der Mädchen und Jungen von Bedeutung sein.

Gelegenheiten für positive gemeinsame Erlebnisse von Eltern und Kind schaffen

Wenn für Kinder und Jugendliche Heimerziehung notwendig wird, ist dem eine oftmals hoch konflikthafte Entwicklung der Eltern-Kind-Beziehung vorausgegangen. Aufgabe der stationären Hilfe ist es dann, für Eltern und Kinder Gelegenheiten für positive gemeinsame Erlebnisse zu schaffen, die ein neues Aufeinanderzugehen ermöglichen und Zugänge zur Klärung eröffnen. Dies ist in besonderer Weise dann angezeigt, wenn sich die häusliche Situation sehr schwierig darstellt und Problemlagen sich so verdichtet haben, dass die Eltern-Kind-Kontakte leicht zu eskalieren drohen. Hier geht es darum, im Kontext der stationären Hilfe mit Eltern und jungen Menschen gelingende Anknüpfungspunkte in der Beziehung zu finden und zu stärken.

Um solche Gelegenheiten zu initiieren, hat es sich bewährt, Situationen und Kontexte zu schaffen, die von den Problemen des Alltags entlastet sind und so gewissermaßen einen neuen Bezugsrahmen für die Begegnung eröffnen. Geeignete Settings können dabei über zwei verschiedene Zugänge identifiziert und ausgelotet werden. Zum einen kann mit Eltern und jungen Menschen eruiert werden, in welchem Rahmen oder bei welcher Tätigkeit in der Vergangenheit immer noch ein gelingender Umgang miteinander möglich war, woran sie sich gerne erinnern oder womit gute Erfahrungen verbunden sind. Kann so ein Setting herausgearbeitet werden, das für Eltern und Kind positiv assoziiert wird, gilt es auf dieser Basis gemeinsam darüber nachzudenken, wie solche oder ähnliche Konstellationen arrangiert werden können. Zum anderen können positive gemeinsame Erlebnisse auch in einem Rahmen oder mit einer gemeinsamen Tätigkeit initiiert werden, die für Eltern und Kind neu sind und die es entsprechend gemeinsam zu entdecken gilt. Dies kann eine Aktivität wie ein Kinobesuch, eine Wanderung oder Ähnliches sein, welche beide vor der Unterbringung selten oder noch nie gemeinsam erlebt haben und bei der sie sich somit bedingt durch den Kontext auf neue Erfahrungen einlassen müssen.

Unabhängig davon, auf welchem Weg Möglichkeiten für neue positive Erlebnisse miteinander identifiziert werden, empfiehlt es sich, diese zunächst einmalig auszuprobieren und gemeinsam die Erfahrungen zu reflektieren. Dabei gilt es, den Blick insbesondere auf positive Aspekte und Gemeinsamkeiten zu lenken, die Verbindung schaffen. Davon ausgehend kann dann gemeinsam erarbeitet werden, wie mehr solcher positiver Momente im Miteinander erreicht werden können.

So mit Eltern und jungen Menschen an neuen Verbindungen zueinander zu arbeiten, die zur Beziehungsklärung beitragen und eine Integration der Erfahrungen in der Eltern-Kind-Beziehung in die jeweils eigene Biografie fördern, erfordert Zeit und oftmals von allen Beteiligten einen langen Atem. Je nach Qualität der Eltern-Kind-Beziehung braucht es Fachkräfte, die die Begegnung und gemeinsamen Aktivitäten von Eltern und jungen Menschen im Sinne der Moderation und der Mediation eng begleiten. Dazu gehört die Sicht des jeweils anderen anhören und akzeptieren zu lernen, die dem Handeln zu Grunde liegende Motivation nachvollziehen und verstehen zu lernen, Möglichkeiten gelingender Begegnung gemeinsam zu entdecken, aber auch sich wechselseitig Freiräume zugestehen zu können.

Sich mit Eltern und jungen Menschen auf einen solchen Weg zu begeben, bedeutet in vielen Fällen, verschiedene Entwicklungsoptionen zunächst offen zu lassen. So kann dieser Prozess dazu führen, dass sich die Eltern-Kind-Beziehung wieder intensiviert und stabilisiert oder gar eine Rückführung anvisiert werden kann. Die Auseinandersetzung kann aber auch zur Klärung und zur beidseitigen Akzeptanz führen, dass getrennte Lebensorte für Eltern und Kind – zumindest bis auf weiteres – förderlicher sind. Auch kann sich das Eltern-Kind-Verhältnis trotz vieler Bemühungen um gelingende Begegnung weiter als schwierig erweisen. Hier sind die Einflussmöglichkeiten der

Fachkräfte begrenzt. Wohl aber ist es angezeigt, das eigene Handeln kritisch daraufhin zu reflektieren, inwieweit das Bestmögliche getan wurde, um positive gemeinsame Erlebnisse von Eltern und Kindern zu initiieren.

In dem Maße wie es gelingt, positive Begegnungen zwischen Eltern und Kindern zu ermöglichen, kann oftmals auch die Motivation zur Zusammenarbeit gefördert werden. Der Erhalt und die Stärkung der Eltern-Kind-Beziehung sind starke motivationsfördernde Aspekte. Lediglich die offene Ablehnung des Kindes durch die Eltern wirkt dem entgegen. So öffnet das grundsätzliche Interesse aneinander entlang der positiven gemeinsamen Erlebnisse den Blick für den/die andere. Es können wieder mehr, vor allem aber auch neben den dominierenden schwierigen Seiten sukzessive auch verstärkt positive Seiten sichtbar und anerkannt werden.

Arbeit mit dem jungen Mensch zum Thema Eltern

Neben der Zusammenarbeit mit den Eltern selbst ist es notwendig, auch mit den jungen Menschen ihre biografischen Erfahrungen mit ihren Eltern zu reflektieren und gelingende Bewältigungsmöglichkeiten zu erarbeiten. Dabei kommt es insbesondere darauf an, dass diese Erfahrungen, aber auch die Heimunterbringung selbst, in den eigenen Lebenslauf integriert werden können. Die jungen Menschen brauchen von Fachkräften entsprechend begleitete Räume, um sich mit ihrer Herkunft und den Gründen für die Fremdunterbringung auseinandersetzen zu können. Auch müssen sie eine realistische Einschätzung dazu entwickeln können, was sie von ihrer Mutter und ihrem Vater erwarten können, wann sie sich auf sie verlassen können und wann sie andere sichere Orte und verlässliche Bezugspersonen brauchen.

Um diese komplexen, oftmals auch stark emotional belasteten Fragen mit jungen Menschen zu bearbeiten, hat es sich vielfach bewährt die Methode der Biografiearbeit zu nutzen. In diesem Rahmen können sich Mädchen und Jungen mit unterschiedlichen Zugängen (visualisierende Methoden, handlungsorientierte Schritte etc.) zentralen Fragen zuwenden. Als zentrale Inhalte der Biografiearbeit lassen sich umreißen:

Gründe für die stationäre Unterbringung:

Warum lebe ich im Heim?

Wie lange muss ich hier bleiben?

Wo von hängt eine Rückkehr in meine Familie ab?

Bin ich schuld an der Heimunterbringung?

Was erzähle ich anderen, wenn sie fragen, warum ich im Heim lebe?

Ich

Was waren bisher wichtige Stationen in meinem Leben?

Wann habe ich wo gelebt?

Wo war ich in der Kita/Schule?

Was kann ich besonders gut?

Was mache ich gerne?

Was ist mir wichtig?

Meine Eltern/Familie

Was ist eine Familie?

Wer gehört zu meiner Familie?

Was habe ich von meiner Mutter/meinem Vater?

Wie stehe ich zu meinen Eltern/Geschwistern?

Wichtige Menschen in meinem Leben

Wer sind wichtige Menschen für mich? (früher/heute)

An wen denke ich in für mich schwierigen Situationen?

Von wem wünsche ich mir Unterstützung?

Auf wen kann ich mich in schwierigen Situationen verlassen?

Wem vertraue ich mich an, wenn ich traurig bin/Angst habe?

137

Umgang mit Gefühlen

Welche Gefühle verbinde ich mit bestimmten Situationen?

Wie gehe ich mit bestimmten Gefühlen um?

Was macht mich glücklich?

Was macht mich traurig?

Bearbeitung von Zukunftsfragen

Von was träume ich?

Was wird aus mir?

Wie möchte ich einmal leben?

Biografiearbeit kann so wesentlich zur Beziehungsklärung zwischen Eltern und Kindern beitragen. Dabei kommt es darauf an, mit den jungen Menschen eng an dem zu arbeiten, was sie selbst betrifft, was ihnen wichtig ist und sie bewegt. Damit die jungen Menschen mit ihren Eltern in die Klärung ihrer Beziehung gehen können, müssen sie ihren eigenen Standpunkt klären, ihr Erleben realisieren und reflektieren sowie ihre Betroffenheit ausdrücken lernen (vgl. Lattschar/Wiemann 2008; Ryan/Walker 2003).

3.6 Notwendige Rahmenbedingungen und Strukturen

Zur Ausgestaltung der Zusammenarbeit und zur Begleitung von intensiven Arbeitsprozessen mit Eltern braucht es entsprechende Rahmenbedingungen und Strukturen innerhalb der Heimeinrichtungen, so dass Fachkräfte den in den vorangegangenen Kapiteln beschriebenen Anforderungen an die Zusammenarbeit mit Eltern nachkommen können. Um hierzu hinreichende Voraussetzungen schaffen zu können, sind unterschiedliche Schritte notwendig. In einem ersten Schritt hat es sich als zieldienlich erwiesen, eine einrichtungsinterne Auseinandersetzung über Standards der Zusammenarbeit mit Eltern anzuregen. Daran anschließend gilt es zu prüfen, inwiefern diese Standards im gegebenen Rahmen umgesetzt werden können. Dabei sind in der Regel sowohl organisatorische Aspekte als auch die verfügbaren zeitlichen Ressourcen zu überprüfen, denn durch die Intensivierung der Zusammenarbeit mit den Eltern darf die Betreuungsqualität der jungen Menschen nicht leiden. Eventuell sind auch konzeptionelle Veränderungen notwendig. Betriebserlaubnisrelevante Aspekte gilt es in diesem Zusammenhang in Absprache mit der zuständigen Landesbehörde zu prüfen. Hinsichtlich der Finanzierung sind die Vereinbarungen der jeweiligen Leistungs-, Entgelt- und Qualitätsentwicklungsvereinbarung nach § 78a ff SGB VIII relevant. In einem weiteren Schritt ist es dann bedeutsam, ein für die Einrichtung passende Umsetzungsmodell zu finden, damit die Zusammenarbeit mit Müttern und Vätern im Alltag der Heimerziehung realisiert werden kann.

3.6.1 Festlegung von Standards der Zusammenarbeit mit Eltern

Ausgangspunkt zur strukturellen Intensivierung der Zusammenarbeit mit Eltern ist ein Prozess der fachlich-inhaltlichen Auseinandersetzung innerhalb der Einrichtung bzw. des jeweiligen Teams. Es bedarf der einrichtungsinternen Klärung, welche konzeptionellen Festlegungen hinsichtlich Qualität und Quantität zur Zusammenarbeit mit Eltern als Maßstab gesetzt werden. Dazu gehören die Beschreibung, was inhaltlich und fachlich im Rahmen der einzelnen Angebote und Zusammenarbeitsformen geleistet wird, ebenso wie quantitative Angaben zum zeitlichen Umfang und zur zeitlichen Taktung. Formulierte Ansprüche und vereinbarte Orientierungspunkte für die Fallarbeit sind wichtige Rahmungen für die Arbeit im Einzelfall. So hat es sich als zieldienlich erwiesen, Standards der Zusammenarbeit mit Eltern festzulegen, die für alle Fälle gelten und die dann fallbezogen intensiviert werden können. In dieser Abstufung der Standards wird versucht, den Bedarfen des Einzelfalls gerecht zu werden und gleichzeitig ein ähnliches professionelles Vorgehen für möglichst alle sicherzustellen.

Mit Standard ist im Folgenden gemeint, dass von Seiten der Einrichtung die Leistungen der Zusammenarbeit potenziell für alle Hilfen vorgehalten werden. Das heißt, dass das fachliche Handeln generell an dieser Zielsetzung ausgerichtet ist, sofern keine professionellen fallbezogenen Gründe dagegen sprechen bzw. sofern Elternteile sich der Zusammenarbeit nicht verweigern.

Prüffrage in diesem Zusammenhang ist, ob fachlich das Bestmögliche getan wurde, um Eltern zur Zusammenarbeit zu motivieren, soweit dies der Zielperspektive der Hilfe entspricht. Ausschlaggebend für eine Abweichung von den generellen Vereinbarungen zur Zusammenarbeit sollen allein fachliche, aber nicht organisatorische bzw. ressourcentechnische Argumente sein. Die daraus sich ergebende Varianz in der Umsetzung der Standards muss im Rahmen der Hilfeplanung reflektiert werden muss. Leitnorm ist dabei die fallbezogene Passung.

Allerdings sind zeitliche Ressourcen und organisatorische Rahmungen zur Zusammenarbeit wichtige Voraussetzungen, damit die fachlich-inhaltlichen Ziele angemessen zum Tragen kommen können. Darum muss mit der Festlegung von Standards auch eine entsprechende Ressourcenausstattung geschaffen werden. Nur so kann eine angemessene Intensität der Zusammenarbeit mit der jeweiligen Familie gewährleistet werden. Auch erhöhen solche Vereinbarungen die Handlungssicherheit bezüglich der Prioritätensetzung im stationären Alltag.

Der Zusammenarbeit mit Eltern im stationären Kontext kann nur eine angemessene Bedeutung zukommen, wenn gleichzeitig die Betreuung der Kinder und Jugendlichen ausreichend gewährleistet ist. In Zeiten der Zusammenarbeit mit Eltern sind darum doppelt, teilweise auch dreifach besetzte Dienste notwendig, um parallel zur Betreuung der jungen Menschen Eltern unterstützen und anleiten zu können. Eine entsprechende Verankerung der Zeiten der Zusammenarbeit im Rahmendienstplan sowie in der konkreten Ausgestaltung des Dienstplans sind somit weitere Voraussetzungen zur Sicherung der Umsetzung. Zudem bieten gemeinsam vereinbarte Standards eine zentrale Basis für die Überprüfung, inwiefern die angestrebten Formen der Zusammenarbeit im Alltag tatsächlich umgesetzt werden.

Standards der Zusammenarbeit mit Eltern im stationären Kontext sind allerdings hinsichtlich der Möglichkeiten zur Umsetzung in der Praxis nicht losgelöst von ressourcentechnischen und finanziellen Fragen zu diskutieren. Welche Klärungsbedarfe es diesbezüglich zu bearbeiten gilt, wird im Folgenden vorgestellt.

3.6.2 Zur Finanzierung der Leistungen der Zusammenarbeit mit Eltern

Fallübergreifende Vereinbarungen hinsichtlich der Leistungen der Zusammenarbeit mit Eltern werden im Rahmen der Leistungs-, Entgelt- und Qualitätsentwicklungsvereinbarungen nach § 78 a ff SGB VIII zwischen Einrichtung und öffentlichem Träger getroffen. Hier gilt es, die zentralen Eckpunkte zur Elternarbeit generell zu regeln.[3] Fallbezogene Konkretisierungen dieser allgemeinen Rahmung erfolgen dann in den Hilfeplangesprächen. Im Arbeitsprozess des Projektes zeigte sich allerdings, dass die bisher getroffenen Leistungs-, Entgelt- und Qualitätsentwicklungsvereinbarungen dahingehend wenig aussagekräftig sind, da Leistungen der Zusammenarbeit in der Regel nicht ausdifferenziert benannt werden. Es finden sich dort meist nur Formulierungen, dass intensive Elternarbeit umgesetzt wird. Welche Leistungen dies konkret beinhaltet, lässt sich zumeist nicht erschließen.

Konkretisierung der Zusammenarbeit mit Eltern in den Leistungs-, Entgelt- und Qualitätsentwicklungsvereinbarungen

Um neben konzeptionellen Gesichtspunkten auch finanzielle Aspekte an der Schnittstelle zum öffentlichen Träger klären zu können, müssen Qualität und Quantität der Zusammenarbeit mit Eltern im Rahmen von Leistungs-, Entgelt- und Qualitätsentwicklungsvereinbarungen wesentlich konkreter als bislang beschrieben werden.[4] So ist oftmals nicht nachvollziehbar, wie viel Elternarbeit mit dem vereinbarten Regelsatz abgegolten wird. Um als Einrichtung mit dem öffentlichen Träger in Verhandlungen zur Finanzierung einer intensiveren Zusammenarbeit mit Eltern treten zu können, muss somit in einem ersten Schritt festgelegt werden, welche Leistungen als Grundleistung im vereinbarten Entgelt enthalten sind. Erst auf dieser Grundlage ist ein „Mehr" an Elternarbeit verhandelbar. Entsprechend sind die erforderlichen Personalressourcen zu berechnen, um gleichermaßen dem Hilfe- und

---

[3] Nach den Vorgaben zur Betriebserlaubnis des Landes Rheinland-Pfalz sind konkrete Beschreibungen zu den Leistungen im Rahmen der Zusammenarbeit mit Eltern Voraussetzung für die Aufnahme von Verhandlungen nach §§ 78ff. Ist dies nicht der Fall, sollte diese Frage spätestens im Rahmen der Leistungs-, Entgelt- und Qualitätsentwicklungsvereinbarungen geklärt werden.

[4] Hierzu ist anzumerken, dass es im rheinland-pfälzischen Rahmenplan für die stationären Einrichtungen der Kinder- und Jugendhilfe keine quantitativen oder qualitativen Vorgaben zur Zusammenarbeit mit Eltern gibt. In anderen Bundesländern verhält sich dies anders. Dies ist entsprechend zu berücksichtigen.

Erziehungsauftrag mit den jungen Menschen im Rahmen der Gruppe und den Anforderungen an die Zusammenarbeit mit den Eltern gerecht werden zu können. Die Mehrzahl der projektbeteiligten Einrichtungen hat in diesem Sinne Grundleistungen der Elternarbeit definiert und verhandelt fallbezogen zusätzliche Bausteine im Rahmen der Hilfeplanung, um passgenau steuern zu können. Die Abrechnung der zusätzlichen Leistungen erfolgt in der Regel über Fachleistungsstunden.

Eine strategische Grundsatzentscheidung der jeweiligen Einrichtung liegt darin, wie viele Leistungen der Elternarbeit das Grundpaket beinhaltet. Dieses sollte für alle Fälle potenziell zur Verfügung stehen. Beinhalten die Grundleistungen ein breiteres Leistungsspektrum, so gewährt dies der Einrichtung tendenziell einen flexibleren Spielraum in der fallbezogenen Ausgestaltung. Durch die einzelfallbezogene Varianz der Inanspruchnahme von Leistungen ergeben sich in der Summe der Fälle weitere Optionen der bedarfsgerechten Handhabung der zur Verfügung stehenden Ressourcen. Leistungen, die in einem Fall nicht abgerufen werden, können anderen zugute kommen, ohne dass dazu explizite Neuverhandlungen im Rahmen der Hilfeplanung erfolgen müssen. Kleinere Verschiebungen der fallbezogenen Bedarfe können so eigenständig aus den Ressourcen der Einrichtungen gedeckt werden. Sind innerhalb der im Entgelt verhandelten Grundleistungen nur wenige Formen der Zusammenarbeit vereinbart, so müssen zusätzliche Bedarfe des Einzelfalls immer im Rahmen der Hilfeplanung verhandelt werden. Kurzfristig entstehende Bedarfe, die zeitnah gedeckt werden sollen, müssen dann auch jeweils mit der entsprechenden zeitlichen Dichte mit dem öffentlichen Träger geklärt werden.

Da bisherige Leistungs-, Entgelt- und Qualitätsentwicklungsvereinbarungen diese Differenzierungen in der Regel nicht beinhalten, haben die projektbeteiligten Einrichtungen sondiert, welche Leistungen der Zusammenarbeit mit Eltern in ihrem bisher verhandelten Entgelt sowie im Rahmen der gültigen Betriebserlaubnis möglich sind, um dann von dieser Basis ausgehend weitere Intensivierungen der Zusammenarbeit mit Eltern verhandeln zu können. Ergebnisse dieses Einschätzungsprozesses werden im Folgenden vorgestellt.

Klärung von Grund- und Zusatzleistungen der Zusammenarbeit mit Eltern

Ausgehend von den bestehenden Rahmenbedingungen in den projektbeteiligten Einrichtungen haben die jeweiligen Gruppen im Arbeitsprozess geprüft, welche Leistungen der Zusammenarbeit mit Eltern mit den aktuell gegebenen Ressourcen umsetzbar sind. Die Einschätzung dieser Möglichkeiten erfolgte, nachdem Optimierungsprozesse an zentralen Verfahrensschritten der Hilfe in Gang gesetzt wurden, so z. B. im Kontext der Eingangsdiagnostik, der Hilfe- und Erziehungsplanung etc. Die im Folgenden dargestellten Ergebnisse bündeln die Einschätzungen in der Summe der zwölf beteiligten Einrichtungen.

Um die teilweise sehr unterschiedlichen Voraussetzungen und Strukturen in den Einrichtungen ausreichend zu berücksichtigen, sind die einrichtungsübergreifenden Standards in drei Bereiche unterteilt. Der erste Bereich umfasst Leistungen der Zusammenarbeit mit Eltern, die in der Regel alle beteiligten Einrichtungen im Rahmen ihres bisherigen Entgeltsatzes realisieren können, nachdem entsprechende Entwicklungsprozesse zur Stärkung der Elternarbeit initiiert worden sind. Zum zweiten Bereich gehören Leistungen, die je nach Rahmenbedingungen der Einrichtungen im Entgelt enthalten oder gesondert zu finanzieren sind. Ein Teil der Einrichtung verfügt bereits über die notwendigen Voraussetzungen, um diese Elemente der Elternarbeit umzusetzen. Der andere Teil der Einrichtungen müsste bezüglich dieser Leistungen in Verhandlungen mit dem öffentlichen Träger treten. Im dritten Bereich werden Leistungen benannt, zu denen alle zwölf Einrichtungen festgestellt haben, dass diese nicht mit dem bestehenden Entgelt abgedeckt werden können, sondern gesondert finanziert werden müssen. Diese Leistungen wurden als so genannte Zusatzleistungen eingeschätzt, die jeweils fallbezogen bei Bedarf gewährt werden können. Die Abrechnung erfolgt in der Regel über Fachleistungsstunden bzw. Module, die separat verhandelt werden.

Nachfolgend werden die zentralen Leistungen der Zusammenarbeit mit Eltern im stationären Kontext diesen drei Bereichen zugeordnet. Ausgangspunkt dazu sind stationäre Regelgruppen mit circa acht Plätzen für Kinder/

Jugendliche, die mit einem Personalpool von vier bis viereinhalb Vollzeitstellen betreut werden. Hauswirtschaftskräfte, Freiwillige (FSJ, BuFDi), PraktikantInnen sowie Leistungen gruppenübergreifender Dienste u. ä. sind in dieser Kalkulation nicht enthalten. Die folgende Übersicht kann als Reflexionsfolie sowohl zur Einschätzung der Möglichkeiten innerhalb der eigenen Einrichtung dienen, als auch als Vorlage für Verhandlungen zwischen Einrichtung und Jugendamt genutzt werden. Die Auflistung kann diesbezüglich allerdings nur Hinweise geben, die im jeweiligen Entgelt beinhalteten Leistungen und mögliche Zusatzleistungen müssen jeweils vor Ort ausgehandelt und festgelegt werden.

In der Regel im bisherigen Entgelt zu realisierende Leistungen der Zusammenarbeit mit Eltern:

☐ Ausgestaltung des Hilfebeginns mit systematischer Diagnostik zur Einschätzung der fallbezogenen Möglichkeiten der Zusammenarbeit mit Eltern, mit mindestens drei bis vier strukturierten Elterngesprächen innerhalb der ersten drei bis vier Monate zu Hilfebeginn

☐ Wöchentliche nicht anlassbezogene Telefonate zwischen Fachkräften und Eltern

☐ strukturierte Elterngespräche in sechs- bis achtwöchentlichem Abstand

☐ strukturierte Vor- und Nachbereitung von Beurlaubungen, wenn diese monatlich stattfinden

☐ Vor- und Nachbereitung von halbjährlich stattfindenden Hilfeplangesprächen mit Eltern

☐ punktuelle Angebote der Freizeitgestaltung und Feste mit Eltern, in der Regel mindestens zweimal jährlich

☐ Belassen von gelingenden Aufgabenbereichen in der Verantwortung der Eltern

☐ strukturierte Gespräche mit Kindern/Jugendlichen zum Thema Eltern

Je nach Rahmenbedingungen der Einrichtungen im Entgelt enthaltene oder gesondert zu finanzierende Leistungen der Zusammenarbeit mit Eltern:

☐ Zeitlich dicht getaktete strukturierte Elterngespräche (häufiger als in sechs- bis achtwöchentlichem Abstand)

☐ strukturierte Vor- und Nachbereitung jeder Beurlaubung, wenn diese häufiger als monatlich stattfinden

☐ Angebote des Modelllernens und Übens in der Gruppe

In der Regel gesondert zu finanzierende Leistungen der Zusammenarbeit mit Eltern:

☐ Übungs- und Unterstützungseinheiten im elterlichen Haushalt

☐ Gruppenbezogene Angebote für Mütter/Väter wie Elternforen oder -trainings

☐ Angebote der Nachbetreuung durch Fachkräfte der stationären Gruppe nach Rückführung des jungen Menschen

Die unterschiedlichen Einschätzungen hinsichtlich der Umsetzbarkeit der beschriebenen Leistungen der Elternarbeit stehen zwar auch in Zusammenhang mit der Höhe des vereinbarten Entgelts. Allerdings hat sich im Projektkontext gezeigt, dass viele weitere Faktoren Einfluss darauf haben, mit welcher Intensität die Zusammenarbeit mit Eltern ausgestaltet werden kann. So macht es z. B. einen Unterschied, ob im Rahmen der Regelgruppe Plätze für Inobhutnahmen vorgehalten werden oder nicht. Erfolgen viele Inobhutnahmen in diesem Kontext, die mit einer hohen Fluktuation der Kinder und Jugendlichen in der Gruppenzusammensetzung einhergehen, so bindet dies viele Personalressourcen. Mit einer Unterbringung in akuten Krisensituationen gehen zumeist vielfältige Klärungsprozesse einher, die eine entsprechende Anzahl von Gesprächen und Dokumentationsanforderungen nach sich ziehen. Zudem gilt es auch unter pädagogischen Gesichtspunkten zu reflektieren, welche Auswirkungen eine hohe Zahl von Wechseln der Kinder und Jugendlichen in der Gruppe mit sich bringen.

Als weiterer Einflussfaktor auf die zur Verfügung stehenden Ressourcen wurde die Altersstruktur der Kinder/Jugendlichen in der Gruppe herausgestellt. Umso jünger die zu betreuenden Kinder sind, desto höher ist der unmittelbar gebundene Pflege- und Betreuungsaufwand. Des Weiteren verweisen unterschiedliche Modelle des Personaleinsatzes auf Differenzen hinsichtlich zeitlicher Potenziale im Gruppendienst. So macht es einen Unterschied, ob die Gruppe in Schulzeiten am Vormittag durch Fachkräfte besetzt ist oder ob diese Zeiten z. B. durch eine Hauswirtschaftskraft abgedeckt werden, da in diesem Zeitfenster die Kinder und Jugendlichen in der Regel in Kindertagesstätte oder Schule betreut werden. Ähnliches gilt für die Abdeckung und Verrechnung von Nachtdiensten sowie die Möglichkeiten bzw. Anzahl von Schließwochenenden/-zeiten der Gruppe. Je nachdem wie diese Zeiten organisiert sind bzw. welche gruppenübergreifenden Lösungen für bestimmte Zeitfenster umgesetzt werden, ergeben sich kleinere oder größere zeitliche Spielräume.

Weitere Unterschiede zeigen sich hinsichtlich der Entlastungsmöglichkeiten der Gruppe durch die Verwaltung und durch übergreifende Dienste. Je nach dem welche Aufgaben in welchen Zuständigkeitsbereich fallen bzw. wie effektiv diese organisiert sind, ergeben sich wiederum verschiedene Ausgangsbedingungen. Gleiches gilt für den Einsatz von PraktikantInnen, Freiwilligen etc. in der Gruppe. Werden die Fachkräfte der Gruppe durch diesen Personenkreis von nicht pädagogischen Aufgaben entlastet bzw. übernehmen diese z. B. Freizeit- oder Spielaktivitäten, ergeben sich wiederum andere Voraussetzungen. Nicht zu unterschätzende Effekte zeichnen sich auch hinsichtlich der Zieldienlichkeit und Effektivität von Abläufen, Instrumenten und Dokumentationssystemen ab. Als weitere Einflussfaktoren sind Leitungsstile, Einrichtungskulturen sowie die Ausgestaltung der Kooperation mit dem öffentlichen Träger zu nennen.

Die Liste der ganz unterschiedlichen Aspekte zeigt zum einen auf, wie verschieden die jeweils vor Ort vorzufindenden Voraussetzungen sind. Dies macht noch einmal deutlich, warum die Standards der Zusammenarbeit mit Eltern jeweils neu vor Ort an der Schnittstelle von öffentlichem und freiem

Träger hinsichtlich der Finanzierung verhandelt werden müssen. Zum anderen kann die Aufzählung Anregungen zur Optimierung der Rahmenbedingungen geben, um Spielräume für die Zusammenarbeit mit Eltern zu schaffen.

Neben der Klärung der zur Verfügung stehenden und der zusätzlich benötigten Ressourcen entlang von Grund- und Zusatzleistungen in der Zusammenarbeit mit Eltern sind weitere konzeptionelle Fragen zu klären. So stellt sich vor allem die Frage, innerhalb welcher Organisationsmodelle die Zusatzleistungen einer intensiven Unterstützung und Anleitung von Eltern zur Initiierung von Veränderungsprozessen adäquat umgesetzt werden können.

3.6.3 Modelle zur Umsetzung der Unterstützung von Eltern in einem eigenständigen Arbeitsprozess

Sollen zeitlich relativ dicht getaktete Gespräche mit Eltern zur Planung und Reflexion des gemeinsamen Arbeitsprozesses, Angebote des Modelllernens und Übens in der Gruppe sowie Möglichkeiten der Unterstützung bis hin zu Übungseinheiten im häuslichen Umfeld der Eltern umgesetzt werden, braucht es eine konzeptionelle Klärung auch hinsichtlich der organisatorischen Umsetzung. Dabei ist im ersten Schritt zu klären, inwieweit die benannten Zusatzleistungen eines auf Veränderung bei den Eltern zielenden Arbeitsprozesses aus dem Personalpool der stationären Gruppe heraus realisiert werden sollen oder nicht.

Im Projektverlauf haben sich hinsichtlich dieser konzeptionellen Entscheidung zwei mögliche Modelle herauskristallisiert. Im ersten Modell erfolgt die gesamte Zusammenarbeit mit Eltern aus der stationären Gruppe heraus, inklusive aller notwendigen einzelfallbezogenen Unterstützungsleistungen für Eltern. Im zweiten Modell werden Grundleistungen der Zusammenarbeit mit Eltern aus der Gruppe durch Zusatzleistungen einer weiteren Fachkraft z. B. aus der SPFH ergänzt.

In der Diskussion um die bestmögliche konzeptionelle Lösung hat sich gezeigt, dass in der Einschätzung beider Modelle nicht nur organisatorische Fragen eine Rolle spielen. Auch fachliche Fragen sind hier bedeutsam. So

147

gibt es gute inhaltliche Gründe sowohl für das eine als auch das andere Modell. Je nach fachlich-konzeptioneller Ausrichtung, Schwerpunktsetzungen und Erfahrungen in der Fallarbeit tendierten Teams bzw. Einrichtungen zu der einen oder anderen Lösung bezüglich des bestmöglichen Organisationsmodells. Beide Modelle werden im Folgenden näher hinsichtlich der jeweiligen fachlichen Argumente sowie zu beachtender Aspekte in der Umsetzung beschrieben.

Modell 1:
Die gesamte Zusammenarbeit mit Eltern erfolgt aus der Gruppe heraus

Für die Ausgestaltung der gesamten Leistungen der Zusammenarbeit mit Eltern aus der Gruppe heraus – unabhängig von der Intensität der fallbezogenen Bedarfe – spricht, dass die Arbeit mit den Eltern in diesem Modell in den Händen einer Fachkraft liegt, die auch im Alltag mit dem jeweiligen Kind zusammenarbeitet. Alle Aspekte der Zusammenarbeit sowohl kind- als auch elternbezogen liegen in der eindeutigen Verantwortung dieser Fachkraft. Ihr obliegen die Steuerung und Verantwortung des Arbeitsprozesses mit der Familie im stationären Kontext. Zudem können innerhalb dieses Modells Wünsche von Müttern/Vätern aufgegriffen werden, die gerne mit der Fachkraft zusammenarbeiten wollen, die auch für den Arbeitsprozess mit ihrem Kind hauptverantwortlich ist. Gestärkt wird diese Fachkraft in vielen Einrichtungen durch eine zweite Fachkraft des Teams im Sinne einer doppelten BezugserzieherInnenstruktur. Dies bedeutet, dass neben der fallzuständigen Fachkraft eine weitere Person aus dem Team der stationären Gruppe in Ergänzung und/oder Vertretung für die jeweilige Familie zuständig ist und so Teile der Elternarbeit bei Bedarf gemeinsam ausgestaltet werden können. Zudem ist auf diese Weise eine Vertretung im Fall von Krankheit oder Urlaub gesichert.

Erfolgen alle fallbezogenen Zusatzleistungen der Elternarbeit aus der Gruppe, so ist eine anderweitige Entlastung der Fachkräfte der stationären Gruppe notwendig, da die Betreuungsqualität der Kinder und Jugendlichen durch die Intensivierung der Zusammenarbeit mit Eltern nicht eingeschränkt werden darf und der Schutz der jungen Menschen durchgängig sicher gestellt sein muss. Finanziell abgerechnet werden solche Zusatzleistungen, wie bereits beschrieben, in der Regel über Fachleistungsstunden, so dass monetär entsprechende Ressourcen zur Verfügung stehen. Es stellt sich jedoch die Frage, über welche Modelle des Personaleinsatzes die flexibel anfallenden Bedarfe der Familien aus dem Personalpool der Gruppe heraus gedeckt werden können.

Eine Möglichkeit der Flexibilisierung des Personaleinsatzes im stationären Kontext ist die personelle Erweiterung des Teams der Gruppe bei gleichzeitiger Veränderung des jeweiligen Personaleinsatzes. Durch die Erhöhung der Anzahl der Fachkräfte eines Teams um eine weitere Person, können andere Fachkräfte ihre notwendigen Betreuungszeiten im engeren Gruppenkontext reduzieren. So haben einzelne Einrichtungen Fachkräfte jeweils nicht mit ihrem vollen Stellenumfang im regulären Gruppendienst eingeplant, sondern z. B. 10-25 % des Gesamtstellenumfangs der jeweiligen Fachkraft für den flexiblen Einsatz in der Zusammenarbeit mit Eltern oder zur Nachbetreuung aus der Gruppe heraus eingesetzt. Solche Regelungen können immer nur im Einverständnis zwischen Fachkraft und Einrichtung umgesetzt werden.

Andere Einrichtungen operieren mit Arbeitszeitkonten für die Fachkräfte der stationären Gruppen. So werden für die monatlich zu erbringende Arbeitszeit Spielräume nach oben und unten festgelegt, die je nach fall- und gruppenbezogenen Notwendigkeiten gesteuert und im zeitlichen Verlauf ausgeglichen werden. Ein solches Modell braucht hohe Kompetenzen und Entscheidungsbefugnisse in der Gruppe, da hier die im Alltag anfallenden Bedarfe am besten eingeschätzt werden können. Zeiten mit höherem und niedrigerem Personalbedarf werden im Dienstplan entsprechend flexibel ausgestaltet. Prinzipiell muss darauf geachtet werden, dass die notwendigen Anforderungen an den Arbeitsschutz berücksichtigt werden und personenbezogen der jeweilige Ausgleich der Stunden nach oben oder unten tatsächlich vollzogen wird. Hierzu bedarf es entsprechender Planungs- und Steuerungsinstrumente.

Inwieweit Arbeitszeitkonten möglich sind, ergibt sich aus den Tarifvereinbarungen oder ist im Rahmen von Betriebsvereinbarungen zu regeln. Soll eine solch weitreichende Ressourcenplanung und -verantwortung in die Gruppe gegeben werden, so ist dies ein mittelfristiger Prozess, der durch die Leitung entsprechend eingeführt und begleitet werden muss. Die Fachkräfte der Gruppen brauchen diesbezüglich Rahmenbedingungen, die Spielräume eröffnen und gleichzeitig sicherstellen, dass Standards umgesetzt und Flexibilität nicht zu Lasten einzelner MitarbeiterInnen realisiert werden.

Neben diesen Modellen der Personalplanung und des Personaleinsatzes haben sich in einzelnen Einrichtungen weitere Spielräume hinsichtlich zeitlicher Ressourcen für Fachkräfte aus dem Gruppendienst gezeigt, die bereits oben erwähnt wurden. So etwa die verstärkte Entlastung der Gruppe von hauswirtschaftlichen Tätigkeiten, Fahrdiensten etc. Es braucht zwar immer auch ein gewisses Maß an Alltag mit Kindern und Jugendlichen, aber je nach Aufgabenbeschreibung der Fachkräfte der Gruppe liegen hier auch Spielräume, die pädagogische Prozesse und Notwendigkeiten nicht schmälern.

Wie bereits bei den Ressourceneinschätzungen beschrieben, zeigen sich auch hinsichtlich der Organisationsmodelle zur Umsetzung von Zusatzleistungen der Elternarbeit aus der Gruppe heraus sehr unterschiedliche Voraussetzungen in den jeweiligen Einrichtungen. Einzelne Einrichtungen haben diesbezüglich Spielräume gesehen und gefunden, andere haben sich aus organisatorischen und inhaltlichen Gründen für das zweite Modell entschieden.

Modell 2:
Grundleistungen der Zusammenarbeit mit Eltern aus der Gruppe
werden durch Zusatzleistungen einer weiteren Fachkraft ergänzt

Um die zeitlichen Ressourcen der Gruppe zu erweitern, können Zusatzleistungen der Zusammenarbeit mit Eltern auch mit Unterstützung einer zusätzlichen Fachkraft aus dem ambulanten Bereich realisiert werden. Alle eher kindbezogenen Anteile der Zusammenarbeit mit Eltern erfolgen in diesem Modell in Kooperation mit den Fachkräften der Gruppe. Die die Eltern anleitenden und unterstützenden Anteile der Zusammenarbeit werden durch eine Fachkraft übernommen, die im engeren Sinne nicht Teil des stationären Teams ist. Vorteile dieser Aufgabenteilung werden aus fachlicher Perspektive darin gesehen, dass Eltern für sich einen exklusiven Ansprechpartner haben. Positiv eingeschätzt wird zudem die Möglichkeit der Rollenteilung, so dass eine Fachkraft eher die kindbezogenen Anliegen und Interessen vertritt und die andere Fachkraft die der Eltern. Auch wurde es als bereichernd eingeschätzt, auf diese Weise eine weitere fachliche Perspektive im Arbeitsprozess zu gewinnen und sich wechselseitig durch den fachlichen Austausch sowie fallbezogene Reflexion unterstützen zu können.

Diese positiven Möglichkeiten können sich allerdings ins Negative umkehren, wenn es nicht gelingt, ein gemeinsames Fallverstehen und ein abgestimmtes Vorgehen beider Fachkräfte sicherzustellen. Entscheidet man sich für ein arbeitsteiliges Modell, so zeigt sich, dass eine enge Abstimmung und Zusammenarbeit der beiden Fachkräfte unerlässlich sind. Ein gesicherter Informationsfluss sowie regelmäßige Abstimmungsprozesse sind Voraussetzung für eine gelingende Umsetzung. So sind hier zwei sich parallel entwickelnde Hilfeteile im Blick zu behalten und bewusst Schnittstellen der gemeinsamen Arbeit mit Eltern auszugestalten. Als solch notwendige Schnittstellen haben sich ein gemeinsamer Hausbesuch zu Hilfebeginn, die gemeinsame Vorbereitung von und Teilnahme an Hilfeplangesprächen, gemeinsame Fallberatungen sowie mindestens vierzehntägige Teamgespräche zwischen beiden Fachkräften herauskristallisiert. Die zeitlichen Ressourcen zur fallbezogenen Abstimmung der Zusammenarbeit mit Eltern zwischen beiden Fachkräften sind in der Abwägung der Modelle ebenfalls zu berücksichtigen.

Die Erfahrungen in der Umsetzung der beiden Modelle in den projektbeteiligten Einrichtungen zeigen, dass beide Umsetzungsstrategien mit ihren jeweiligen Vor- und Nachteilen in der praktischen Realisierung die erforderlichen Voraussetzungen schaffen können, Eltern im Sinne einer familienunterstützenden stationären Hilfe zu begleiten.

4. Ausgewählte Evaluationsergebnisse und Einschätzungen zum Implementierungsprozess

Mit dem hier vorliegenden Praxishandbuch werden Handlungsstrategien aufgezeigt, wie Heimerziehung als familienunterstützende Hilfe gestaltet und damit der schon lange als bedeutsam erkannte fachliche Anspruch der strukturierten Zusammenarbeit mit Eltern eingelöst werden kann. Es gehört allerdings zum Wesen personenbezogener sozialer Dienstleistungen wie der Heimerziehung, dass fachliche Erkenntnisse allein nicht genügen, um eingespielte Handlungsroutinen zu verändern. Vielmehr bedarf es über die fachliche Auseinandersetzung und den Erkenntnisgewinn hinaus umfassender Konzept-, Organisations- und Personalentwicklungsprozesse. Ist durch den inhaltlichen Auseinandersetzungsprozess ein Bild von alternativen Handlungsmöglichkeiten entstanden, können anschließend die notwendigen organisatorischen Voraussetzungen geklärt werden, so dass für Fach- und Leitungskräfte hinreichende Rahmenbedingungen vorliegen, um in der beschriebenen Art und Weise mit Eltern zusammen zu arbeiten.

Dies bedeutet zugleich, dass die hier vorgestellten Handlungsstrategien für eine systematische, veränderungsorientierte Zusammenarbeit mit Eltern nicht einfach kopiert werden können, sondern vielmehr von jeder Einrichtung rezipiert und auf die eigenen Rahmenbedingungen hin angepasst werden müssen. Mit diesem Kapitel soll darum zum einen aufgezeigt werden, welche Effekte über die Implementierung einer systematischen Zusammenarbeit mit Eltern erzielt werden können. Diese Ausführungen sollen motivieren, sich auf einen solchen Entwicklungsprozess einzulassen. Zum anderen werden hilfreiche Strukturen und Elemente der Prozessgestaltung aufgezeigt, die sich in der Praxisentwicklung der projektbeteiligten Einrichtungen bewährt haben. Damit soll die zielorientierte Initiierung und Gestaltung der einrichtungsinternen Prozesse erleichtert werden.

4.1 Ausgewählte Evaluationsergebnisse: Systematische Zusammenarbeit mit Eltern kann gelingen und lohnt sich

Mit Hilfe einer prozessbegleitenden Evaluation wurde überprüft, inwieweit im Rahmen des Projektes „Heimerziehung als familienunterstützende Hilfe" tatsächlich eine intensivere und strukturell verankerte Zusammenarbeit mit Eltern erreicht wurde. Dazu wurden zu zwei Zeitpunkten sowohl die fallverantwortlichen Fachkräfte als auch die Eltern selbst befragt. Die Fragestellungen und Antwortvorgaben wurden weitgehend identisch verwendet, so dass ein Vergleich zwischen erster und zweiter Befragung hergestellt werden konnte. Zugleich konnte damit überprüft werden, inwieweit sich die Zielgruppe in den beteiligten Einrichtungen in der Zwischenzeit verändert hat. Es ergaben sich hierfür allerdings keine Hinweise. Insofern können Unterschiede in der fallbezogenen Umsetzung von Elternarbeit mit hoher Wahrscheinlichkeit Veränderungen im fachlichen Handeln zugemessen werden. Auf dieser Basis lassen sich als zentrale Ergebnisse der Evaluation hervorheben:

☐ Es ist gelungen, im Verlauf des Projektes die Zusammenarbeit mit Eltern zu stärken und die Vielfalt an Formen der Zusammenarbeit, die im Einzelfall umgesetzt werden, zu erhöhen.

☐ Über eine entsprechende Zusammenarbeit mit Eltern kann die Motivation der Eltern zur Zusammenarbeit gesteigert werden.

☐ Über eine intensivere Zusammenarbeit mit Eltern konnte die Wirksamkeit der Hilfe für die ganze Familie erhöht werden.

Im Folgenden werden diese Erkenntnisse näher ausgeführt. Dabei wird ein besonderes Augenmerk auf die darin enthaltenen Hinweise zu Handlungsmöglichkeiten der Fachkräfte im Rahmen ihres Einflussbereiches gelegt.

Intensivierung und Vervielfältigung der Zusammenarbeit mit Eltern

Wie die nachfolgende Grafik zeigt, konnte im Verlauf von zwei Projektjahren eine deutliche Steigerung hinsichtlich der durchschnittlich umgesetzten Formen der Zusammenarbeit mit den Eltern erreicht werden. Außerdem konnten einzelne Formen gestärkt werden:

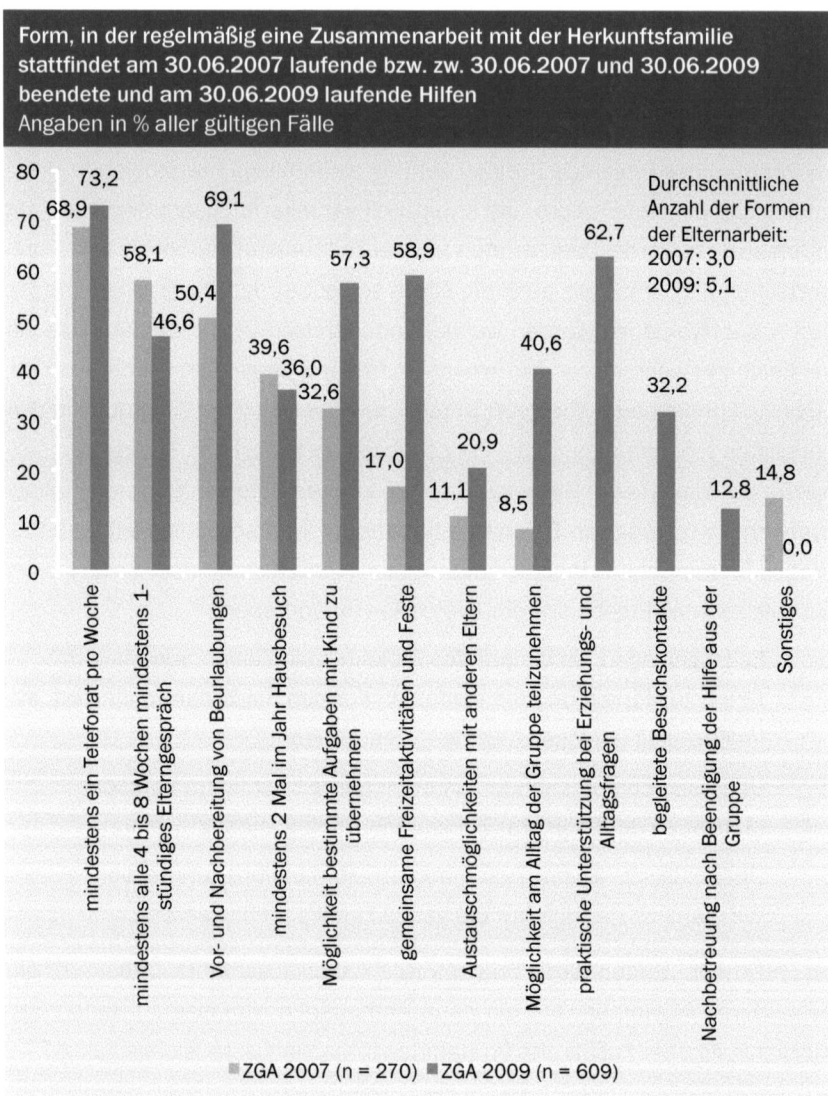

Form, in der regelmäßig eine Zusammenarbeit mit der Herkunftsfamilie stattfindet am 30.06.2007 laufende bzw. zw. 30.06.2007 und 30.06.2009 beendete und am 30.06.2009 laufende Hilfen
Angaben in % aller gültigen Fälle

Durchschnittliche Anzahl der Formen der Elternarbeit:
2007: 3,0
2009: 5,1

■ZGA 2007 (n = 270) ■ZGA 2009 (n = 609)

Während 2007 im Durchschnitt der Hilfen drei Formen der Zusammenarbeit mit Eltern realisiert wurden, sind dies 2009 durchschnittlich 5,1 Formen. Eine solche Steigerung zeigt sich in leicht unterschiedlicher Ausprägung in allen projektbeteiligten Einrichtungen.

Wie die Grafik zeigt, gibt es Formen der Zusammenarbeit, die im Projektzeitraum neu implementiert oder deutlich ausgebaut wurden. Dies sind insbesondere Formen der Zusammenarbeit, die auf die Kompetenzerweiterung seitens der Eltern und die Veränderung der Erziehungsbedingungen in der Herkunftsfamilie gerichtet sind. Hierzu gehören die Möglichkeiten, Aufgaben mit dem Kind zu übernehmen, am Alltag der Gruppe teilzunehmen oder auch praktische Unterstützung in Erziehungs- und Alltagsfragen zu erhalten. Zudem wurden gemeinsame Freizeitaktivitäten und Feste deutlich intensiviert. Diese Elemente tragen wesentlich zur Kontaktpflege bei, eröffnen aber auch für Eltern und junge Menschen neue gemeinsame Erfahrungsräume und fördern die Motivation zur Zusammenarbeit.

Anhand der Grafik fällt auf, dass zu Projektbeginn insbesondere drei Formen bereits in mehr als der Hälfte der Hilfen umgesetzt wurden. Dies waren wöchentliche Telefonate, Elterngespräche sowie die Vor- und Nachbereitung von Beurlaubungen. Im Projektverlauf konnte hier insbesondere die Vor- und Nachbereitung von Beurlaubungen intensiviert werden. Elterngespräche wurden in verhältnismäßig weniger Hilfen umgesetzt, dies geschah aber vermutlich zugunsten anderer Formen, die möglicherweise – weil handlungsorientierter – geeigneter für einen Großteil der Eltern sind.

Im Vergleich der Einrichtungen zeigt sich, dass der angestrebte Entwicklungsprozess zu einem gewissen Teil im Rahmen der internen Konzept- und Organisationsentwicklungsprozesse realisiert werden konnte. So gab es im Projektzeitraum keine nennenswerten Veränderungen in den Rahmenbedingungen bzw. in der Ausstattung der Einrichtungen. Dies bedeutet, dass die Intensivierung der Zusammenarbeit mit Eltern, wie sie sich in den Evaluationsergebnissen niederschlägt, weitgehend im Rahmen der gegebenen Möglichkeiten durch entsprechende Veränderungen in Abläufen, Arbeitsstrukturen oder durch Qualifizierungsprozesse erreicht wurde.

Die Umsetzungsmöglichkeiten finden aber auch ihre Grenzen in den gegebenen Rahmenbedingungen. Wie im Abschnitt zuvor aufgezeigt, sind dabei das in der Betriebserlaubnis vereinbarte Personalkonzept und die Höhe des Entgeltes ebenso relevant wie der jeweilige Rahmendienstplan oder die Möglichkeiten einer flexiblen Arbeitszeitgestaltung. Als bedeutsamer Einflussfaktor konnte darüber hinaus der Anteil an Inobhutnahmen in der Regelgruppe identifiziert werden. Neuaufnahmen im Kontext der Inobhutnahme erfordern oftmals einen intensiveren Zeitaufwand für den Aufbau einer tragfähigen Arbeitsbeziehung mit Eltern aber auch mit den jungen Menschen, da immer auch eine Krisensituation zu klären ist. Werden wiederholt in Obhut genommene junge Menschen in die Regelgruppe aufgenommen, werden mit zunehmender Fluktuation in der Gruppe auch mehr Zeitressourcen gebunden. Dies begrenzt die Möglichkeiten einer kontinuierlichen und vielfältigen methodischen Ausgestaltung der Zusammenarbeit mit Eltern.

Arbeit an der Motivation der Eltern zur Zusammenarbeit

Die Bereitschaft der Eltern zur Zusammenarbeit ist eine wesentliche Voraussetzung zur Entwicklung einer tragfähigen Arbeitsbeziehung, die Möglichkeiten der Veränderung von Erziehungsbedingungen in der Herkunftsfamilie erschließen kann. Eine solche Bereitschaft bringt der überwiegende Teil der Eltern zu Hilfebeginn nur bedingt mit. Wie die Evaluationsergebnisse zeigen, kann aber an dieser Motivation gemeinsam gearbeitet werden.

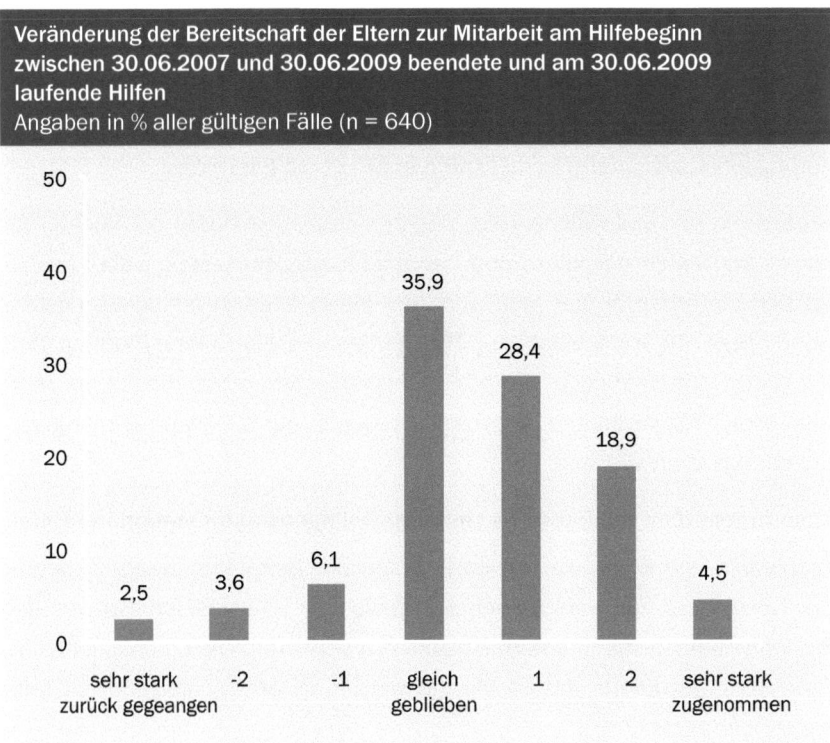

Veränderung der Bereitschaft der Eltern zur Mitarbeit am Hilfebeginn zwischen 30.06.2007 und 30.06.2009 beendete und am 30.06.2009 laufende Hilfen
Angaben in % aller gültigen Fälle (n = 640)

Die Motivation der Eltern zur Zusammenarbeit konnte im Hilfeverlauf in der Mehrzahl der Fälle deutlich gesteigert werden. Die Ausgangsmotivation lag aus Sicht der Fachkräfte auf einer Schulnotenskala bei 3,6. Dabei maßen sie 30 % der Eltern eine hohe Ausgangsmotivation zu (Bewertung 1 und 2 nach Schulnoten). Bei über der Hälfte der Eltern konnte eine Steigerung der Motivation erreicht werden. Dies sind insbesondere Eltern mit geringer oder mittlerer Ausgangsmotivation. Wenn Eltern eine hohe Motivation zur Zusammenarbeit mitbringen, wird diese eher erhalten, als dass sie noch weiter gesteigert wird.

Auf die Frage, welche Faktoren die Motivationssteigerung seitens der Eltern befördern, zeigte sich, dass hierzu insbesondere die Einhaltung zentraler fachlicher Standards relevant ist. Dazu gehört ein gelungener Beziehungsaufbau zu dem jungen Menschen und seiner Familie (bzw. seinen Eltern), die

157

Beteiligung der jungen Menschen und der Eltern an der Ausgestaltung des Hilfeprozesses sowie die Orientierung der Hilfe an gemeinsamen und konkreten Zielen. Die allgemeine Qualitätsentwicklung in der Heimerziehung stellt somit auch einen zentralen Unterstützungsfaktor bezogen auf die Implementierung einer systematischen Zusammenarbeit mit Eltern dar.

Grenzen in der Motivationsarbeit zeigen sich insbesondere bei Suchtproblemen auf Seiten der Eltern und bei Ablehnung des Kindes. Dabei gestaltet sich die Arbeit an der Motivation der Eltern deutlich am schwierigsten, wenn diese ihr Kind ablehnen. Hier fehlen die Eltern-Kind-Bindung und der damit einhergehende Wunsch nach Wohlergehen des Kindes als zentraler Motor für Veränderungsprozesse bezogen auf die Wahrnehmung von Erziehungsverantwortung.

Zusammenarbeit mit Eltern als zentraler Gelingensfaktor stationärer Hilfen

Fachkräfte und Eltern wurden im Rahmen der Befragung jeweils gebeten, die Nützlichkeit der verschiedenen, tatsächlich umgesetzten Formen der Zusammenarbeit mit Eltern im Einzelfall zu bewerten. Die durchschnittliche Bewertung der Eltern und Fachkräfte wurden in der nachfolgenden Grafik gegenüber gestellt.

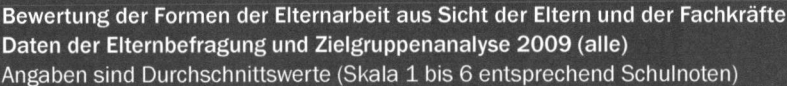

Bewertung der Formen der Elternarbeit aus Sicht der Eltern und der Fachkräfte
Daten der Elternbefragung und Zielgruppenanalyse 2009 (alle)
Angaben sind Durchschnittswerte (Skala 1 bis 6 entsprechend Schulnoten)

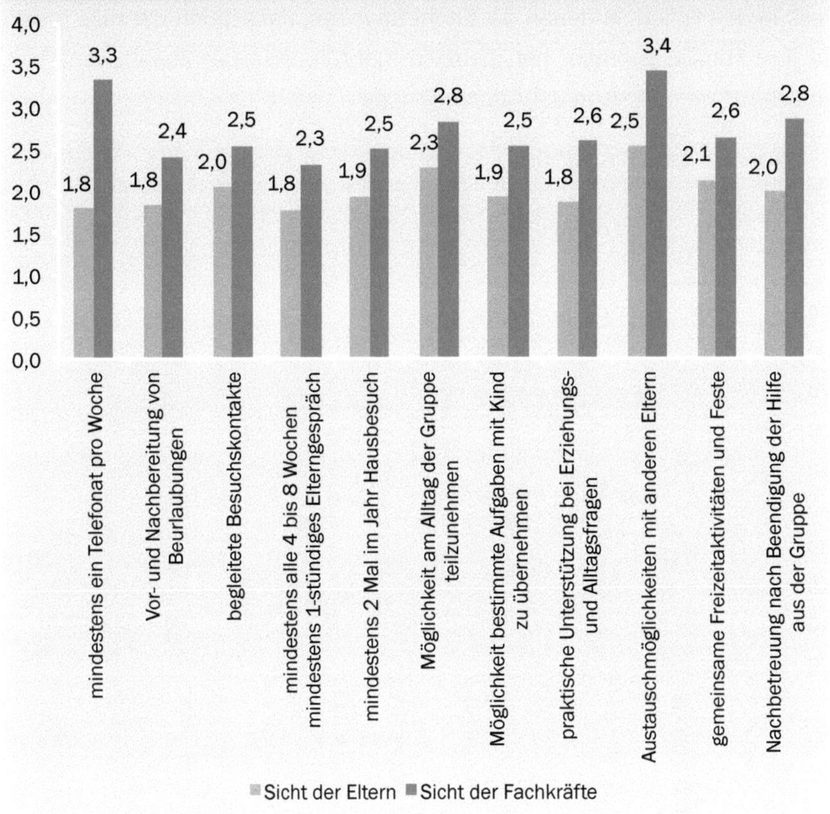

Auffallend an diesem Evaluationsergebnis ist, dass die Eltern durchgängig über alle Formen der Zusammenarbeit deren Nützlichkeit besser bewerten als die Fachkräfte. Dies kann auch als ein Hinweis verstanden werden, dass sich aus Sicht der Eltern auch erste Schritte in Richtung der erarbeiteten fachlichen Standards lohnen. Ist beispielsweise die Vor- oder Nachbereitung einer Beurlaubung nicht in einem geplanten, sondern nur in einem Tür- und Angelgespräch möglich, so kann auch dieses für Eltern wertvoll sein, wenn der Fokus des Gespräches auf Absprachen für die Beurlaubung oder deren Reflexion gerichtet ist.

159

Aus den Evaluationsergebnissen lassen sich darüber hinaus Hinweise gewinnen, dass die Vielfalt der Formen, in denen mit Eltern zusammengearbeitet wird, einen förderlichen Einfluss auf die Hilfegestaltung hat. So zeigt sich, dass in den Fällen, in denen die Eltern angeben, dass ihnen die Hilfe etwas für ihre Familie gebracht hat, deutlich mehr Formen der Zusammenarbeit umgesetzt werden als in der Gesamtgruppe.

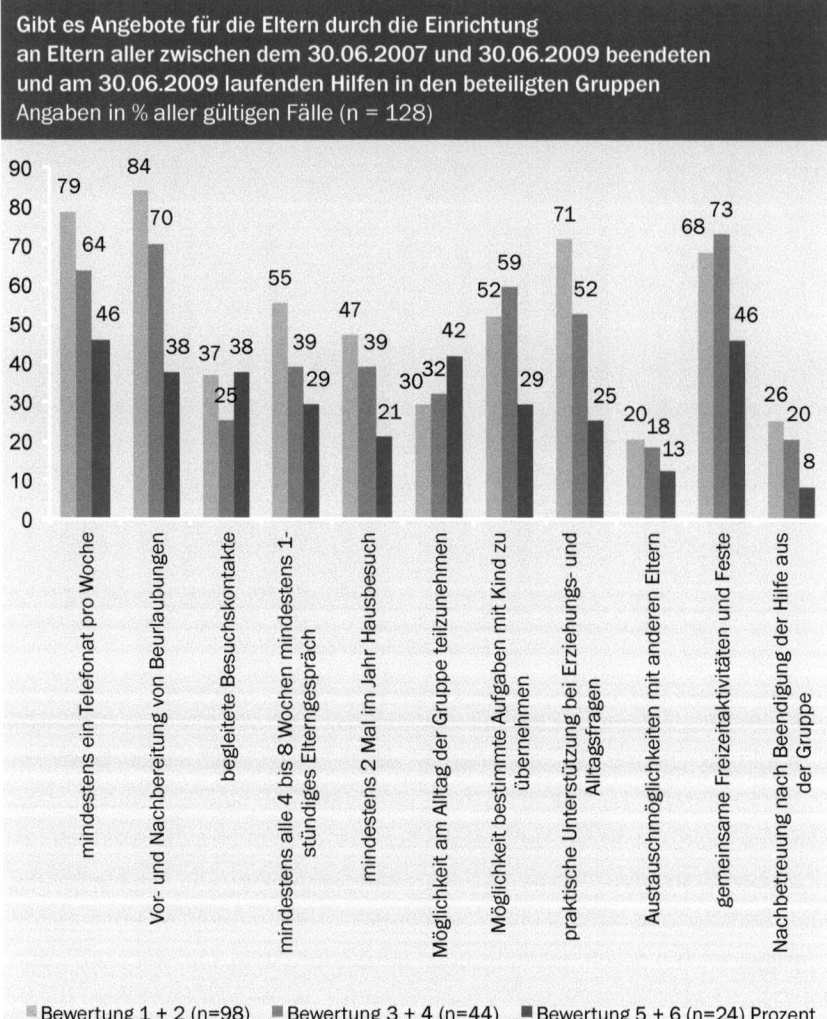

Gibt es Angebote für die Eltern durch die Einrichtung
an Eltern aller zwischen dem 30.06.2007 und 30.06.2009 beendeten
und am 30.06.2009 laufenden Hilfen in den beteiligten Gruppen
Angaben in % aller gültigen Fälle (n = 128)

Bewertung 1 + 2 (n=98)   Bewertung 3 + 4 (n=44)   Bewertung 5 + 6 (n=24) Prozent

Danach werden in der Gruppe der Eltern, die die Hilfe für ihre Familie als hilfreich bewerten (Bewertung 1 + 2), sechs Formen der Zusammenarbeit in mehr als der Hälfte der Fälle umgesetzt. Im Durchschnitt werden hier 5,7 Formen der Elternarbeit im Einzelfall realisiert. Im Vergleich dazu sind es in der Gruppe mit mittlerer Bewertung 4,9 Formen und in der Gruppe mit schlechter Bewertung nur 3,3 Formen. Besonders relevant sind dabei die Vor- und Nachbereitung von Beurlaubungen, die wöchentlichen Telefonate zwischen Fachkraft und Eltern(teil), gemeinsame Freizeitaktivitäten und Feste, die praktische Unterstützung in Alltags- und Erziehungsfragen sowie mindestens einstündige Elterngespräche alle vier bis acht Wochen. Außerdem geht die positive Bewertung der Hilfe mit einer gelingenden Hilfeplanung, einer zielorientierten Hilfegestaltung sowie den Möglichkeiten für die Eltern einher, in der Verantwortung für ihre Kinder zu bleiben. Damit zeigt sich einmal mehr die Bedeutung der Umsetzung allgemeiner fachlicher Standards für die Umsetzung einer systematischen Zusammenarbeit mit Eltern.

In der Summe zeigen die Evaluationsergebnisse, dass eine intensive und zielorientierte Zusammenarbeit mit Eltern auch im Regelbereich der stationären Hilfen möglich ist. Dabei können Fachkräfte durch ihr fachlich begründetes Handeln die Zusammenarbeit mit Eltern befördern. Dies gilt für die Arbeit an der Motivation der Eltern zur Zusammenarbeit ebenso wie für die Entwicklung einer tragfähigen Arbeitsbeziehung und zielführender Formen der Zusammenarbeit im Einzelfall. Fachkräfte haben Einflussmöglichkeiten, die durch entsprechende Rahmenbedingungen und Unterstützungsstrukturen gestärkt werden können. Diese gilt es bestmöglich zu nutzen.

4.2 Gelingensfaktoren im Implementierungsprozess und zielführende Unterstützungsstrukturen

Im Zuge der Auswertung der Praxisentwicklungsprozesse wurde mit den Einrichtungen erarbeitet, was sich aus ihrer Sicht im Projektverlauf jeweils als förderlich oder auch als hinderlich erwiesen hat. Außerdem wurden Empfehlungen für andere Einrichtungen erfragt, die sich in einen ähnlichen Veränderungsprozess begeben wollen. Hieraus konnten eine Reihe von Anhaltspunkten gewonnen werden, wie die Implementierung einer systematischen und veränderungsorientierten Zusammenarbeit mit Eltern unterstützt werden kann. In Verbindung mit fachlichen Erkenntnissen der Organisationsentwicklung lässt sich hieraus eine Reihe von Gelingensfaktoren hinsichtlich der Gestaltung von Praxisentwicklungsprozessen identifizieren. Diese betreffen sowohl die Rolle der Leitung als auch die Beteiligung der Mitarbeiterschaft, die Möglichkeit einer externen Moderation und die Notwendigkeit verbindlicher Arbeitsstrukturen. Darüber hinaus konnte herausgearbeitet werden, welche inhaltlichen Aspekte auf jeden Fall Berücksichtigung finden sollten. Schließlich geht es aber auch um die Unterstützung und Qualifizierung der Teams. Nachfolgend werden diese Aspekte skizziert und anhand der Beiträge aus den Einrichtungen beispielhaft illustriert.

Leitungsentscheidungen als Voraussetzung für Veränderungsprozesse

Die Initiierung eines Praxisentwicklungsprozesses zur Implementierung systematischer Zusammenarbeit mit Eltern braucht die eindeutige Leitungsentscheidung für einen Veränderungsprozess in Konzept, Organisation und fachlicher Ausgestaltung. Leitungskräften der Einrichtungen kommt dabei die Aufgabe zu, entsprechende Entwicklungsprozesse anzustoßen und adäquate Rahmenbedingungen für die Umsetzung zu schaffen.

Damit ein Veränderungsprozess tatsächlich initiiert wird, genügt es nicht, eine formale Entscheidung zu treffen. Vielmehr braucht es eine Vision davon, was anders sein soll, worin das Neue besteht und was der Gewinn dieser Veränderung für die Akteure, insbesondere auch die AdressatInnen ist. Diese Vision muss von Leitung (mit)getragen werden. Außerdem muss für diese Vision geworben werden. Möglichst viele Mitarbeitende sollen für die Mitwirkung in dem anstehenden Veränderungsprozess gewonnen werden. Im Entwicklungsprozess ist dann bedeutsam, dass Veränderungen praxisrelevant vollzogen und strukturell abgesichert werden.

Beteiligung der Fachkräfte im Rahmen des Veränderungsprozesses

Veränderungsprozesse in personenbezogenen sozialen Dienstleistungen erfordern die größtmögliche Beteiligung der Fachkräfte. Neuerungen in Vorgehensweisen und in der fachlichen Ausgestaltung müssen für Fachkräfte nachvollziehbar und an die bestehenden Arbeitsroutinen anschlussfähig sein, damit sie in das professionelle Handeln eingehen können. Veränderungen müssen gewissermaßen angeeignet werden. Dazu bedarf es der fachlichen Verständigung innerhalb der Teams sowie der Gestaltung von Verstehensprozessen bezogen auf das Neue und seine Bedeutung für die eigene Aufgabenerfüllung. Zudem gilt es mit den Fachkräften herauszuarbeiten, welche Veränderungen in den praktischen Handlungsvollzügen erforderlich sind, damit die angestrebten Zielsetzungen erreicht werden können. Dazu gehört auch die Klärung, welche Rahmenbedingungen und Unterstützungsstrukturen erforderlich sind, um die veränderten Handlungsweisen umsetzen zu können. Hierüber kann zugleich mit den Fachkräften die notwendige Motivation zur Umsetzung erarbeitet werden. Denn personenbezogene soziale Dienstleistungen können nicht auf der Handlungsebene eindimensional angeordnet werden. Vielmehr müssen diese durch professionelles Handeln orientiert an fachlichen Standards ausgefüllt werden.

Schaffung von Orten zur inhaltlichen Entwicklung der Veränderungsoptionen

Inhouse-Veranstaltungen im Sinne von Workshops haben sich als geeignete Orte bzw. Rahmen für die inhaltliche Auseinandersetzung mit dem Thema herauskristallisiert. Um den Innovationsprozess initiieren und kontinuierlich vorantreiben zu können, sind nicht zu große zeitliche Abstände zwischen den einzelnen Workshops erforderlich. Erfahrungsgemäß sind drei Tage möglichst gleichmäßig über das Jahr verteilt notwendig, aber auch ausreichend. Für die Dauer des Prozesses sind in der Regel zwei bis drei Jahre erforderlich, um genügend Anker für den Entwicklungsprozess in der Praxis legen zu können, da vielfältige Schlüsselprozesse der Heimerziehung die Zusammenarbeit mit Eltern tangieren. Für eine nachhaltige Implementierung und das Erreichen neuer Arbeitsroutinen sind meist weitere zwei bis drei Jahre zur Einübung, Reflexion und Nachjustierung erforderlich. Die Intensivierung der Zusammenarbeit mit Eltern im stationären Kontext ist somit ein mittelfristiger Prozess, der entsprechend ausgestaltet werden muss.

163

Des Weiteren hat es sich als zieldienlich erwiesen, im Rahmen von Workshops/Inhouse-Veranstaltungen möglichst viele MitarbeiterInnen zu beteiligen. So können eine fachliche Verständigung und Ideenentwicklung auf breiter Ebene erreicht werden, die die Akzeptanz des Prozesses fördern und die Anschlussfähigkeit an die Alltagspraxis gewährleisten. Zugleich wird so ein team-, gruppen- und bereichsübergreifender fachlicher Austausch ermöglicht, der die Entwicklung und Umsetzung von fachlichen Standards in der Breite der Einrichtung fördert. Da oftmals eine vollständige Teilnahme aller MitarbeiterInnen nicht möglich ist, sollten die Gruppenleitungen sowie die weiteren Leitungsebenen zur Teilnahme verpflichtet werden. Sie können auf Grund ihrer Funktion in der Institution die Aufgabe der Multiplikation übernehmen und tragen so wesentlich zur Sicherung von Wissen und zum Transfer in die Praxis bei.

Für die Initiierung und Umsetzung von Praxisentwicklungsprozessen wurde es zudem als hilfreich eingeschätzt, wenn diese durch eine externe Moderation begleitet werden. Durch fachliche Anregungen von außen, können – losgelöst von bestehenden Alltagsroutinen – Impulse zur Förderung des Entwicklungsprozesses gesetzt werden.

Schaffung verbindlicher Arbeits- und Umsetzungsstrukturen innerhalb der Einrichtung

Gemeinsame Veranstaltungen mit einer externen Moderation reichen für die Initiierung eines Veränderungsprozesses zur Intensivierung der Zusammenarbeit mit Eltern nicht aus. Es muss darüber hinaus eine interne Arbeitsstruktur geschaffen werden, die die Konkretisierung von Ideen und Anforderungen gewährleistet, die im Rahmen der Workshops erarbeitet wurden. Außerdem braucht es Austausch- und Reflexionsorte zwischen den Workshops, um den Stand des Erarbeiteten kleinschrittiger zu überprüfen und ggf. Anpassungen vorzunehmen. Dies kann beispielsweise im Rahmen einer einrichtungsinternen Arbeitsgruppe stattfinden, die sich in regelmäßigen Abständen trifft. Um entwickelte Ideen verbindlich umzusetzen, hat es sich darüber hinaus bewährt, genaue Inhalte und Zeiträume zur Erprobung, Überprüfung und Anpassung zu vereinbaren. Dabei gilt das Motto: „Übung macht den Meister".

Erfahrungen und Erkenntnisse im Zuge der Erprobung gilt es anschließend zu sammeln und hinsichtlich Anpassungs- und Weiterentwicklungsbedarfen auszuwerten.

Darüber hinaus braucht es innerhalb der Einrichtung eine verlässliche Koordination, die den „roten Faden" im Prozess hält. Dies bedeutet, dafür Sorge zu tragen, dass konkrete Schritte in die angestrebte Zielrichtung gegangen und aufeinander abgestimmt werden. Praxisentwicklungsprozesse brauchen in diesem Sinne eine Steuerung, die entweder von einer Leitungskraft selbst wahrgenommen oder an eine entsprechend beauftragte Person delegiert wird. Diese Person muss dann auch mit den notwendigen Kompetenzen ausgestattet werden (z. B. Einberufen von Besprechungen, angemessene Verteilung von Aufgaben, erforderliche Ressourcen für Aufgabenerledigung erschließen, Überprüfung der Aufgabenerledigung).

Nicht in jedem einzelnen Schritt können alle Fach- und Leitungskräfte gleichermaßen beteiligt werden. So sind Formen der Arbeitsteilung notwendig, um in überschaubaren Zeiträumen und mit vertretbarem personellem Aufwand zu zielführenden Ergebnissen zu gelangen. Vor diesem Hintergrund gilt es zu beachten, dass alle Fach- und Leitungskräfte in ausreichendem Umfang über alle notwendigen Entwicklungsschritte und anstehenden Veränderungen zeitnah informiert werden. Dazu bedarf es entsprechender Informations- und Kommunikationswege, die entweder im Rahmen der bestehenden Strukturen genutzt werden oder aber eigens für den Praxisentwicklungsprozess vereinbart werden.

Zur inhaltlichen Ausgestaltung des Implementierungsprozesses

Die Implementierung neuer Handlungsvollzüge muss in einen umfassenderen Konzept- und Organisationsentwicklungsprozess eingebunden werden. Personenbezogene soziale Dienstleistungen vollziehen sich immer in einem Geflecht von Interaktionen und stellen somit ein prozesshaftes Geschehen dar. Um dieses zielorientiert zu verändern, braucht es eine entsprechende Anpassung des professionellen Handelns. Damit aber das gewonnene Wissen auf der Handlungsebene wirksam werden kann, müssen die zugrunde liegenden Konzepte und die handlungsleitenden Begründungszusammenhänge entsprechend weiterentwickelt werden. Dabei hat es sich als förderlich erwiesen, folgende Aspekte zu bearbeiten:

- ☐ Um möglichst passende Implementierungsprozesse für die eigene Einrichtung initiieren zu können, hat es sich als zielführend erwiesen, zunächst eine Bestandsaufnahme mit Fach- und Leitungskräften zur bisherigen Umsetzung der Zusammenarbeit mit Eltern im stationären Kontext durchzuführen. Dabei geht es immer auch um die Sondierung, welche gelingende Praxis erhalten bleiben soll und wo Fachkräfte aus ihren eigenen Erfahrungen heraus aktuell Entwicklungsbedarfe sehen. So kann die momentane Praxis Wertschätzung finden und Veränderungsprozesse können an Bewährtes anschließen.

- ☐ Inhaltliche Orientierung bieten die zentralen Schlüsselprozesse der Hilfe. Diese gilt es hinsichtlich der Beteiligung von Eltern und der Berücksichtigung ihrer Anliegen zu überprüfen und entsprechende Weiterentwicklungsbedarfe herauszuarbeiten. Wie mit diesem Praxishandbuch gezeigt, geht es dabei insbesondere um den Hilfebeginn, die Eingangsdiagnostik, die Hilfe- und Erziehungsplanung und die Gestaltung eines eigenständigen Arbeitsprozesses mit Eltern.

- ☐ Die identifizierten Entwicklungsbedarfe gilt es möglichst handlungsrelevant zu konkretisieren. Dazu ist es hilfreich, zunächst die Zielperspektive zu entwickeln und diese dahingehend auszuformulieren, wie sich das andere Handeln dann genau darstellt. Außerdem ist es förderlich, zunächst Teilziele zu formulieren und diese in kleine praxisorientierte Schritte herunter zu brechen. Insgesamt empfiehlt es sich, die Ziele nicht zu hoch zu stecken, damit sie in einem möglichst überschaubaren Zeitraum erreichbar sind und Erfolgserlebnisse möglich werden. Dabei sollten auch die aktuelle Gesamtsituation der Einrichtung sowie mögliche parallele Entwicklungsprozesse berücksichtigt werden.

- ☐ Zur Entwicklung von angemessenen Umsetzungsformen für die Zusammenarbeit mit Eltern hat es sich darüber hinaus bewährt, an gelingende Erfahrungen mit Eltern anzuknüpfen bzw. mit solchen Aktivitäten zu beginnen, die mit großer Wahrscheinlichkeit für Fachkräfte und Eltern zu Erfolgserlebnissen führen. In diesem Zusammenhang sind gerade auch gemeinsame Freizeitaktivitäten und Feste mit Eltern und den jungen Menschen als bedeutsam anzusehen. Dabei stehen das wechselseitige Kennenlernen und die Stärkung von Motivation zur Zusammenarbeit im Vordergrund.

☐ Zur Unterstützung konkreter Umsetzungsschritte kann es hilfreich sein, Methoden oder Instrumente zu entwickeln, die die fachlichen Standards präsent halten und das praktische Handeln leiten. Dies können beispielsweise Gesprächsleitfäden oder Checklisten sein. Aber auch die Erstellung von einheitlichen Vorlagen und die Vereinbarung von formalen Standards, wie bestimmte Schritte bearbeitet werden sollen, können in diesem Zusammenhang angemessen sein. Um die Kommunikation der entwickelten Elemente an möglichst alle Beteiligten sicherzustellen, hat es sich bewährt, die entwickelten Instrumente in einem „Methodenkoffer" zu sammeln, so dass fallbezogen darauf zurückgegriffen werden kann.

☐ Neben der Erarbeitung von Methoden und Instrumenten hat sich auch die Konkretisierung von Verfahrensschritten in zeitlichen Abläufen als zieldienlich erwiesen. So haben mehrere Einrichtungen im Verlauf des Projektes Standards zur Zusammenarbeit mit Eltern bei Hilfebeginn erarbeitet. Dazu gehörte die zeitliche Markierung von Elterngesprächen und Hausbesuchen ebenso wie die Fallberatung und Vorab-Info zum Hilfeplangespräch gegen Ende der Eingangsdiagnostik. Zur Überprüfung der verfügbaren Personalressourcen und Identifizierung von möglichen Optimierungsoptionen wurden zudem der Zeitaufwand für einzelne Formen der Zusammenarbeit mit Eltern ermittelt sowie die organisatorische Einbindung in bestehende Abläufe und die Dienstplanstruktur betrachtet. Hierüber konnte rechnerisch nachvollziehbar ausgelotet werden, in welchem Umfang eine systematische Zusammenarbeit mit Eltern in den gegebenen

167

Rahmenbedingungen realisiert werden kann. Zudem wurden fallbezogene Instrumente entwickelt, um Termine mit Eltern vorausschauend planen und im Dienstplan entsprechend berücksichtigen zu können.

Sicherstellung der Reflexion der Zusammenarbeit mit Eltern

Um Eltern mit ihren Bedarfen neben den jungen Menschen systematischer in den Blick zu bekommen, hat es sich als hilfreich erwiesen, Eltern gewissermaßen einen festen Platz im Rahmen von Teamsitzungen und Fallberatungen einzuräumen. Dies kann bedeuten, das Thema „Zusammenarbeit mit Eltern" als regelmäßigen Punkt auf die Tagesordnung der Teamsitzung zu nehmen. So kann ein regelmäßiger Austausch zu aktuellen Erfahrungen gewährleistet werden. Alternativ kann die Zusammenarbeit mit Eltern auch im Rahmen der Informationsrunde zu den einzelnen jungen Menschen betrachtet werden. Hierüber kann in jeder Teamsitzung eingeübt werden, Eltern und junge Menschen gleichermaßen in den Fokus der Hilfe zu stellen. Schließlich sind an dieser Stelle auch regelmäßige Fallbesprechungen bedeutsam, die ebenfalls nicht mehr nur die jungen Menschen in den Blick nehmen, sondern immer auch die Eltern und ihren spezifischen Beratungs- und Unterstützungsbedarf hinsichtlich der Wahrnehmung ihrer Erziehungsverantwortung.

Darüber hinaus können sich die Fachkräfte eines Teams wechselseitig bei der Einübung methodischer Aspekte oder auch in der Ausgestaltung einzelner Formen der Zusammenarbeit mit Eltern unterstützen. So etwa, wenn einzelne Gespräche zu zweit geführt werden oder neue KollegInnen hinsichtlich der Arbeit mit Eltern unterstützt werden. Hieraus entstehen Kooperationsmöglichkeiten, die bedarfsorientiert eher zur wechselseitigen Beratung oder auch zur gemeinsamen Durchführung von bestimmten Aufgaben mit Eltern genutzt werden können.

Notwendigkeit der Qualifizierung und Begleitung von Teams

Die Umsetzung einer familienunterstützenden Heimerziehung stellt an die Fachkräfte im Gruppendienst komplexe Anforderungen. Hier gilt es in jeder Einrichtung bezogen auf das einzelne Team und die einzelne Fachkraft zu klären, welche Qualifizierungsbedarfe vorliegen. Diese gilt es zum einen in der Fortbildungsplanung zu berücksichtigen. Als zentrale Themen haben sich dabei insbesondere Gesprächstechniken sowie Ansätze der systemischen Beratung herauskristallisiert. Diese können sowohl als gemeinsame interne Fortbildung als auch als individuelle Weiterbildungsmaßnahme realisiert werden. Zum anderen bedarf es unterschiedlicher Möglichkeiten der Reflexion und fachlichen Beratung. Supervision und Fachberatung sind dabei ebenso bedeutsam wie die Begleitung der Teams beispielsweise durch die Erziehungsleitung. So kann es hilfreich sein, wenn die Erziehungsleitung bzw. eine entsprechend qualifizierte, teamfremde Person das Team in der Durchführung von kollegialen Fallberatungen anleitet. Dies gilt umso mehr, wenn es möglich ist, neben der Methodenvermittlung über entsprechende Nachfragen auch fachliche Erkenntnisprozesse und die Ideenentwicklung zu Umsetzungsmöglichkeiten anzuregen.

Mit diesem Kapitel wurde eine Reihe von Aspekten aufgezeigt, wie Praxisentwicklungsprozesse hin zu einer familienunterstützenden Heimerziehung gefördert werden können. Damit diese ihre intendierte Wirkung erzielen können, bedarf es eines hohen Maßes an Verbindlichkeit in der Prozessgestaltung. Dazu kann zum einen die Verschriftlichung sämtlicher Vereinbarungen beitragen. Zum anderen ist es hierfür bedeutsam, den Praxisentwicklungsprozess soweit als möglich in die bestehenden Strukturen zur fachlichen Auseinandersetzung, Überprüfung und Weiterentwicklung der Arbeit zu integrieren. Je stärker sich der Praxisentwicklungsprozess in vertrauten Strukturen vollziehen kann, desto leichter kann Akzeptanz für die damit verbundenen Veränderungen gewonnen werden. Werden darüber hinaus sämtliche Entwicklungsschritte regelmäßig reflektiert, kann aus der Implementierung einer systematischen Zusammenarbeit mit Eltern im stationären Kontext ein umfassender Qualitätsentwicklungsprozess in der Heimerziehung angestoßen und befördert werden. Dies gilt umso mehr angesichts der hohen Bedeutung allgemeiner fachlicher Standards für eine zielorientierte Umsetzung der Zusammenarbeit mit Eltern.

5. Zielgruppenspezifische Anforderungen an die Arbeit mit Eltern

In der Diskussion mit Fach- und Leitungskräften der projektbeteiligten Einrichtungen stellte sich immer wieder die Frage, inwieweit die Erkenntnisse zur Zusammenarbeit mit Eltern mit allen Familien gleichermaßen Gültigkeit haben oder aber je nach Fallkonstellation Unterschiede zu beachten sind. Dieser Frage wurde entlang von drei Themen nachgegangen, die sich in der Praxis als besonders brisant erwiesen bzw. im Zuge der Evaluation besondere Fragen aufwarfen. Diese Themen sind:

□ Zusammenarbeit mit Eltern in Fällen von Kindeswohlgefährdung

□ Zusammenarbeit mit psychisch kranken Eltern

□ Zusammenarbeit mit Eltern jugendlicher Mädchen

Zur Bearbeitung dieser Themen wurden zum einen Daten aus der Zielgruppenanalyse sowie der Befragung der Eltern und jungen Menschen genutzt (alle beendeten Hilfen im Zeitraum zwischen 30.06.2007 und 30.06.2009 sowie alle laufenden Hilfen am 30.06.2009 in den projektbeteiligten Gruppen (n = 693 Fälle)). Darüber hinaus wurden so genannte Einzelfallrekonstruktionen durchgeführt, die eine genauere Betrachtung von Fallverläufen aus der Perspektive aller Beteiligten (junger Mensch, Eltern, Fachkräfte der Einrichtung und des Jugendamtes) ermöglichen. Hierzu wurde von jeder Einrichtung ein Fall ausgewählt, in dem eines der drei benannten Themen relevant war. Eine gleichmäßige Verteilung auf alle drei Themen wurde berücksichtigt. Für jede Einzelfallrekonstruktion wurden vier Telefoninterviews durchgeführt (junger Mensch, Eltern (meist Mutter), BezugserzieherIn, zuständige ASD-Fachkraft).

Nach Auswertung der Interviews wurden die Ergebnisse im Rahmen eines Fachtages vorgestellt und unter Beteiligung aller zwölf Einrichtungen diskutiert. Darüber hinaus haben einzelne Einrichtungen ausgewählte Themen in Workshops vertiefend bearbeitet. Die auf dieser Basis gewonnenen Ergebnisse werden nachfolgend vorgestellt. Zunächst werden die relevanten fachlichen Hintergründe aufgezeigt, bevor die zentralen Erkenntnisse beschrieben werden. Jedes Thema mündet schließlich in Anforderungen an die praktische Umsetzung der Zusammenarbeit mit Eltern in diesen besonderen Konstellationen.

5.1 Zusammenarbeit mit Eltern in Fällen von Kindeswohlgefährdung[5]

Bei einem nicht unerheblichen Anteil der Hilfen im stationären Kontext sind Kinderschutzfragen relevant. So begründen entsprechende Risiko- und Gefährdungseinschätzungen oftmals die Notwendigkeit einer stationären Unterbringung. Entsprechend kennzeichnet das Bestehen einer Kindeswohlgefährdung in vielen Fällen bereits den Hilfebeginn. In anderen Fällen können Fragen nach dem Vorliegen einer Kindeswohlgefährdung im Verlauf der stationären Hilfe auftreten, die es dann entsprechend fachlicher Standards zu klären gilt.

Die Daten der durchgeführten Zielgruppenanalyse geben Hinweise zur Relevanz des Themas im Kontext stationärer Hilfen. Zwar wurde in diesem Rahmen nicht explizit nach dem Vorliegen der Kriterien nach § 1666 BGB bzw. § 8a SGB VIII gefragt, jedoch sind inhaltliche Näherungen an das Thema über die Daten möglich. So zeigen die Ergebnisse, dass in 41 % der Fälle eine Inobhutnahme Ausgangspunkt der stationären Hilfe war, was auf eine krisenhaft zugespitzte Situation schließen lässt. Hinsichtlich der benannten Problemindikationen (Mehrfachnennungen waren möglich) auf Seiten der

---

[5] Autorin des Kapitels 5.1: Marion Moos

Eltern wurde benannt, dass in 29 % der Fälle eine mangelnde Sicherstellung der Grundbedürfnisse des Kindes, in 25 % der Fälle ein nicht altersgemäßer Umgang mit den Bedürfnissen des Kindes, in 14 % der Fälle (der Verdacht auf) gewalttätiges Verhalten gegenüber Kindern sowie in 6 % der Fälle (der Verdacht auf) sexuellen Missbrauch zur stationären Unterbringung geführt hat. Diese Nennungen allein lassen zwar nicht automatisch auf das Vorliegen einer Kindeswohlgefährdung schließen, sie geben aber Hinweise auf Problemlagen, die oftmals bei Kindeswohlgefährdung maßgeblich sind. Als weiterer Hinweis kann angeführt werden, dass in 12 % der Fälle das Sorgerecht für den jungen Menschen beim Jugendamt lag.

In der Auseinandersetzung mit zielgruppenspezifischen Anforderungen in der Zusammenarbeit mit Eltern im Rahmen der Heimerziehung wurde deutlich, dass in Fällen von Kindeswohlgefährdungen zum einen spezifische Rahmenbedingungen in der Ausgestaltung der Elternarbeit zu beachten sind. Zum anderen zeigte sich aber auch, dass die Arbeit mit Eltern in solchen Fallkonstellationen vielfach mit Fragen und Unsicherheiten auf Seiten der Fachkräfte verbunden ist. Aus diesen Gründen wurde die Zusammenarbeit mit Eltern in Fällen von Kindeswohlgefährdung als ein Vertiefungsthema im Rahmen der Einzelfallrekonstruktionen ausgewählt und bearbeitet.

Ausgewählt wurden vier Fälle in vier verschiedenen Einrichtungen, in denen eine Kindeswohlgefährdung zur stationären Unterbringung geführt hat. Vorgesehen war, dass mit jeweils mindestens einem Elternteil, dem jungen Menschen, dem/der BezugserzieherIn sowie der zuständigen ASD-Fachkraft ein Interview geführt wird, um die verschiedenen Perspektiven beleuchten zu können. Leider konnte eine Mutter letztendlich doch nicht für ein Interview gewonnen werden, so dass lediglich auf drei Interviews mit Müttern Bezug genommen werden kann. Zudem waren in zwei Fällen die Kinder zum Zeitpunkt des Interviews zu jung. Die beiden anderen Interviews mit Jugendlichen wurden zwar geführt, allerdings waren die Aussagen hinsichtlich der hier bearbeiteten Fragestellungen leider nicht verwertbar, so dass die Perspektive der jungen Menschen in den folgenden Ausführungen nicht aufgegriffen werden kann.

Bevor auf die besonderen Herausforderungen in der Zusammenarbeit mit Eltern in Fällen von Kindeswohlgefährdung sowie auf die Ergebnisse aus der Analyse der Fälle eingegangen wird, werden vorausgehend die Kriterien zum Vorliegen einer Kindeswohlgefährdung kurz skizziert und die rechtlichen Vorgaben zur Zielperspektive der Zusammenarbeit mit Eltern beschrieben.

5.1.1 Kriterien zur Einschätzung einer Kindeswohlgefährdung und Zielperspektive der Zusammenarbeit mit Eltern

Die im Folgenden vorgestellten rechtlichen Vorgaben bilden jeweils den Bezugspunkt der Einschätzung einer Kindeswohlgefährdung. Diese generellen Kriterien müssen jedoch immer mit einem fallbezogenen Einschätzungsprozess verknüpft werden. Für diesen Einschätzungsprozess sind Verfahrensstandards definiert, die ebenfalls kurz vorgestellt werden.

Definition Kindeswohlgefährdung

Eine Kindeswohlgefährdung liegt nach § 1666 Abs. 1 BGB vor, wenn ein Verhalten von Eltern in einem solchen Ausmaß in Widerspruch zu körperlichen, geistigen, seelischen oder erzieherischen Bedürfnissen eines Kindes oder Jugendlichen steht, dass mit ziemlicher Sicherheit eine erhebliche Beeinträchtigung der Entwicklung des Kindes droht. Drei Erfordernisse kommen in diesem Zusammenhang somit zusammen und sind in der Einschätzung zu unterscheiden:

1. die gegenwärtig vorhandene Gefahr

2. die Erheblichkeit der Schädigung

3. die Sicherheit der Vorhersage

Als weitere Voraussetzung zum Vorliegen einer Kindeswohlgefährdung muss gegeben sein, dass die Eltern nicht bereit oder in der Lage sind, die Gefährdung abzuwenden.

Da die Einschätzung einer Kindeswohlgefährdung prinzipiell kein beobachtbarer Sachverhalt, sondern ein rechtliches und normatives Konstrukt ist, braucht es Verfahrensstandards im Einschätzungs- und Abwägungsprozess. So ist im § 8a SGB VIII festgeschrieben, dass gewichtige Anhaltspunkte für die Gefährdung des Wohls eines Kindes/Jugendlichen im Zusammenwirken mehrerer Fachkräfte einzuschätzen sind. In diesem Zusammenhang sind methodisch strukturierte Fallberatungen mit einer entsprechenden Dokumentation des Abwägungsprozesses sowie den daraus gewonnenen Schlussfolgerungen von großer Bedeutung.

Zudem werden im § 8a SGB VIII auch rechtliche Vorgaben gemacht, wie zu verfahren ist, wenn im Hilfeverlauf, also während der stationären Maßnahme, Hinweise einer möglichen Kindeswohlgefährdung deutlich werden. So sind zwischen öffentlichem und freiem Träger Vereinbarungen zu schließen, dass Fachkräfte der Einrichtung den Schutzauftrag wahrnehmen und dass bei der Abschätzung des Gefährdungsrisikos eine insoweit erfahrene Fachkraft hinzuzuziehen ist. Die Abschätzung des Gefährdungsrisikos bedeutet für die Einrichtung an dieser Stelle insbesondere die Abwägung, ob eine Meldung an das Jugendamt zu erfolgen hat oder ob die Gefährdung mit eigenen Ressourcen vermindert oder abgewendet werden kann. Neben der Schnittstelle zum öffentlichen Träger ist aus Perspektive der Einrichtungen zudem die Beteiligung der jungen Menschen und ihrer Eltern an der Risiko- und Gefährdungseinschätzung ein wichtiges Verfahrensmerkmal.

Die fallbezogene Risiko- und Gefährdungseinschätzung ist Teil der sozialpädagogischen Diagnostik, weil es nicht um eine bloße Einschätzung einer akuten (Gefahren-)Situation geht, sondern immer auch um eine Prognose der weiteren Entwicklung. Es gilt einzuschätzen, welche Folgen ein Fortbestand einer bestimmten Lebenssituation für das Kind haben würde. Es ergeben sich zwar aus beobachtbaren Sachverhalten (gewichtige) Anhaltspunkte für eine Kindeswohlgefährdung. Inwieweit diese aber tatsächlich das Potenzial einer Gefährdung für das jeweilige Kind in seiner konkreten Lebenssituation darstellen, ist in einem entsprechend fachlich nachvollziehbaren Prozess einzuschätzen.

Aufbau einer Hilfebeziehung als Zielperspektive der Zusammenarbeit mit Eltern

In der rechtlichen Kommentierung des § 8a SGB VIII (Münder 2006) sind explizit Ausführungen aufgenommen, die auf das Einbeziehen der Familien im Kontext von Kindeswohlgefährdungen eingehen, die auch die grundsätzliche Rahmung der Arbeit im stationären Kontext verdeutlichen.

So ist oberstes Ziel der Hilfe, dass Eltern im Kontext einer Kindeswohlgefährdung darin unterstützt werden, selbst die Gefahr für ihr Kind abzuwenden. Denn der Schutz des Kindes vor Gefahren für sein Wohl obliegt zunächst den Eltern. Dies entspricht der im Grundgesetz (Art. 6 Abs. 2 Satz 1 GG) festgeschriebenen Priorität, dass „Pflege und Erziehung das natürliche Recht der Eltern und die zuvörderst ihnen obliegende Pflicht" sind.

Damit eine solche Unterstützung im Kontext der Hilfen zur Erziehung erfolgen kann, ist der Aufbau einer Hilfebeziehung von großer Bedeutung. Dazu sind Eltern und junge Menschen vom Prozess der Risikoabschätzung bis zu Fragen der Ausgestaltung der Hilfe prinzipiell zu beteiligen. „Auch bei gewichtigen Anhaltspunkten für eine Kindeswohlgefährdung sind die Personensorgeberechtigten daher grundsätzlich in die Abschätzung des Risikos und die Abwendung einer Gefährdung einzubeziehen. Sie sind zu beraten und zu unterstützen, damit sie kompetent und eigenverantwortlich Entscheidungen zum Wohl ihres Kindes treffen können. Das Prinzip der Hilfe zur Selbsthilfe beansprucht aus fachlichen wie (grund)rechtlichen Gründen auch im Kinderschutz Geltung. Wie bei der Hilfeplanung sind allerdings nicht nur die Eltern, sondern auch Kinder und Jugendliche mitgestaltende Subjekte des Hilfeprozesses. Sie sollen als solche einbezogen und nicht als Objekte elterlicher Erziehungsverantwortung wahrgenommen werden" (Münder 2006, § 8a RZ 19).

Im Zuge der Risikoeinschätzung bzw. im Anschluss daran, muss die Fachkraft somit „auf die Eltern, das Kind/den Jugendlichen zugegangen sein, um im Kontakt mit ihnen/ihm die bisherige Bewertung zu besprechen und zu überprüfen sowie auf die erforderlich gehaltenen weitergehenden Hilfen hinzuwirken" (Meysen 2008, S. 28). Falls die angenommenen Hilfen nicht ausreichend erscheinen, um die Gefährdung abzuwenden, ist das Jugendamt von Seiten der Einrichtung zu informieren. Grundsätzlich erfolgt dies evtl. gegen den Willen der Eltern, aber nicht ohne deren Wissen. Eine Ausnahme von der Einbeziehung der Personensorgeberechtigten oder Kinder bzw. Jugendlichen sieht Abs. 1 Satz 2 nur dann vor, wenn dadurch der wirksame Schutz des Kindes oder Jugendlichen in Frage gestellt wird.

Die grundsätzlichen Anforderungen an die Zusammenarbeit mit Eltern im stationären Kontext unterscheiden sich in Fällen von Kindeswohlgefährdung somit nicht von den generellen Zielperspektiven der Arbeit mit Müttern und Vätern in den Hilfen zur Erziehung. Ebenso bestehen die rechtlichen Verpflichtungen gemäß § 37 SGB VIII zur Zusammenarbeit mit Eltern im Rahmen der Heimerziehung unabhängig von Sorgerechtsfragen. Auch Eltern mit (teilweise) entzogenem Sorgerecht sollen im Rahmen der Hilfe eingebunden werden. Allerdings sind die jeweiligen Rahmenbedingungen der Zusammenarbeit so auszugestalten, dass weitere Schädigungen des Wohls des Kindes ausgeschlossen werden können. Anforderungen der Hilfe für Eltern müssen somit unter Wahrung der Schutzbedürfnisse des Kindes umgesetzt werden. Welche besonderen Notwendigkeiten sich diesbezüglich in der Arbeit zeigen, wird im Folgenden beleuchtet.

5.1.2 Notwendigkeiten in der Zusammenarbeit mit Eltern in Fällen von Kindeswohlgefährdung

Neben den grundsätzlich gleichen Zielperspektiven in der Zusammenarbeit mit Eltern in Fällen von Kindeswohlgefährdung verweisen die Voraussetzungen zum Vorliegen einer Kindeswohlgefährdung auf besondere Anforderungen in der Zusammenarbeit. So ist in diesen Fällen eine Gefahr für das Wohl des Kindes latent oder akut gegeben und die betroffenen Eltern sind aktuell nicht bereit oder in der Lage, selbst die Gefährdung abzuwenden. Spezifische Voraussetzungen, die in einer Vielzahl von Fällen zu solch einer Situation führen bzw. damit einhergehen, werden im Folgenden beleuchtet.

Vielfach belastete Familien

In der Arbeit mit Familien in Fällen von Kindeswohlgefährdung zeigen sich oft komplexe Problemlagen, die zur aktuellen Situation geführt haben. So ist die Lebenssituation zumeist in mehreren Bereichen problematisch bzw. belastend. Oftmals kumulieren verschiedene Risikofaktoren. So zeigt sich, dass z. B. psychische Erkrankungen, Sucht, Partnerschaftskonflikte, Armut oder Schulden in diesen Familien vielfach eine Rolle spielen (vgl. Reinhold/Kindler, Kapitel 18, 2006). Diese Problematiken verweisen zugleich auf Themen, die die Erziehungsbedingungen in der Familie beeinflussen, die allerdings im engen Sinn nicht im Rahmen der Jugendhilfe bearbeitet werden können. Hier benötigen Eltern auf anderer Ebene Unterstützung, um ihre Lebenssituation insgesamt verändern zu können. Teilweise sind solche Veränderungen allerdings Voraussetzung, um wieder verstärkt für das Wohl des Kindes sorgen zu können. Im Rahmen der stationären Hilfe kann in der Zusammenarbeit mit Eltern lediglich dafür geworben bzw. können Freiräume eröffnet werden, andere Hilfe- und Unterstützungsangebote wahrzunehmen. Übergänge können ggf. begleitet werden. Die Herausforderung für Fachkräfte besteht in diesem Zusammenhang oftmals darin, in der Vielfalt der problematischen Aspekte Prioritäten zu setzen und den Blick der Eltern in der schwierigen Gesamtsituation auf die Bedürfnisse des Kindes zu lenken.

Zudem erfahren vernachlässigende Familien oft wenig positive Unterstützung durch ihre eigene Familie bzw. ihr soziales Umfeld. Viele leben isoliert und haben wenige Möglichkeiten, auf Ressourcen aus ihrem unmittelbaren Umfeld zurückzugreifen. Teilweise bestimmen fatalistische Lebensgrundhaltungen die Weltsicht, so dass aus Perspektive der Eltern auch wenig Hoffnung auf Veränderung besteht. Durch die komplexe Situation besteht für das Helfersystem teilweise die Gefahr einer „Symptomansteckung", da die Lebenssituation der Familie vielschichtig ist und mögliche Ansatzpunkte zur Veränderung teilweise erst mühsam und sehr kleinschrittig erarbeitet werden müssen.

Fehlendes Bewusstsein für die Bedürfnisse des Kindes und mangelnde Problemeinsicht

Neben den vielfältigen Belastungen in Fällen von Kindeswohlgefährdung zeigt sich häufig, dass Mütter/Väter in diesen Kontexten (zeitweise) nicht in der Lage sind, auf die Bedürfnisse des Kindes adäquat einzugehen. Durch die eigene problembelastete Situation bzw. durch den Mangel an positiv besetzten Bildern des Elternseins fehlt kindeswohlgefährdenden Eltern oftmals die Sensibilität, die Bedürfnisse ihrer Kinder wahrzunehmen und auf diese einzugehen.

Auch gibt es in vielen Familien generationsübergreifende Vernachlässigungs- oder Gewalterfahrungen, so dass negative persönliche Erfahrungen an die eigenen Kinder weitergegeben werden. Diese Elternteile haben somit selbst belastende Erfahrungen mit Misshandlung, Vernachlässigung oder Missbrauch in der eigenen Kindheit erlebt.

„Es wurde auch behandelt, dass die Mutter selbst in der Kindheit misshandelt worden sei und dass daraus so natürlich eine gewisse emotionale Einstellung zu der körperlichen Gewalt besteht. Dass es ein adäquates Erziehungsmittel ist und doch dass man sich nicht mehr beherrschen kann." (ASD_9_55)

Eltern fehlen in diesen Zusammenhängen die Vorstellung oder die Möglichkeit alternative Handlungsoptionen gegenüber ihrem Kind zu realisieren, da entsprechende Bilder und/oder Umsetzungsstrategien fehlen bzw. aktuell nicht zugänglich sind. Dies führt dazu, dass die Einsicht bzgl. der problematischen Auswirkungen des elterlichen Verhaltens auf das Kind/den Jugendlichen oft nicht gesehen werden können. Die gemeinsame Verständigung und Einschätzung dazu, was die Gefährdung für den jungen Menschen ausmacht und warum ein bestimmtes Verhalten der Eltern als problematisch eingeschätzt wird, muss zwischen Fachkräften und Eltern in solchen Fällen dann erst erarbeitet werden. Solange dies nicht gelingt, sind Ansatzpunkte einer veränderungsorientierten Zusammenarbeit oftmals nur begrenzt gegeben. Unterschiedliche Definitionen der Situation bestimmen dann in der Regel das Miteinander.

„Dieses fehlende Problembewusstsein bei den Eltern oder den Sorgeberechtigten, in dem Fall halt die Frau E. und das macht es immer so schwierig da weiterzukommen oder auf einen gemeinsamen Nenner zu kommen, das ist dann letztendlich so in der Auseinandersetzung auch bei Gericht, weil die Sichtweisen so unterschiedlich sind und es einfach an der Bereitschaft oder an der Fähigkeit fehlt, sich so in die Situation der Kinder und deren Perspektive rein zu versetzen." (ASD_11_243)

Unterschiede in der Einschätzung des Problems können nicht nur darin begründet sein, dass das problematische Verhalten gar nicht als solches erkannt wird, sondern auch darin wie gravierend die Auswirkungen der Situation/des Verhaltens eingeschätzt werden.

„Sie sieht es längst nicht so problematisch. Sie sieht es nicht aus der Rolle eines Erwachsenen heraus, sondern, es hängt auch mit ihrer Geschichte zusammen. Ich glaube, sie ist so eher die ältere Schwester und von daher die Problematik so nicht sieht. Sie sagt zwar, es ist ihr zu viel, aber ich glaube, es fällt ihr einfach schwer, das so zu sehen. Ein Empfinden dafür zu haben." *(Bezugserzieher_8_158)*

Zu Beginn der Zusammenarbeit ist es somit oftmals erforderlich, sich der Problemeinschätzung bzgl. der gefährdenden Aspekte (schrittweise) anzunähern, um weiterführende Ansatzpunkte herausarbeiten zu können.

Unterschiedliche Wert- und Normvorstellungen
zwischen Eltern und Fachkräften

Neben der häufig fehlenden Sensibilität in der Wahrnehmung und Befriedigung der Bedürfnisse des Kindes von Seiten der Eltern gibt es gerade in Fällen von Kindeswohlgefährdung zudem oftmals unterschiedliche Bezugspunkte in der Ausrichtung der Erziehung. Fachkräfte und Eltern können sehr unterschiedliche Wert- und Normvorstellungen haben, die als Bezugspunkte für Entscheidungen und Begründungen dienen. Hier ist es erforderlich zu unterscheiden, inwiefern ein bestimmtes Verhalten von Seiten der Eltern für das Wohl des Kindes als (potenziell bzw. perspektivisch) gefährdend oder das Erziehungshandeln als noch ausreichend eingeschätzt wird. Dabei ist auch zu differenzieren, was pädagogisch wünschenswert, aber nicht als zwingend notwendig anzusehen ist. Im ersten Fall treten Fachkräfte somit gegenüber Eltern normgebend auf. Im noch ausreichenden Kontext besteht die Herausforderung darin, die Grenzen zur Gefährdungssituation zu benennen und im Blick zu behalten, auf Konsequenzen des Überschreitens dieser Grenze hinzuweisen sowie Hilfsangebote zu machen, um die Situation zu verbessern. In Zusammenhängen des pädagogisch Wünschenswerten ist Eltern der Spielraum zuzugestehen, die Erziehung nach ihren Vorstellungen zu gestalten. Diese Grenzen sind nicht immer eindeutig zu beschreiben, allerdings ist es bedeutsam sich der zugrunde liegenden Frage reflexiv zu nähern, um begründet professionell entscheiden zu können, welche verbindlichen Vorgaben im Umgang mit dem Kind durchgesetzt werden müssen und welche Entscheidungen weiter im Ermessen der Eltern verbleiben können.

Der Umgang mit diesem Spannungsfeld ist für Fachkräfte herausfordernd, da Fragen bzgl. des Wohls des Kindes eben nicht immer situationsbezogen im konkreten Alltagshandeln eindeutig zu entscheiden sind und der Aufbau einer positiv besetzten Hilfebeziehung zu den Eltern als Zielperspektive der Arbeit gleichberechtigt Gültigkeit hat. Die Balance zwischen Sicherstellung des Wichtigen und Notwendigen für den jungen Menschen und dem Gewinnen der Eltern für eine Zusammenarbeit muss im Einzelfall situationsbezogen immer wieder neu gefunden werden. Anforderungen der Hilfe und Kontrolle gilt es hier klassisch miteinander zu vereinen. Fachkräfte sind im Sinne des doppelten Mandats gleichzeitig für das Wohl und den Schutz des Kindes zuständig wie auch für die Sicherstellung von Hilfe und Unterstützung für die Eltern.

Darüber hinaus kann das Wissen um die Begebenheiten, die zur Kindeswohlgefährdung geführt haben, auf Seiten der Fachkräfte bewirken, dass es für sie teilweise emotional schwierig ist, sich dem Elternteil/den Eltern im Rahmen der Zusammenarbeit zu nähern. Vor allem in gravierenden Fällen von Kindeswohlgefährdung (z. B. schwere Misshandlungen/Missbrauch) kann eine starke Betroffenheit auf Seiten der Fachkräfte entstehen, die erst einmal wenig Raum für ein produktives Zugehen auf das Elternteil/die Eltern lässt. In Fällen von Kindeswohlgefährdungen können Fachkräfte so in besonderem Maße mit ihren persönlichen Einstellungen und Grenzen konfrontiert werden, sowohl was einzelne Grundfragen der Erziehung angeht, als auch der Umgang mit Müttern und Vätern. Vor diesem Hintergrund gewinnt die verstärkte Reflexion der fachlichen, aber auch persönlichen Grenzen an besonderer Bedeutung, um den je spezifischen Anforderungen gerecht werden zu können bzw. im Team gemeinsam nach tragfähigen Lösungen für die Zusammenarbeit mit der jeweiligen Familie zu suchen.

Vor dem Hintergrund der beschriebenen Herausforderungen soll im Folgenden auf die spezifische Ausgangssituation im stationären Kontext eingegangen werden, um daran anschließend Handlungsstrategien für den Bereich der Heimerziehung ableiten zu können.

5.1.3 Spezifische Anforderungen zu Hilfebeginn in Fällen von Kindeswohlgefährdung

Wie bereits aufgezeigt, liegt in einer Vielzahl von Fällen im stationären Kontext zu Hilfebeginn die Einschätzung einer Kindeswohlgefährdung vor. Das heißt, das Jugendamt ist im diagnostischen Prozess der Risiko- und Gefährdungseinschätzung zur Bewertung gekommen, dass eine akute oder latente Form der Kindeswohlgefährdung vorliegt. Die Schädigung mindestens eines Kindes der Familie ist somit bereits eingetreten bzw. mit hoher Wahrscheinlichkeit zu erwarten und die Gefahr kann aktuell nicht von Seiten der Eltern abgewendet werden. In einem Teil dieser Fälle, erfolgt die Zustimmung der Eltern zur stationären Hilfe im Einschätzungsprozess der Kindeswohlgefährdung. Dies kann als ein Schritt zur Abwendung der Gefahr für ihr Kind gewertet werden. Durch die Annahme der Hilfe tragen die Eltern zur Veränderung der Situation bei. Davon zu unterscheiden sind Fälle, in denen Eltern erst durch familiengerichtliche Eingriffe dazu verpflichtet werden Hilfe anzunehmen.

Die folgenden Ausführungen zur Zusammenarbeit mit Eltern konzentrieren sich auf Fälle, bei denen der Einschätzungsprozess bereits zum Ergebnis gekommen ist, dass eine Kindeswohlgefährdung vorliegt. Tauchen Hinweise einer Kindeswohlgefährdung im Fallverlauf auf, so ist zunächst dieser Abschätzungsprozess vorzunehmen, bevor nachfolgende Schritte relevant werden. Dazu sei auf die beschriebenen Vorgehensweisen nach den Vereinbarungen im Sinne des § 8a SGB VIII zwischen öffentlichem und freiem Träger verwiesen.

Notwendigkeit der Rahmung der Hilfe durch das Jugendamt

In Fällen, in denen das Vorliegen einer Kindeswohlgefährdung Ausgangspunkt der stationären Hilfe ist, ist eine entsprechende Rahmung an der Schnittstelle zum Jugendamt zu Hilfebeginn diesbezüglich besonders wichtig. Die Weitergabe der relevanten Hinweise und Schlussfolgerungen aus der Risiko- und Gefährdungseinschätzung des Jugendamtes ist spätestens zum Aufnahmezeitpunkt von zentraler Bedeutung, damit für die Fachkräfte der Einrichtung zu Beginn der Arbeit mit der Familie alle relevanten Informationen vorliegen. Wesentliche diesbezügliche Angaben sind:

☐ Beschreibung, worin die Gefahr im konkreten Fall besteht,

☐ Informationen hinsichtlich bereits erfolgter Schädigungen des Kindes/Jugendlichen,

☐ Einschätzungen zur Fähigkeit und Bereitschaft der Eltern die Gefahr selbst abzuwenden

☐ sowie Hinweise zur Problemakzeptanz von Seiten der Eltern.

Darüber hinaus sollten vor allem auch bereits bestehende Auflagen und umgangsrechtliche Einschränkungen zu Hilfebeginn für alle Beteiligten noch einmal explizit benannt und festgehalten werden, da diese den Rahmen zur Ausgestaltung der Zusammenarbeit mit den Eltern bilden.

Aushandlungsprozesse mit Eltern finden lediglich innerhalb dieses gesteckten Rahmens statt, solange das Gefährdungspotenzial weiterhin besteht. Um diese normgebenden Aspekte im Sinne von Auflagen und evtl. bestehenden Einschränkungen im Umgangs- oder Sorgerecht für alle am Hilfeprozess Beteiligten deutlich zu machen und als Ausgangspunkt der Hilfe zu markieren, ist in Fällen von Kindeswohlgefährdung ein Hilfeplangespräch bei Aufnahme des jungen Menschen in die Einrichtung besonders empfehlenswert.

Neben Auflagen und Anforderungen von Seiten des Jugendamtes zur Sicherstellung des Kindeswohls sollten auch ggf. Kontrollaufträge für die Einrichtung in diesem Zusammenhang benannt werden. Als weiterer inhaltlicher Aspekt sollten Eltern die Rolle und Vorgehensweise der Einrichtung erläutert werden, so dass für Eltern der doppelte Auftrag des Schutzes des Kindes bei gleichzeitiger Hilfe für die Eltern deutlich werden kann.

Auch kann die Information an Eltern, welche Mitteilungen seitens der Einrichtung ans Jugendamt weitergegeben werden, bereits zu diesem Zeitpunkt sehr hilfreich sein, um spätere Irritationen größtmöglich zu vermeiden. Darüber hinaus sollten gerade in Fällen von Kindeswohlgefährdung explizite Aussagen und Einladungen zur Zusammenarbeit an Eltern im Rahmen der Hilfe ausgesprochen werden, um den Aufbau einer produktiven Hilfebeziehung zu unterstützen.

Zudem ist es bedeutsam, für die Zeit der Hilfeeingangsphase explizite Vereinbarungen zur Kontaktgestaltung zwischen Kind und Eltern zu treffen. In der Klärung angemessener Möglichkeiten der Eltern-Kind-Kontakte im Heim liegen wichtige Anknüpfungspunkte für die weitere Arbeit der Einrichtung. Außerdem sollte – wenn möglich – bereits transparent gemacht werden, unter welchen Voraussetzungen diese verändert und wann diesbezüglich neue Vereinbarungen getroffen werden können.

Die klare Rahmung durch die Einschätzungen des Jugendamtes markiert den Ausgangspunkt der stationären Hilfe. Eine eigenständige Einschätzung von Seiten der Einrichtung hinsichtlich der Möglichkeiten und Grenzen der Zusammenarbeit mit Eltern muss in der ersten Phase des Hilfeprozesses erarbeitet werden. Über diesen Einschätzungs- und Arbeitsprozess können dann je nach Voraussetzungen im Fall weitergehende Vereinbarungen zur Zusammenarbeit mit Eltern getroffen werden.

Erarbeitung einer eigenen Situationseinschätzung im stationären Kontext

Die stationäre Unterbringung des gefährdeten jungen Menschen kann bereits durch die räumliche Trennung von Eltern und Kind grundlegende Einflüsse, die zur Gefährdung geführt haben, ausschließen bzw. minimieren. So können sich (Teil-)Aspekte der Kindeswohlgefährdung aufheben, da die Versorgung des Kindes, eine Alltags- und Regelstruktur, eine angemessene Förderung etc. erst einmal sichergestellt sind. Dieser veränderte Rahmen verweist aber auch auf eine strukturelle Herausforderung für die Einrichtung in der eigenständigen Erarbeitung einer Einschätzung potenzieller Risiko- und Gefährdungssituationen.

Aufgrund des fehlenden Alltagskontextes von Eltern und Kind ist es wichtig, hierfür spezifische Rahmenbedingungen zu schaffen, um entsprechende Aussagen gewinnen zu können. In der getrennten Situation von Eltern und Kind sind bestimmte Aspekte nicht erleb- und beschreibbar.

„Es ist insofern schwierig, weil die Kindeswohlgefährdung können wir dann gar nicht mehr so abschätzen, weil die Kinder ja weg sind. Also dieser Punkt, der zu der Kindeswohlgefährdung geführt hat, den kann man realistisch gar nicht mehr austesten, sage ich mal, man ist immer nur auf das Reden von Eltern angewiesen und die beschönigen ja ihre Sachen. Aber wenn die Kinder nicht direkt mit im Haushalt sind, dann kann man nur auf die Aussagen zurückgreifen, man kann da nichts beobachten." (Bezugserzieher_11_207)

Um diesem „nicht abschätzen können" zu begegnen, ist es wichtig, dass gerade in der ersten Zeit der Unterbringung Kontexte geschaffen werden, in denen Fachkräfte Eltern im Umgang mit ihrem Kind unmittelbar erleben und beobachten können. Solche Begebenheiten können dadurch geschaffen werden, dass Eltern in Fällen von Kindeswohlgefährdung Kontakte mit ihren Kindern erst einmal innerhalb der Einrichtung wahrnehmen und eine Fachkraft während diesen Zeiten zugegen ist.

Es entsteht ein neuer Kontext, der auch neue Ansätze zur Zusammenarbeit mit den Eltern eröffnen kann. Gerade bei sehr zugespitzten Situationen zwischen Fachkräften des Jugendamtes und Eltern besteht die Chance, dass durch die Fachkräfte der Einrichtung ein eigenständiger Zugang zur Familie aufgebaut werden kann, der für eine Akzeptanz der Hilfe förderlich ist. Auch sind Gespräche mit Müttern/Vätern in dieser Zeit zentral, um aus Perspektive der Eltern zu hören, inwiefern Problemeinsicht und Hilfeakzeptanz gegeben sind und durch die Unterbringung evtl. die Bereitschaft gewachsen ist, die Gefahren für das Wohl des Kindes selbst abwenden zu wollen.

„Von unserer Seite war es so, dass wir die Mutter zu Beginn sehr viel be-obachtet haben. Die Mutter war in der Einrichtung selber mit den Kindern nicht allein. Sie hat zwar übernachtet bei uns, aber wir haben ganz viel be-obachtet, ganz viel Anleitung und 14-tägig fanden Elterngespräche statt." (Bezugserzieher_10_50)

Bestimmte Einschätzungen einer potenziellen Gefährdungssituation kön-nen oftmals nur durch ein solches Vorgehen gewonnen werden. Fallbezogen muss somit jeweils beurteilt werden, welche Rahmenbedingungen es zu Hil-febeginn, aber auch im weiteren Hilfeprozess braucht, um sich angemessen der Frage nähern zu können, welche Formen der Kontaktausgestaltung zwi-schen Eltern und Kind förderlich bzw. nicht schädigend sind. Eine realisti-sche Annäherung an diese Frage kann allerdings oftmals nicht auf der reinen Gesprächsebene erarbeitet werden. In der Regel braucht es auch die Ebene des gemeinsamen Erlebens und Tuns von Eltern, Fachkräften und Kind. In solchen Kontexten können zum einen Eltern-Kind-Interaktionen unmittelbar erlebt werden. Zum anderen können im konkreten Miteinander Müttern und Vätern erste Unterstützungsangebote gemacht werden, um abschätzen zu können, inwiefern eine Bereitschaft und Fähigkeit zur Veränderung im neuen Kontext gegeben sind. Darüber hinaus geben solche bewusst geschaffenen Begegnungsräume von Eltern und Kind die Möglichkeit, die Reaktionen des Kindes/Jugendlichen bei Kontakten und Begegnungen mit den Eltern(teilen) mitzuerleben. Die Reaktionen und Wünsche des jungen Menschen sind in Kontexten von Kindeswohlgefährdung in besonderer Weise wahrzunehmen und zu beachten, da sie wichtige Botschaften zur Situation aus Sicht des Kin-des enthalten können. Vor diesem Hintergrund kommt den Gelegenheiten des unmittelbaren Erlebens eine wichtige Funktion in der Erarbeitung einer eigenen Situationseinschätzung im stationären Kontext zu.

Einen besonderen Stellenwert hat in Fällen von Kindeswohlgefährdungen auch die Einschätzung der Eltern-Kind-Bindung. Eine bestehende positive

Bindung stellt einen wichtigen Bezugspunkt dar, um das passende Maß der Kontaktdichte und geeignete Formen der Ausgestaltung bestimmen zu können.

„Weil die Bindung zur Mutter einfach da war, die war gut. Das muss man sagen. Die Kinder haben sich gefreut, es war auch eine herzliche Bindung."
(Bezugserzieher_11_270)

Die Ausgestaltung gemeinsamer Zeit von Kind und Eltern hat in diesem Zusammenhang einen eigenen Stellenwert, um bestehende Verbindungen und emotionale Zugehörigkeit zu pflegen. So haben Begegnungen und gemeinsame positive Erlebnisse von Eltern und Kind einen eigenen Stellenwert, unabhängig davon, dass einzelne Aspekte der elterlichen Verantwortung aktuell nicht hinreichend ausgefüllt werden.

Zudem zeigen Ergebnisse der Zielgruppenanalyse, dass eine positiv besetzte Beziehung zum Kind als zentraler Anker der Motivation der Eltern zur Zusammenarbeit gewertet werden kann.

„Eine Ressource war, die wir feststellen konnten, dass eine emotionale Bindung besteht. Die Kinder sind der Mutter wichtig und die Kinder mögen auch ihre Mutter, aber die Mutter ist auch zurzeit nicht in der Lage, ausreichend eine Versorgerrolle, eine Elternrolle zu übernehmen. Man könnte sie eher so als die größere Schwester betrachten. Aber eine Ressource ist eigentlich so die Bereitschaft und sie lässt sich auch einbinden in den Alltag hier."
(Bezugserzieher_8_30)

Im stationären Kontext braucht es somit gerade zu Hilfebeginn in Fällen von Kindeswohlgefährdung Orte des unmittelbaren Miteinanders von jungem Mensch und Eltern, die von Seiten der Fachkräfte begleitet werden, um Aspekte der Gefährdungseinschätzung für die Heimerziehung im Einzelfall erarbeiten und bewerten zu können. Grundthemen von Bindung, Motivation, Ressourcen der Eltern sowie der Kompetenzeinschätzung in einzelnen Verantwortungsbereichen sind diesbezüglich ebenso relevant, wie bei allen anderen Familien, mit denen im stationären Kontext zusammengearbeitet wird. Der verstärkte Fokus auf die Bedürfnisse des jungen Menschen muss jedoch parallel jeweils mitbearbeitet werden.

Ausgehend von diesen Aspekten werden im Folgenden Handlungsstrategien in der Ausgestaltung der Zusammenarbeit konkretisiert.

5.1.4 Handlungsstrategien in der Zusammenarbeit mit Eltern im Kontext von Kindeswohlgefährdungen

Vor dem Hintergrund der vorliegenden Risiko- und Gefährdungseinschätzung sowie den erarbeiteten Einschätzungen von Seiten der Einrichtung gilt es für die fallbezogene Zusammenarbeit Schlussfolgerungen zu ziehen, welche Formen und Inhalte der Zusammenarbeit mit der Mutter/dem Vater als möglich und angemessen eingeschätzt werden. Verstärkte Anstrengungen müssen in Fällen von Kindeswohlgefährdungen oftmals darauf verwandt werden, dass erst einmal das Vertrauen der Eltern gewonnen werden muss, so dass sie sich auf den Arbeitsprozess mit der Einrichtung einlassen können. Zudem liegt häufig erst einmal ein Schwerpunkt der Arbeit darauf, dass eine Problem- und Hilfeakzeptanz mit den Eltern entwickelt werden muss, so dass eine gemeinsame Zielperspektive von Fachkräften und Eltern im Rahmen der Hilfe entstehen kann. Zentrale Bezugspunkte in diesem Arbeitsprozess sind unter anderem die bislang vernachlässigten Bedürfnisse des Kindes. Die Herausforderung besteht vielfach darin, die Erfordernisse des jungen Menschen stärker als bislang für die Eltern wahrnehmbar zu machen, damit das Verstehen wächst, was das Kind/der Jugendliche in seiner Lebenssituation benötigt und welchen Beitrag die Mutter/der Vater diesbezüglich leisten kann. Dabei sind die nachfolgend skizzierten Handlungsstrategien zielführend.

Auflagen und Einschränkungen klar festhalten und durchsetzen

Auf Grundlage der Risiko- und Gefährdungseinschätzung von Seiten des Jugendamtes sowie der Einrichtung entstehen in der Regel Auflagen und Einschränkungen, die den Umgang zwischen Eltern und jungem Mensch im Rahmen der Hilfe bestimmen. Diese zielen darauf ab, gefährdendes Verhalten auszuschließen bzw. dem Kindeswohl förderliche Verhaltensweisen durchzusetzen. Als bedeutsame Rahmung der Arbeit wurde von Seiten der Fachkräfte der Einrichtungen hervorgehoben, dass bereits zu Hilfebeginn eine gemeinsame Sprache hinsichtlich der Gründe der Unterbringung und daraus resultierender Konsequenzen mit Eltern und Kindern gefunden wird. Gerade für Kinder und Jugendliche ist die altersgemäße Vermittlung dieser Aspekte wichtig, damit sie betreffende Regelungen und Vereinbarungen nachvollziehen können.

Die Nachvollziehbarkeit und Klarheit dieser notwendigen Setzungen für alle am Hilfeprozess Beteiligten ist eine wichtige Rahmenbedingung für eine gelingende Zusammenarbeit mit Eltern. So erfordert die Arbeit in Zwangskontexten Rollenklarheit zwischen Jugendamt und Einrichtung, so dass der öffentliche Träger in diesen Zusammenhängen als normgebende Instanz erkennbar ist. Außerdem braucht es klare Rahmenbedingungen, die sowohl für die Fachkräfte als auch für die Eltern Orientierung bieten. Dabei kommt es darauf an, lediglich die notwendigen Aspekte entsprechend zu markieren. Das Hilfeplangespräch ist der zentrale Ort, um solche Bedingungen festzuschreiben.

„Wichtig ist, also ich wünschte mir, dass im HPG, also dass wir im Hilfeplangespräch, die Zusammenarbeit irgendwie noch einmal neu definieren, dass wir eher so eine Struktur auch mit der Mutter erarbeiten, damit wir konkreter in kleineren Schritten bestimmte Punkte angehen können. [...], dass wir da eine klare Struktur bekommen, an der sich die Mutter auch orientieren kann. Dann ist es für die Mutter auch leichter." (Bezugserzieher_11_146/154)

Nicht zu verhandelnde und somit zwingend notwendige Punkte sollten für Eltern von Empfehlungen und Ratschlägen, die nicht bindend zu beachten sind, unterscheidbar sein.

Darüber hinaus ist bedeutsam, Auflagen für Eltern so zu formulieren, dass sie im Jugendhilfekontext überprüfbar sind und in ihren Auswirkungen auf die Situation des Kindes wirksam werden können. So wurde beispielhaft benannt, dass teilweise lediglich die Teilnahme von Müttern/Vätern an bestimmten Maßnahmen vereinbart wurde, allerdings keine Kriterien für den Erfolg der Maßnahme bzw. zu erreichender Veränderungen im Erziehungsverhalten festgelegt wurden. Solche Indikatoren und für den jungen Menschen in der jeweiligen Situation erlebbare Verbesserungen sollten Grundlage zur Einschätzung von Veränderungen sein.

Um gesetzte Auflagen und Regeln gegenüber Eltern durchsetzen zu können, ist darüber hinaus relevant, dass gemeinsame Kontexte geschaffen werden, in denen die Umsetzung erlebt und begleitet werden kann. Eine rein sprachliche Verständigung über das Einhalten von Vereinbarungen wird zumeist als wenig zieldienlich erachtet. Eine zentrale Grundfrage ist, wie die Fachkräfte der stationären Einrichtung Vorfälle und auch positive Veränderungen mitbekommen können. Hierzu gilt es sowohl mit Eltern, als auch mit dem jungen Menschen Vereinbarungen zu treffen, Kriterien zu erarbeiten und in möglichst engem Kontakt zu überprüfen. Damit Familienmitglieder allerdings offen mit schwierigen Situationen im Miteinander gegenüber Fachkräften umgehen können, braucht es eine entsprechende Arbeitsbasis, die zumeist erst einmal entwickelt werden muss.

Vertrauen aufbauen und Arbeitsbündnisse schaffen

Gerade in Fällen von Kindeswohlgefährdung, in denen Eltern der stationären Hilfe unter Umständen nicht freiwillig zugestimmt haben, besteht zu Hilfebeginn oftmals ein relativ großes Misstrauen von Seiten der Eltern gegenüber den Fachkräften. Fragen, inwiefern es auf Grund der Ausgangssituation der Hilfe überhaupt Möglichkeiten gibt, weiterhin im Leben ihrer Kinder präsent zu sein, oder auch zum Verhältnis von Eltern und Fachkräften können die Situation bestimmen.

„Ganz am Anfang als ich zum ersten Mal dort hingekommen bin, war ich mir ziemlich unsicher und misstrauisch, aber wie ich dann enger mit den Erzieherinnen gearbeitet habe, dann ist das immer besser geworden. ...[Misstrauisch] weil ich niemand gekannt habe und weil ich gedacht habe, es ist vielleicht als Beruhigung gedacht. Dass man Versprechungen gemacht kriegt, die wahrscheinlich nicht gehalten werden dann." (Mutter_10_45)

Gerade zu Hilfebeginn ist es somit wichtig, dass von Seiten der Einrichtung bewusste Signale gesetzt werden, die es Eltern ermöglichen, Vertrauen zu gewinnen und sich ihrer Rolle im Hilfeprozess bewusst zu werden.

Um auch in schwierigen Hilfekontexten Zugänge zu Eltern finden zu können, bieten sich generelle Strategien der Zusammenarbeit an, die allerdings evtl.

längere Zeit verfolgt werden müssen, um entsprechend wahrgenommen zu werden. So ist eine mögliche Handlungsstrategie, einseitig von Seiten der Einrichtung Kontakt zu den Eltern zu halten. Das heißt zum Beispiel, dass regelmäßig Informationen zum Alltag des Kindes weitergegeben werden oder dass Kontaktangebote zwischen Fachkräften und Eltern wiederkehrend eröffnet werden, ebenso wie Angebote gemeinsamer Aktivitäten im geschützten Kontext der Gruppe oder evtl. auch im Rahmen begleiteten Umgangs.

Aus Perspektive der Eltern ist ein weiterer wichtiger Faktor eines tragfähigen Arbeitsbündnisses, inwiefern von Seiten des Heimes Absprachen verbindlich sichergestellt und eingehalten werden. Das Erleben der Einrichtung als verlässlichen und einschätzbaren Partner ist relevant für das Einlassen auf einen gemeinsamen Arbeitsprozess.

Arbeit an der Problem- und Hilfeakzeptanz der Eltern

Wie bereits bei den besonderen Herausforderungen in der Arbeit mit Familien in Kontexten von Kindeswohlgefährdung beschrieben, ist die Ausgangssituation der Arbeit mit den Eltern oftmals dadurch gekennzeichnet, dass zu Hilfebeginn erst einmal noch keine bzw. wenig Problem- und Hilfeakzeptanz gegeben ist. Das heißt die Sinnhaftigkeit und Nützlichkeit der Hilfe für die Verbesserung der eigenen Familiensituation wird noch nicht gesehen. Aus der fallbezogenen Einschätzung dieses Aspektes erwachsen bei noch fehlender Akzeptanz die ersten zentralen Ziele der Zusammenarbeit mit Eltern.

„Erstes Ziel der Elternarbeit war, eine Mitwirkungsbereitschaft zu erarbeiten und ein Verständnis für die getroffene Jugendhilfemaßnahme zu erarbeiten. Also das war die erste Stufe der Elternarbeit, dass man sie ins Boot holt, dass man sagt, obwohl die Kinder im Heim sind, wir brauchen die Eltern, beide Elternteile aktiv, um an dem Kindeswohl weiterhin förderlich weiterarbeiten zu können, also Motivationsarbeit würde ich es mal überschreiben." (ASD_8_247)

Die Arbeit an der Motivation der Eltern ist in Kontexten von Kindeswohlgefährdungen somit noch einmal besonders hervorzuheben. Die Strategien und Methoden sind die gleichen, wie im allgemeinen Kapitel des Praxishandbuchs beschrieben.

Allerdings muss in einem Teil der Fälle auch davon ausgegangen werden, dass Zustimmungen zur Hilfe bzw. zu einzelnen Aspekten der Zusammenarbeit lediglich vor dem Hintergrund des Zwangskontextes erfolgen. Die Zustimmung von Seiten der Eltern wird gegeben, um weitere negative Konsequenzen zu vermeiden.

„Die Zusammenarbeit der Kindesmutter war anfangs sehr schleppend, sehr skeptisch, es war mehr eine Alibizustimmung, nämlich, dass sie es machte, weil es quasi eine Auflage des Jugendamtes war, eine echte eigene Bereitschaft zur Mitarbeit konnten wir am Anfang nicht unbedingt feststellen. Da waren kleine Ansätze vielleicht da. Aber wir waren uns darüber bewusst, dass es eher eine Alibizustimmung ist, um weitere Schritte des Jugendamtes zu verhüten." (ASD_8_49)

Auch solche Zustimmungen unter nicht ganz freiwilligen Bedingungen können erst einmal die Ausgangsbasis der Zusammenarbeit bilden. Weitere negative Folgen zu vermeiden, kann als Beweggrund ausreichen, um Grundanforderungen im Zusammenarbeitsprozess produktiv ausgestalten zu können. „Mit dem Motto: ‚Wie können wir Ihnen helfen, damit Sie uns bald wieder loswerden?' wird die unangenehme Zwangssituation einerseits offen thematisiert, andererseits aber auch ein Ausweg aus ihr aufgezeigt" (Berg 1992, S. 65). Auch Zwangskontexte können somit Anknüpfungspunkte und Motivationsanker bieten, die im beschriebenen Sinne ausgestaltet werden können. Ein Arbeitsbündnis zwischen Einrichtung und Eltern kann somit auch auf der Grundlage entstehen, gegenüber dem Jugendamt den Beweis zu erbringen, dass die Voraussetzungen der Kindeswohlgefährdung als nicht mehr gegeben eingeschätzt werden können. Teilweise kann auch über einen so begonnenen Arbeitsprozess eine breitere Basis der Zusammenarbeit mit Müttern/ Vätern entstehen.

Kontextbezogene Mitsprache- und Mitwirkungsoptionen schrittweise erweitern

In der Zusammenarbeit mit Eltern in Fällen von Kindeswohlgefährdung gibt es nicht verhandelbare Kontexte, die wie bereits beschrieben durch Auflagen und entsprechende Vereinbarungen gekennzeichnet sind. Nichtsdestotrotz bleiben allerdings innerhalb dieses Rahmens Beteiligungs- und Mitspracherechte der Eltern bestehen. Diese gilt es fallbezogen jeweils auszuloten und bewusst mit den Eltern auszugestalten.

In der Regel werden gerade in der Anfangszeit der Zusammenarbeit erst einmal Kontexte geschaffen, in denen Fachkräfte zusammen mit Eltern Aktivitäten mit dem Kind ausgestalten, wie z. B. im geschützten Rahmen der Gruppe oder auch bei Besuchen des Kindes in der Herkunftsfamilie, die dann in Begleitung erfolgen. Solche Kontexte bieten Gelegenheiten des Kontaktes zwischen Eltern und Kind in geschütztem Rahmen. Ein wechselseitiges Kennenlernen und Herantasten wird für beide Seiten möglich, in dem Müttern/ Vätern einzelne Verantwortlichkeiten erst einmal in begleiteten Kontexten übertragen werden.

„Sie haben mich informiert, wenn etwas gewesen ist. Die haben auch mich, wenn Besuchskontakt war oder betreut war, mich mit reingenommen." (Mutter_11_103)

Bei Bedarf können so zum einen Unterstützung und Hilfestellung für die Eltern in der konkreten Situation gegeben werden, so dass Mütter/Väter in ihrer Elternrolle zumindest punktuell präsent sein können. Zum anderen können Fachkräfte den Schutz des Kindes gewährleisten und im unmittelbaren Erleben von Eltern und Kind Einschätzungen zu Ressourcen und Bedarfen auf der Handlungsebene erlangen. Über solche gemeinsame Aktivitäten können Eltern zunehmend im Rahmen der Hilfe eingebunden werden.

„Ich bin mehr integriert worden. Am Anfang habe ich schon immer gedacht, na ja, vielleicht habe ich nicht so viel mitzureden, nichts zu sagen. Aber die haben sich dann auch meine Meinung angehört, die Meinungen von den Kindern. [...] Ich war nicht mehr so als Außenseiterin. Ich habe mich nicht gefühlt, wie eine Außenseiterin. Ich war da richtig mit drin." (Mutter_10_142/150)

Über eine schrittweise Annäherung an die aktuell nutzbaren Kompetenzen kann mit den Eltern erarbeitet werden, in welchem Maße sie ihre Handlungsmöglichkeiten bei entsprechender Unterstützung erweitern können. Im günstigen Fall können so sukzessive mehr Freiräume mit und für die Mütter/Väter eröffnet werden.

„Die erste Zeit, ganz am Anfang, da durfte ich nur samstags die Kinder besuchen für drei Stunden. Und dann immer unter Aufsicht. Da war immer eine Erzieherin dabei. Das hat sich dann immer mehr gelockert. Ich durfte dann während der Woche öfters kommen. Ich durfte zu Elternabenden dort gehen. Ich durfte während der Woche mal übernachten, also immer mehr mit meinen Kindern zusammen sein, immer mehr alleine mit meinen Kindern machen." (Mutter_10_183)

Ein solches stark gestuftes Verfahren kann dazu beitragen, dass die zugetrauten Aspekte auch in der realen praktischen Umsetzung zwischen Eltern und Kind verwirklicht werden. In jedem Einzelfall gilt es dazu die Balance zwischen aktivem Zutrauen und mehr oder weniger enger Unterstützung für Eltern und dem jeweiligen Bedarf des Kindes zu finden.

Bedürfnisse der Kinder für Eltern sichtbar und verstehbar machen

Im Rahmen einer solch engen Begleitung von Eltern in Kontexten von Kindeswohlgefährdung geht es in der Regel immer wieder darum, nachvollziehbar zu machen, was eine dem Wohl des Kindes zuträgliche Erziehung und Lebenssituation ausmacht. Da diesbezüglich zumindest in Teilbereichen des erzieherischen Handelns Defizite bestehen, muss zum einen Wissen bzgl. altersentsprechender Bedürfnisse und Anforderungen vermittelt werden.

„So erlebe ich sie aber auch im Gespräch, immer noch nicht das nötige Wissen von dem Entwicklungsstand des 15-Jährigen sich in diesen hineinversetzen kann und dementsprechend auch reagiert." (Bezugserzieher_9_147)

Zum anderen geht es aber auch darum, Auswirkungen von bestimmten Handlungen auf Kinder zu benennen und daraus resultierende Konsequenzen für ihr Aufwachsen deutlich zu machen.

*„Also Einschätzungen, die überhaupt nicht am Interesse ihrer Kinder sich ori-
entieren, sondern es ist immer ihr Bedürfnis, weshalb sie den Ort wechselt,
weshalb sie woanders hinzieht und was die Kinder brauchen an Sicherheit,
an Kontinuität, an Stabilität, das hat sie vollkommen aus dem Blick dann
verloren."* (ASD_11_66)

Die Arbeit über Perspektivwechsel kann hier Zugänge eröffnen, so dass für
Eltern stärker als bislang die Frage nach den Konsequenzen des eigenen
Handelns für das Kind in den Fokus rücken kann.

Zentral ist, dass das, was unter einer dem Wohl des Kindes zuträglichen Erziehung verstanden wird, handlungsrelevant konkretisiert wird. So kann für
Mütter/Väter deutlich werden, was sie in bestimmten Situationen tun können, um den gestellten Anforderungen gerecht zu werden. Appelle, verstärkt
an das Wohl des Kindes zu denken, können teilweise nicht adäquat übersetzt
werden. Eine rein sprachliche Vermittlung kann oftmals nicht umgesetzt werden, weil für Mütter/Väter das Bild fehlt, was dies auf der Handlungsebene
bedeutet.

*„Also die Familienhilfe hat immer so gesagt, dass sie an das Wohl der Kinder
denken soll. Dann hat sie das letztendlich so gemacht, dass sie die Kinder
Sachen gefragt hat, die eigentlich gar nicht in der Entscheidung der Kinder
liegen und hat es damit begründet: ‚Ja, ich muss doch das machen, was die
Kinder wollen!' Also das war für sie ganz schwierig, da einen Weg zu finden,
was ist jetzt zum Wohle des Kindes oder was wollen die Kinder. Was ist da
der Unterschied genau, was bedeutet das? Das muss man einfach noch mal
konkreter mit ihr bearbeiten."* (Bezugserzieher_11_206)

Anforderungen an erzieherisches Handeln der Eltern müssen somit in praktisches Handeln überführt werden. Die besondere Herausforderung besteht
dabei darin, den Eltern nicht einfach starre Vorgaben zu machen, sondern
mit ihnen Handlungsstrategien zu erarbeiten, die sie perspektivisch situationsangemessen einsetzen können. Auf Bedürfnisse von Kindern eingehen
zu können, heißt dann nämlich, fürsorglich und empathisch auf das Kind
einzugehen und gleichzeitig Regeln gebend und Grenzen setzend zu agieren.
Das Beobachten und Verstehen dieser unterschiedlichen Bedürfnisse und

Reaktionen des Kindes auf bestimmte Verhaltensweisen der Eltern ist oftmals der zentrale erste Schritt, um neue Handlungsoptionen entwickeln zu können. In Kontexten von Kindeswohlgefährdung benötigen viele Eltern erst einmal „Übersetzungshilfen", um Bedürfnisse ihrer Kinder besser wahrnehmen und einschätzen zu können

Kritische Punkte ansprechen

Im Arbeitsprozess mit Eltern in Fällen von Kindeswohlgefährdung besteht ein weiteres Spannungsfeld darin, dass Mütter und Väter zur Zusammenarbeit gewonnen werden sollen und diesbezüglich in der Regel verstärkte Motivationsarbeit zu leisten ist. Gleichzeitig müssen die Anforderungen an das Handeln der Eltern präsent gehalten werden, damit die Bedürfnisse des jungen Menschen angemessen Berücksichtigung finden. Die Arbeit ist somit geprägt vom Pendeln zwischen Aktivitäten, um Eltern zu gewinnen und der Konfrontation mit Auflagen und Erwartungen, die oftmals auch mit kritischen Rückmeldungen einhergehen müssen.

„Sie haben es immer wieder geschafft, die Frau E. mit einzubeziehen und mit ihr auch so die kritischen Punkte anzusprechen und haben da auch so meinem Eindruck nach so einen langen Atem bewiesen. [...] auch immer wieder mit ihr das zu thematisieren, was sie den Kindern sagen kann und was sie ihnen nicht sagen kann, wie das bei den Kindern ankommt." (ASD_11_167)

Die Kunst in der Zusammenarbeit liegt darin, mit den Rückmeldungen an die Mutter/den Vater im Arbeitsprozess anschlussfähig zu bleiben, so dass die Kommunikation und die Grundbasis der Arbeit erhalten bleiben. Es braucht einen konstruktiven Umgang mit nicht Gelingendem. Ein kontinuierliches Nachgehen und Dranbleiben an bestimmten Themen und Aspekten ist oftmals notwendig, um die Relevanz einzelner Punkte zu unterstreichen und immer wieder Impulse zu notwendigen Veränderungen zu geben.

Je nach Situation im Fall kann es von Seiten der Fachkräfte aber auch notwendig sein, eindeutig Position zu beziehen und somit Rechte und Bedarfe des jungen Menschen zu stärken, auch auf die Gefahr hin, dass Eltern sich (zeitweise) aus dem Arbeitsprozess zurückziehen.

„Es ist auch auseinander gelaufen, weil die Frau M. hat den L. (Sohn, Anm. d. Verf.) immer verantwortlich gemacht, wenn es geknallt hat. Also wenn es eskaliert ist, auch nicht mehr durch körperliche Züchtigung und Gewalt. Aber sie hat sich immer ein Stück weit hier aus der Gruppe wieder rausgezogen, wenn sie zum Gespräch gekommen ist und wurde in ihrer Einschätzung so nicht bestätigt, sondern man hat es sehr kritisch gesehen und hat versucht, die Anteile von jedem Einzelnen klar herauszuarbeiten. Also wenn wir nicht diesen Tenor hatten, zu sagen, ja Sie haben einen bösen Jungen." (Bezugserzieher_9_102)

Bezüglich des professionellen Vorgehens ist nach kritischen Rückmeldungen, die Eltern für sich nicht gut annehmen konnten, relevant, dass nach solchen Gesprächen weiterhin Kontakt gehalten wird, ohne die formulierten Anforderungen zurückzunehmen. Informationen zum Alltag des Kindes, Einladungen zu gemeinsamen Aktivitäten etc. sollten im Sinne des Werbens zur Zusammenarbeit weiter gepflegt werden.

Größtmögliche Transparenz bzgl. Informationsweitergabe an das Jugendamt

Gerade wenn kritische Aspekte im Rahmen der Zusammenarbeit besprochen werden bzw. wenn es zu besonderen Vorkommnissen kam, ist es für Eltern wichtig zu wissen, welche Informationen an das Jugendamt weitergegeben werden. Besteht diesbezüglich keine Transparenz, so kann dies Auswirkungen auf die Vertrauensbasis zwischen Eltern und Fachkräften der Einrichtung haben.

„Ich habe ihr Rückmeldung gegeben über Besuchskontakte. Irgendwann kam sie mal und sagte: ‚Oh, ihr habt dem Jugendamt das und das erzählt!' Irgendwann habe ich zu ihr gesagt: ‚Natürlich, wir geben Sachen weiter.' Ich habe ihr aber gesagt: ‚Wir machen das jetzt ganz offen, ich reflektiere Ihnen die Besuchskontakte. Ich sage Ihnen, was war gut und was war nicht gut, so dass Sie letztendlich auch wissen, was das Jugendamt rückgemeldet bekommt.' Das war für sie ganz wichtig." (Bezugserzieher_11_146)

Solche Rückmeldungen zu erhalten, ist für Mütter/Väter auch vor dem Hintergrund wichtig, ihr eigenes Handeln einschätzen und verorten zu können.

Fortschritte sowie Rückschritte sollten jeweils in den Einschätzungen möglichst für alle am Prozess Beteiligten in gleichem Maße verfügbar sein, da sie eine zentrale Grundlage der Zusammenarbeit bilden.

Auch wenn diesbezüglich generelle Vereinbarungen getroffen wurden, kann es in bestimmten Situationen noch einmal notwendig werden, auf den professionellen Kontext von Gesprächen mit Eltern zu verweisen und somit deutlich zu machen, dass trotz eines bestehenden Vertrauensverhältnisses Grenzen der Vertraulichkeit gesetzt sind.

„Und im Mai hat sie dann gesagt: ‚Da sage ich ihnen jetzt was, aber das dürfen Sie sich nicht merken.' Ich habe gesagt: ‚Das geht nicht, wenn sie mir jetzt was sagen, dann weiß ich das auch über dieses Gespräch hinaus.' Dann haben wir vereinbart, dass sie in diesem Monat noch einen Termin bei der ARGE hat und dass sie dort sagt, wie jetzt ihre Lebensverhältnisse sind." (Bezugserzieher_11_156)

Schnittstellen und Verantwortlichkeiten zwischen öffentlichem und freiem Träger sollten auch für Eltern größtmöglich nachvollziehbar sein, so dass für sie deutlich werden kann, auf welcher Informationsgrundlage Einschätzungen und Entscheidungen getroffen werden.

5.1.5 Zieldienliche Rahmenbedingungen auf Fachkräfteebene

Um den beschriebenen Anforderungen und Spannungsfeldern in der Zusammenarbeit mit Eltern in Fällen von Kindeswohlgefährdung im stationären Alltag angemessen begegnen zu können, haben sich Aspekte hinsichtlich förderlicher Rahmenbedingungen herauskristallisiert, die im Folgenden beschrieben werden.

Möglichkeiten schaffen, um zu zweit im Fall arbeiten zu können

Gerade in anspruchsvollen und besonders herausfordernden Fällen von Kindeswohlgefährdung wurde die Möglichkeit, zu zweit mit der Familie zu arbeiten, als sehr hilfreich eingeschätzt. Über doppelte Fallzuständigkeiten im Team können Optionen des Rollensplittings eröffnet werden. So wurden in spezifischen Fällen z. B. Verantwortlichkeiten der Zusammenarbeit mit Eltern

197

so geteilt, dass eine Fachkraft eher den Fokus bzgl. des Alltags mit dem Kind bearbeitet und die zweite Fachkraft eher spezifische Themen aufgreift, die weniger mit dem aktuellen Gruppengeschehen zu tun haben.

„Dass die Elterngespräche von jemand anderen geführt wurden, das war auch sehr hilfreich, weil es völlig aus dem Alltag raustransportiert wurde. Also wir haben Alltagsgeschäft mit der Mutter gemacht, und die wirklich kritischen Themen wurden an anderer Stelle besprochen." (Bezugserzieher_10_134)

Wichtig ist, dass diese beiden Personen in enger Abstimmung arbeiten und so sichergestellt ist, dass die gemeinsame Zielperspektive der Hilfe deutlich bleibt. Die Aufgabenteilung darf nicht zu einer Spaltung der Arbeit im Fall führen. Durch zwei Personen, die eng mit der Familie arbeiten, können unterschiedliche Zugänge und Beziehungsoptionen eröffnet werden. Perspektiven des Kindes und Perspektiven der Eltern können jeweils stellvertretend über eine Fachkraft vertreten werden.

Sicherstellung ausreichender Reflexions- und Supervisionsangebote

Um die vielfältigen Anforderungen in Fällen von Kindeswohlgefährdungen jeweils adäquat ausbalancieren, evtl. bestehende Gefährdungspotenziale begründet einschätzen und die eigene Handlungsfähigkeit in der Zusammenarbeit mit Eltern sicherstellen zu können, sind strukturierte kollegiale Fallberatungen in diesem Kontext von zentraler Bedeutung. Durch die zumeist hohe Komplexität der Fälle ist ein Draufblick von außen oftmals hilfreich, um Zusammenhänge und Ansatzpunkte identifizieren zu können. Je nach Fall kann eine zeitlich dichtere Taktung der Reflexion notwendig sein, um neue Einschätzungen vorzunehmen und Handlungsstrategien abzustimmen.

Darüber hinaus wurden themenspezifische Fachberatung und Supervision in Einzelfällen als sehr bedeutsam hervorgehoben.

„Wir haben ganz häufig Supervision gehabt bei einer Psychologin, deren Fachgebiet sexueller Missbrauch ist, und haben ganz oft Systemaufstellung dazu gemacht, einfach um uns immer mal wieder aus der Alltagssituation rauszuholen und aus der Vogelperspektive mehr oder minder zu blicken. Und genau das war das Schwierige. Es war situativ unterschiedlich. Manchmal

war es ganz stimmig so wie es war, weil eben der Missbraucher, der Täter, ja aus der Familie raus war und dann hat sich mehr oder weniger gezeigt, dass wenn denn jemand Neues käme, der genau dasselbe im Sinn hat, dass es unter Umständen wieder stattfinden wird, weil die Mutter nicht in der Lage ist, die Kinder zu schützen.“ (Bezugserzieher_10_86)

Je nach Fall können spezifisches Know-How und ein Blick von außen für die Fachkräfte der Wohngruppen sehr unterstützend sein. Zudem können Aspekte der Psychohygiene in diesen Kontexten Beachtung finden.

Geklärte Verfahren intern und an der Schnittstelle zum Jugendamt

Schließlich wurde auf den Stellenwert von geklärten Verfahren verwiesen. So ist zur Sicherung des Kindeswohls und zur Absicherung der Fachkräfte wichtig festzulegen, bei welchen Hinweisen bzw. bei welchen Vorkommnissen z. B. eine strukturierte Fallberatung durchzuführen ist. Darüber hinaus ist wichtig zu vereinbaren, wann welche Leitungsebene hinzuzuziehen ist sowie ab welchem Punkt welche Informationen ans Jugendamt weitergegeben werden. Sind diese Aspekte prinzipiell vereinbart, stärkt dies Handlungssicherheit im konkreten Fall.

In der Kooperation von öffentlichem und freiem Träger sollten ebenfalls entsprechende Vereinbarungen getroffen werden. Wechselseitiger Informations-, Beratungs- und Abstimmungsbedarf ist festzulegen.

5.1.6 Folgerungen für die Elternarbeit in Fällen von Kindeswohlgefährdung

Im Rahmen der Einzelfallanalysen und in den Arbeitsprozessen in den Einrichtungen hat sich gezeigt, dass die Bandbreite der Möglichkeiten der Zusammenarbeit mit Eltern in Fällen von Kindeswohlgefährdung sehr groß ist. Oftmals ist im Rahmen der Zusammenarbeit schon viel erreicht, wenn es gelingt, dass zumindest punktuell positive Kontakte zwischen Eltern und Kind ausgestaltet werden können. Oftmals hat die Jugendhilfe auch nur Einfluss auf Teilbereiche der Problemlagen, die zur Unterbringung geführt haben. Vielfach braucht es weitergehende Hilfen für Eltern wie z. B. Therapie, Entschuldung, psychiatrische Behandlung etc. Hier zeigt sich allerdings, dass für einen Teil der Eltern die stationäre Unterbringung des Kindes den Anlass und die Notwendigkeit schaffen bzw. die Möglichkeit eröffnet, an eigenen Notlagen und Bedürfnissen zu arbeiten.

„Wichtig war, als die Kinder die zwei Jahre dort waren, da ich ziemlich schwach war. Ich habe dadurch viel Zeit für mich gehabt und konnte viel für mich machen." (Mutter_10_304)

Durch die Entlastung im Alltag der Eltern können neue Impulse entstehen, die im besten Fall weitergehende Entwicklungsoptionen bieten können.

„...dass manchmal diese Unterbringung eine derartige nutzbare Entlastung im Alltag der Kindeseltern sein kann, dass sie daraus wieder Ressourcen schöpfen, die man auch vorher nicht für möglich gehalten hätte. Also es klingt paradox, durch die Heimunterbringung konnte die Kindesmutter so entlastet werden, dass sie mehr Ressourcen zur Verfügung hat, sich aktiver um die Kinder zu kümmern." (ASD_8_381)

Durch die zeitweise Entlastung der Eltern bzw. die Verbesserungen ihrer Lebenssituation, werden somit oftmals erst wieder Potenziale freigesetzt, um auf die eigenen Kinder angemessen eingehen zu können.

5.2 Zusammenarbeit mit psychisch erkrankten Eltern[6]

Die psychische Erkrankung eines Elternteils stellt für einen Teil der Familien in stationären Hilfen neben anderen Faktoren eine wesentliche Begründung für das Notwendigwerden der Fremdunterbringung der jungen Menschen dar. Wie durch die Zielgruppenanalyse ermittelt werden konnte, traf dies im Projektkontext in rund 15 % der Fälle zu (ohne Suchterkrankungen). Diese Werte entsprechen Ergebnissen anderer Untersuchungen, wonach 10-20 % der Hilfen zur Erziehung in Zusammenhang mit einer psychischen Erkrankung auf Seiten eines Elternteils stehen (vgl. Müller/Schmutz 2005). Nimmt man die Suchterkrankungen hinzu, ist sogar von ungefähr einem Drittel der Familien, die Hilfen zur Erziehung in Anspruch nehmen, auszugehen, für die

---

[6] Autorin des Kapitels 5.2: Elisabeth Schmutz

dieses Thema relevant ist. Allerdings liegt nur bei wiederum einem Drittel dieser Familien eine psychiatrische Diagnose vor (vgl. Schmutz 2010), was oftmals eine besondere Herausforderung für die Fachkräfte darstellt.

Gehören einerseits psychisch erkrankte Eltern „selbstverständlich" zum Klientel der Kinder- und Jugendhilfe, so beschreiben Fachkräfte in den (stationären) Hilfen zur Erziehung andererseits große Unsicherheiten im Umgang mit diesen Eltern. Sie werden häufig als „besonders schwierig" erlebt. Spezifische Verhaltensweisen und Reaktionen irritieren, Verlässlichkeit und Verbindlichkeit in Absprachen sind oftmals nur schwer zu erreichen, auch scheinen bewährte Handlungsstrategien der Fachkräfte in der Zusammenarbeit mit diesen Eltern nicht zu tragen.

Nach den Ergebnissen der Zielgruppenanalyse zeigen sich Unterschiede in den Hilfekonstellationen dieser Gruppe im Vergleich zur Gesamtgruppe. So werden Kinder psychisch erkrankter Eltern deutlich früher stationär aufgenommen. Ungefähr ein Drittel der Kinder ist bei Aufnahme in die aktuelle Gruppe unter 9 Jahre alt (34 %). Bezogen auf die Gesamtzahl der Fälle liegt dieser Anteil lediglich bei 22 %. Außerdem kommen Kinder psychisch erkrankter Eltern deutlich häufiger aus einer anderen Einrichtung in die aktuelle Heimgruppe (30 % gegenüber 14 % in der Gesamtgruppe). Das bereits verhältnismäßig jüngere Aufnahmealter ist damit bezogen auf die jeweils erste stationäre Aufnahme noch niedriger anzunehmen. Mit einem solchen Einrichtungswechsel einher gehen aber immer auch Lebensort- und Bezugspersonenwechsel, die als zusätzliche Belastungsfaktoren zu berücksichtigen sind.

Nimmt man die Ergebnisse zur Rückführungsperspektive sowie zur zeitlichen Perspektive der Hilfe insgesamt hinzu, so wird deutlich, dass es bezogen auf junge Menschen mit psychisch erkrankten Eltern im Rahmen der stationären Unterbringung in der Tendenz um zwei unterschiedliche Fallkonstellationen geht. Ein Teil der jungen Menschen mit einem psychisch erkrankten Elternteil kommt demnach aus zugespitzten Problemlagen und/oder aktuellen Krisensituationen in der Herkunftsfamilie in die stationäre Gruppe. Die Entwicklungsperspektiven sind zu diesem Zeitpunkt noch offen, so dass sowohl zu klären ist, inwieweit eine ausreichende Stabilisierung des Herkunftssystems überhaupt erreicht werden kann, als auch wie viel Zeit hierfür erforderlich ist. Zum anderen werden in den stationären Hilfen Kinder psychisch erkrankter Eltern über längere Zeit betreut, die bereits Erfahrungen mit Fremdunterbringung mitbringen. Hier schätzen die Fachkräfte in der Regel die Chance als sehr gering ein, dass die jungen Menschen in ihre Herkunftsfamilie zurückkehren können. Entsprechend gilt es, alternative Lebensorte auf Dauer für diese jungen Menschen zu finden. Die bereits vollzogenen Settingwechsel sind allerdings als Hinweise zu verstehen, dass dies (noch) nicht gelungen ist oder aber am vorangegangenen Lebensort nicht möglich war. Hier bedarf es der kritischen Reflexion der Grenzen stationärer Hilfeerbringung für diese jungen Menschen und ihre Familie sowie der Identifizierung von angemessenen Weiterentwicklungsperspektiven für die Praxis. Diese empirischen Befunde entsprechen den Rückmeldungen der Fachkräfte in den projektbeteiligten Einrichtungen. So wurde besonderer Bedarf für die Entwicklung von Handlungsansätzen mit psychisch erkrankten Eltern angemeldet. Zentrale Fragestellungen bezogen sich dabei auf den Umgang mit den psychisch erkrankten Eltern und ihren krankheitsbedingten Verhaltensweisen sowie auf die dazu erforderlichen Handlungskompetenzen auf Seiten der Fachkräfte.

Vor dem Hintergrund dieser Beobachtungen hat es sich das Projekt „Heimerziehung als familienunterstützende Hilfe" zur Aufgabe gemacht, geeignete Zugänge und Vorgehensweisen in der Zusammenarbeit mit psychisch erkrankten Eltern im Rahmen der Heimerziehung genauer zu betrachten. Dies geschah mit Hilfe des methodischen Zugangs der Einzelfallrekonstruktion. Es wurden dazu drei Fälle ausgewählt, wobei kein bestimmtes Spektrum an Krankheitsbildern vorgegeben wurde. In den ausgewählten Fällen wurden jeweils Telefoninterviews mit den betroffenen Müttern, den in der jeweiligen Einrichtung untergebrachten Kindern[7], der dort zuständigen Bezugsbetreuerin bzw. dem Bezugsbetreuer sowie der zuständigen ASD-Fach-

---

[7] Interviews mit den Kindern konnten nur in zwei Fällen durchgeführt werden. Im dritten Fall waren die Kinder (Geschwisterpaar) zum Zeitpunkt der Durchführung der Befragung bereits entlassen. Über die Herkunftsfamilie gelang leider keine Kontaktaufnahme zu den Kindern.

kraft im Jugendamt geführt. Bei der Auswertung der Interviews lag der Fokus schwerpunktmäßig auf Hinweisen, worin die besonderen Herausforderungen in der Zusammenarbeit mit psychisch erkrankten Eltern liegen und welche Herangehensweisen sich bewährt haben. Auf diese Weise konnten gelingende Handlungsansätze exemplarisch herausgearbeitet werden. In der Zusammenschau mit Erkenntnissen zu angemessenen Unterstützungsstrukturen für psychisch erkrankte Eltern und ihre Kinder aus anderen Forschungsarbeiten können hieraus Empfehlungen zur Zusammenarbeit mit psychisch erkrankten Eltern abgeleitet und entlang ausgewählter Einzelfälle konkretisiert werden. Es wird allerdings nicht der Anspruch erhoben, dass diese systematisch in den Zusammenhang mit bestimmten Krankheitsbildern und damit einhergehenden Familiendynamiken gestellt werden können. Dazu wären umfassendere Untersuchungen erforderlich. Vielmehr geht es um das Grundverständnis sowie das Aufzeigen von geeigneten Zugängen zu dieser „besonderen" Gruppe von Eltern insgesamt.

Im Folgenden werden die Erkenntnisse aus den durchgeführten Einzelfallrekonstruktionen dargestellt. Dazu wird zunächst die Bedeutung psychischer Erkrankung eines Elternteils für die Erziehung und Entwicklung der Kinder erläutert. Hinzu kommen Erkenntnisse der Forschung, was Eltern und Kinder in der Bewältigung der psychischen Erkrankung und der damit einhergehenden spezifischen Familiensituation unterstützen kann. Vor diesem Hintergrund wird schließlich aufgezeigt, welche Konsequenzen sich hieraus für die Zusammenarbeit mit psychisch erkrankten Eltern im Rahmen der Heimerziehung ergeben.

5.2.1 Zur Bedeutung psychischer Erkrankung eines Elternteils für die Erziehung und Entwicklung der Kinder

Psychische Erkrankungen zeichnen sich dadurch aus, dass sie das Denken, Verhalten und Fühlen der Betroffenen verändern (vgl. Pretis/Dimova 2004). Bezogen auf die Wahrnehmung von Erziehungsverantwortung kann dies für Eltern bedeuten, dass sie in Folge der damit einhergehenden Beeinträchtigungen die emotionalen und sozialen Bedürfnisse des Kindes nicht (mehr) ausreichend wahrnehmen können. In welcher Weise und in welchem Ausmaß dies geschieht, ist allerdings individuell sehr unterschiedlich und wird von vielfältigen Faktoren bestimmt. Um adäquate Zielsetzungen und Formen der Zusammenarbeit mit psychisch erkrankten Eltern entwickeln zu können, ist es deshalb unerlässlich, mit jeder einzelnen Person neben der psychiatrischen Diagnosestellung herauszuarbeiten, wie sich bei ihr bzw. ihm die Erkrankung genau auswirkt und was das für das Zusammenleben mit den Kindern und deren Erziehung bedeutet. Besondere Aufmerksamkeit ist dabei auf die Wahrnehmungsfähigkeit und Feinfühligkeit der Eltern sowie auf ihr Erziehungsverhalten zu legen.

Oftmals führt die Erkrankung dazu, dass die Betroffenen stark auf sich bezogen und ihre Wahrnehmungsmöglichkeiten entsprechend eingeschränkt sind. Eine adäquate Sorge für Kinder erfordert aber Feinfühligkeit für ihre Bedürfnisse. Dazu brauchen Eltern Offenheit für die Signale des Kindes und die Fähigkeit, das Kind in seinen Bedürfnisäußerungen zu verstehen und angemessen darauf einzugehen. Dies ist psychisch erkrankten Eltern allerdings oftmals nur eingeschränkt möglich – sei es phasenweise oder auch dauerhaft. Darüber hinaus kann eine psychische Erkrankung auch das Erziehungsverhalten von Eltern beeinträchtigen (vgl. Lenz 2008). Dies wirkt sich insbesondere in unangemessenen Reaktionen der Eltern auf das Verhalten des Kindes aus. Dazu gehören übermäßige Sanktionen ebenso wie fehlende Rückmeldungen oder auch sehr sprunghafte und widersprüchliche Reaktionen.

Inwieweit sich allerdings die psychische Erkrankung eines Elternteils tatsächlich negativ auf die Erziehung und Entwicklung eines Kindes auswirkt, hängt von mehreren Faktoren ab. So konnten seitens der Forschung inzwischen die Art und Schwere der Erkrankung, aber auch der Umgang damit innerhalb der Familie, die Möglichkeit zu alternativen Beziehungserfahrungen für die Kinder und die adäquate Unterstützung der Familie durch das soziale Netzwerk oder professionelle Hilfen als zentrale Einflussfaktoren identifiziert werden. Außerdem macht es einen Unterschied, ob nur ein Elternteil oder beide Eltern von einer psychischen Erkrankung (Suchterkrankungen eingeschlossen) betroffen sind. Als besonders gewichtig ist darüber hinaus einzuschätzen, wenn die Hauptbezugsperson erkrankt oder diese alleinverantwortlich mit den Kindern zusammenlebt. Zudem ist darauf hinzuweisen, dass mit einer psychischen Erkrankung oftmals noch andere Belastungsfaktoren einhergehen (vgl. Mattejat 2008). Dazu gehören beispielsweise Partnerschaftskonflikte, Trennung und Scheidung, Arbeitslosigkeit, Armut, schwierige Wohnverhältnisse und soziale Isolation. Diese Familien müssen dann nicht nur die Auswirkungen der psychischen Erkrankung, sondern vielmehr ein Konglomerat an Belastungen bewältigen. Wie die Risikoforschung inzwischen aufzeigen konnte, besteht in solchen verdichteten Problemlagen für die Kinder ein erhöhtes Risiko, Beeinträchtigungen in ihrer Erziehung und Entwicklung zu erfahren. Entsprechend genügt es nicht, isoliert die psychische Erkrankung des Elternteils und die daraus resultierenden Auswirkungen zu betrachten. Vielmehr bedarf es einer ganzheitlichen Einschätzung der familiären Lebenssituation.

Während die Erkenntnisse der Risikoforschung für (innerfamiliäre) Belastungskontexte sensibilisieren, konnte die Resilienzforschung inzwischen eine Reihe von Ansatzpunkten herausarbeiten, die zur Bewältigung der psychischen Erkrankung und ihrer Auswirkungen beitragen (vgl. Lenz 2008). Dabei wird zwischen Ansätzen auf Seiten der Eltern und solchen auf Seiten der Kinder unterschieden.

Auf Seiten der Eltern stellen zunächst die Krankheitseinsicht durch das betroffene Elternteil und die Akzeptanz der Erkrankung durch die Familie als Ganzes den zentralen Zugang zu einer gelingenden Bewältigung dar. Hinzu kommt eine möglichst offene Auseinandersetzung mit der Erkrankung und ihren Auswirkungen innerhalb der Familie, auch mit den Kindern. Dabei ist die Kommunikation des emotionalen Erlebens (Wie geht es mir damit?) ebenso bedeutsam wie die gemeinsame Suche nach tragfähigen Lösungen für möglichst alle Familienmitglieder. Darüber hinaus ist für eine gelingende Bewältigung der Erkrankung aber auch die Bereitschaft des betroffenen Elternteils wesentlich, eine psychiatrische Behandlung bzw. eine Therapie in Anspruch zu nehmen. Dazu gehört insbesondere auch eine Psychoedukation[8], die mit dem betroffenen Elternteil, ggf. auch mit dem Partner bzw. der Partnerin oder auch der ganzen Familie, herausarbeitet, welche Anpassungen im Alltag erforderlich sind, damit ein möglichst angemessener Umgang mit der Erkrankung gefunden werden kann. Ein besonderes Augenmerk gilt es dabei auf ein ausgewogenes Maß an Be- und Entlastung hinsichtlich der zu erbringenden Alltags- und Erziehungsaufgaben zu legen. So sind psychisch erkrankte Menschen zwar oftmals in ihrer Belastbarkeit eingeschränkt. Die Möglichkeit zur Verantwortungsübernahme stellt zugleich aber eine wichtige Herausforderung dar, die stabilisierend wirkt, solange sie nicht überfordert. Schließlich sind auch die Einbindung der Familie in ein soziales Netzwerk sowie die Bereitschaft zur Inanspruchnahme von Unterstützung aus demselben als förderlich anzusehen.

Auf Seiten der Kinder hat es sich als wesentlich erwiesen, dass sie über die Erkrankung des betroffenen Elternteils informiert sowie alters- und entwicklungsentsprechend über Bedeutung und Folgen aufgeklärt werden. Nur so können sie das Verhalten ihrer Eltern verstehen und angemessene Formen des Umgangs – mit entsprechender Begleitung – finden. Als zweiter zentraler Unterstützungsansatz hat sich im Hinblick auf die Kinder die Möglichkeit erwiesen, dass es neben dem psychisch erkrankten Elternteil eine weitere verlässliche erwachsene Bezugsperson gibt, die als AnsprechpartnerIn für ihre Fragen und Sorgen zur Verfügung steht und gut für das Kind (eigenständig) erreichbar ist. Darüber hinaus ist für Kinder die Gewährleistung eines verlässlichen Alltags – auch in schwierigen Zeiten (z. B. in akuten Krankheitsphasen, Klinikaufenthalt u. ä.) – besonders wichtig. Hierzu gehören ein strukturierter Tagesablauf ebenso wie eine verlässliche Versorgung und das Aufrechterhalten von sozialen Kontakten. Schließlich kommt es für ein gesundes

---

[8] Als Psychoedukation wird allgemein die Schulung von Menschen bezeichnet, die an einer psychischen Erkrankung leiden. Dabei geht es zum einen um die Vermittlung von Informationen zur Erkrankung wie deren Entstehung, typische Symptome, Behandlungskonzepte, Verläufe etc. Zum anderen geht es um die jeweils subjektiven Erfahrungen und Möglichkeiten des Umgangs mit der Erkrankung, um Unterstützendes und Schwieriges. Ziel der Psychoedukation ist dabei die Hilfe zur Selbsthilfe zu stärken, angemessene Bewältigungsstrategien zu entwickeln und auszuweiten.

Aufwachsen der Kinder darauf an, dass sie alters- und entwicklungsgerecht Kind sein dürfen und nicht unangemessen Teile der Elternrolle übernehmen. Einer solchen Parentifizierung der Kinder gilt es durch eine entsprechende Klärung und Organisation von Familienaufgaben entgegenzuwirken.[9]

Aus diesen Erkenntnissen der Resilienzforschung bezüglich geeigneter Unterstützungsansätze für psychisch erkrankte Eltern und ihre Kinder ergeben sich mehrere Anknüpfungspunkte für die Hilfegestaltung auch im stationären Kontext. Darüber hinaus ist für die Heimerziehung wie auch für die Hilfen zur Erziehung insgesamt bedeutsam, dass das Erziehungsverhalten der Eltern, insbesondere der Hauptbezugsperson, als der zentrale Einflussfaktor auf die Entwicklung der Kinder anzusehen ist (vgl. Lenz 2008). Dies gilt sowohl hinsichtlich förderlichen als auch hemmenden Entwicklungsprozessen. Entsprechend stellen in Folge der psychischen Erkrankung begrenzte Erziehungskompetenzen einerseits einen besonderen Risikofaktor für das Aufwachsen der Kinder dar. Dies gilt umso mehr, wenn die Mutter von psychischer Erkrankung betroffen ist und diese alleine mit den Kindern zusammenlebt bzw. für die Erziehung verantwortlich ist. Andererseits können über angemessene Umgangsformen und ggf. die Erweiterung des Familiensystems durch unterstützende Bezugspersonen aber auch Begrenzungen bewältigt werden.

Werden Kinder psychisch erkrankter Eltern fremduntergebracht, so geschieht dies in der Regel auf der Basis der Einschätzung, dass die Erziehungskompetenzen der Eltern (zumindest für eine gewisse Zeit) so eingeschränkt sind, dass eine positive Entwicklung der jungen Menschen in der Herkunftsfamilie nicht ausreichend gewährleistet werden kann. Dabei geht es zum Teil auch um Fragen der Kindeswohlgefährdung. Dennoch gilt auch für die Zusammenarbeit mit diesen Eltern der grundsätzliche Auftrag, die Eltern-Kind-Beziehung zu fördern und auf eine Verbesserung der Erziehungsbedingungen in der Herkunftsfamilie hinzuarbeiten. Im Folgenden werden entlang der besonderen Anforderungen für die Zusammenarbeit mit psychisch erkrankten

---

[9] Ausführlichere Darstellungen zur besonderen Situation von psychisch erkrankten Eltern und ihren Kindern sowie geeigneten Unterstützungsstrukturen finden sich in Schmutz 2010.

Eltern mögliche Handlungsansätze aufgezeigt. Diese berücksichtigen neben der konkreten Zusammenarbeit mit den Eltern auch die Bearbeitung von elternbezogenen Fragen und Sorgen gemeinsam mit den Kindern.

5.2.2 Zusammenarbeit mit psychisch erkrankten Eltern – Anforderungen und Herausforderungen für die Heimerziehung

Die Möglichkeiten der Zusammenarbeit mit psychisch erkrankten Eltern und damit einhergehend auch der Bearbeitung des Themas psychische Erkrankung werden im Rahmen der Heimerziehung wesentlich dadurch strukturiert, inwieweit diese bereits diagnostiziert ist, das betroffene Elternteil sie akzeptiert hat und Behandlung in Anspruch nimmt. Befindet sich die betroffene Mutter bzw. der betroffene Vater bereits in Behandlung und kann darüber hinaus die Familie nach geeigneten Umgangsformen suchen, ergeben sich gänzlich andere Voraussetzungen, als wenn die Möglichkeit einer psychischen Erkrankung nur als Hypothese im Raum steht und erst weiter abgeklärt werden muss. In der Praxis der Heimerziehung finden sich hier vielfältige Fallkonstellationen, die jeweils andere Vorgehensweisen bzw. Zugänge erfordern.

Darüber hinaus stellt die Grundhaltung der Fachkräfte, mit der sie psychisch erkrankten Eltern und ihren Familien begegnen, einen wesentlichen Einflussfaktor dar, wie ein Zugang zur Zusammenarbeit erschlossen werden kann. Dabei kommt der grundsätzlichen Akzeptanz der psychischen Erkrankung und der Wertschätzung der Person in ihrem So-Sein eine zentrale Bedeutung zu. Diese zunächst allgemeine Anforderung an die professionelle Haltung stellt Fachkräfte der Heimerziehung oftmals vor besondere Herausforderungen, zumal wenn es wenig Erfahrung im Umgang mit psychisch erkrankten Menschen gibt. Die Bewältigung der persönlichen Verunsicherung stellt hier eine wesentliche Voraussetzung für die Entwicklung einer solchen professionellen Haltung dar.

Hinsichtlich der konkreten Zusammenarbeit mit psychisch erkrankten Eltern im Rahmen der Heimerziehung ist zu beachten, dass diese keine Behandlung und Therapie ersetzen kann. Vielmehr geht es hier wie bei allen Familien, die stationäre Hilfen in Anspruch nehmen, um die Bearbeitung erziehungsrelevanter Fragestellungen und Themen. In der Klärung von Aufgaben und Zielen der Zusammenarbeit gilt es allerdings, im Hinblick auf psychisch erkrankte Eltern auch auszuloten, inwieweit an spezifischen Auswirkungen und Folgen der Erkrankung gearbeitet werden soll bzw. muss, um dem Gesamtziel der Hilfe (z. B. Beziehungsklärung zwischen Eltern und Kind, Erweiterung der Erziehungskompetenzen der Eltern u. ä.) näher kommen zu können.

Nachfolgend werden die aufgezeigten Ebenen von Anforderungen und Herausforderungen an die Zusammenarbeit mit psychisch erkrankten Eltern im Rahmen der Heimerziehung genauer ausgeführt. Diese werden ergänzt mit Beispielen gelingender Handlungsansätze, wie sie mittels der Einzelfallrekonstruktionen herausgearbeitet werden konnten. Auf dieser Basis werden Handlungsperspektiven für die Zusammenarbeit mit dieser Zielgruppe aufgezeigt, wie sie aus den Erkenntnissen der Untersuchung und der Diskussion im Rahmen der einrichtungsinternen Workshops gewonnen werden konnten.

Unterschiedliche Voraussetzungen und Zugänge: psychische Erkrankung mit Eltern zum Thema machen

Für die Heimerziehung wie auch die Hilfen zur Erziehung allgemein ist es kennzeichnend, dass die psychische Erkrankung eines Elternteils zwar zu Beginn der Hilfe bereits vorliegen mag, diese aber nicht bekannt sein muss. So liegt nur bei einem Teil der Fälle zu Beginn der Hilfe bereits eine psychiatrische Diagnose vor und kann auch offen mit den Eltern kommuniziert werden. Andere Eltern können über eine laufende oder auch vergangene psychiatrische Behandlung nicht sprechen, wiederum andere ziehen eine psychische Erkrankung als Erklärung für Schwierigkeiten und Beeinträchtigungen nicht in Betracht oder lehnen dies offensiv ab. Darüber hinaus kann das Thema psychische Erkrankung auch erst im Hilfeverlauf relevant werden, wenn sich Problemlagen und Belastungen auf Seiten der Eltern so zuspitzen, dass sie erstmals psychisch erkranken. Fachkräfte der Heimerziehung werden so aus ganz unterschiedlichen Ausgangssituationen heraus mit dem Thema psychische Erkrankung konfrontiert. Entsprechend unterschiedlich gestalten sich Anknüpfungspunkte, mit den Eltern dazu ins Gespräch zu kommen.

Als besondere Schwierigkeit wird von den Fachkräften der Umgang mit dem Verdacht beschrieben, dass hinter beobachtbaren Verhaltensweisen von Eltern eine psychische Erkrankung stehen könnte, dazu aber keine entsprechende Diagnose vorliegt. Die meist auf Erfahrung beruhende Einschätzung ist kennzeichnend für das Handlungsfeld der Hilfen zur Erziehung. So liegt nur bei etwa einem Drittel der Familien, mit denen das Jugendamt in Kontakt steht und eine psychische Erkrankung bei mindestens einem Elternteil in Betracht gezogen wird, eine psychiatrische Diagnose vor (vgl. Schmutz 2010). Vor diesem Hintergrund stellt sich die Herausforderung, mit den jeweils subjektiven Einschätzungen adäquat umzugehen, Beobachtungen zu konkretisieren und mit den Eltern zu kommunizieren. Dies ist umso wichtiger als gerade die (Abklärung und) Akzeptanz einer psychischen Erkrankung sowie die Bereitschaft entsprechende Behandlung in Anspruch zu nehmen wesentliche Voraussetzungen für eine gelingende Bewältigung auf Seiten der Eltern darstellen.

Für die Heimerziehung ergibt sich hieraus die Aufgabe immer dann, wenn eine psychische Erkrankung als Hypothese im Raum steht, auf eine angemessene Abklärung sowie bei Bedarf auch auf Krankheitseinsicht und Behandlungsbereitschaft hinzuarbeiten. Die Ausgangspunkte für diesen Prozess sind jeweils fallbezogen zu klären und die anstehenden Schritte entsprechend zu planen und zu entwickeln. Hinweise zur praktischen Gestaltung konnten im Zuge der Einzelfallrekonstruktionen zum einen zu dem Teilschritt „psychische Erkrankung erkennen und einschätzen" und zum anderen zum Teilschritt „Entwicklung von Krankheitseinsicht und Behandlungsbereitschaft" gewonnen werden. In den hier untersuchten Fällen vollzog sich dieser Prozess weitgehend in der ambulanten Hilfe, die der stationären Unterbringung vorausgegangen war. Auch kam dem Allgemeinen Sozialen Dienst eine bedeutende Rolle zu. Dennoch können diese Handlungsansätze in gleicher Weise auch im Rahmen des stationären Settings genutzt werden, wenn diese Prozesse hier relevant werden. Insofern wurden sie auch in die folgenden Ausführungen aufgenommen.

Psychische Erkrankung erkennen und einschätzen

Wie bereits aufgezeigt, stellt sich oftmals erst im Hilfeverlauf die Aufgabe, eine psychische Erkrankung als solche zu erkennen. Dabei gilt es, sorgfältig zwischen persönlichen Eigenarten und Besonderheiten von Personen einerseits und Anhaltspunkten für eine psychische Erkrankung andererseits zu unterscheiden. So sind unangemessene Definitions- und Stigmatisierungsprozesse ebenso zu vermeiden wie überfordernde und unangemessene Anforderungen und Zielsetzungen in Hilfeprozessen.

Um aber Veränderungsprozesse in und mit Familien initiieren zu können, ist es wesentlich zu verstehen, woher bestimmte Verhaltensmuster rühren und welche Dynamik in Interaktionen bestimmend ist. In diesem Zusammenhang ist es bedeutsam, „merkwürdiges" oder „auffälliges" Verhalten von Eltern sorgfältig zu beobachten, „eigenartige" Erzählungen aufmerksam zu verfolgen oder auch Veränderungen und Spuren von (Selbst-)Verletzungen zu registrieren. Eine psychische Erkrankung sollte dabei als eine Deutungsmöglichkeit mitbedacht werden.

Die Interviews im Rahmen der Einzelfallrekonstruktionen zeigten deutlich, wie entscheidend eine sensible Wahrnehmung der Botschaften von Eltern in ihren Erzählungen und Handlungen ist, um familiäre Lebenssituationen mit ihren Entwicklungsmöglichkeiten und Gefährdungspotenzialen für die Kinder adäquat einschätzen zu können. So berichtet eine ASD-Fachkraft:

„Als wir die Hilfe zur Erziehung installiert haben, war sie quasi schon in Therapie. Sie sagte damals wegen ihrer Angstattacken. ... Ich habe das einfach gehört und habe das in den Hilfeplan aufgenommen, habe das aber eigentlich damals nicht bewertet. Ich habe es zur Kenntnis genommen. Zumal ja auch immer stabilisierend die Mutter von Frau O. in der Familie war, der Vater, Herr E., da waren die Kinder häufig, da war wohlwollender Kontakt zwischen den Eltern und die sozialpädagogische Familienhelferin war drin. ... Die Familienhilfe, ..., hat das mir gegenüber auch nie problematisiert und gesagt: Die Mutter ist psychisch krank. Sie sagte immer: ,Frau O. hat so ihre

Besonderheiten.' Das erste Mal bin ich hellhörig geworden, wie Frau O. mir berichtet hat, von einer Angstattacke mit ihren beiden Kindern im Auto." *(ASD_5_41, 49-50, 63-64)*

Dieselbe Fachkraft beschreibt weiter, wie mit der veränderten Wahrnehmung und Neueinschätzung der familiären Situation auch neue Fragen hinsichtlich einer möglichen Gefährdung der Kinder einhergehen:

„Mich hat umgetrieben: Sind die Kinder bei der Mutter gefährdet? Also an Leib und Leben bedroht? Wenn sie Angstattacken hat, was macht sie dann? Frau O. hat mir auch irgendwann mal erzählt, dass sie mit dem Kissen vor dem Bett von N. gestanden hat. Sie hat Angst davor, dass ihr das wieder passiert und dass sie ihren Kindern etwas antut." *(ASD_5_69-70)*

Solche Mitteilungen von Eltern ernst zu nehmen und aufzugreifen, hat sich über alle Einzelfallrekonstruktionen als ein wesentlicher Zugang zu Problem- und Hilfeakzeptanz sowie letztlich auch zu Krankheitseinsicht erwiesen. Dabei geht es insbesondere um das verstehende Nachfragen („Was meinen Sie damit, wenn Sie sagen ...?") und die Konkretisierung auf der Handlungsebene („Was genau tun sie dann?"). Daran anschließend kann weiter herausgearbeitet werden, welche Konsequenzen das Handeln der Mutter (des Vaters) für die Kinder hat, welche Reaktionen die Kinder darauf zeigen, welche Interaktionsketten sich daraus entwickeln. Auf diese Weise werden die Auswirkungen der Erkrankung auf die Kinder bzw. das Familiensystem greifbarer und auch für die Betroffenen selbst sichtbarer.

Mitteilungen der Eltern sind allerdings nur ein möglicher Zugang zum Erkennen einer psychischen Erkrankung. Ein anderer sind Beobachtungen der Fachkräfte, die sie nach gründlicher fachlicher Klärung als Ausdruck einer psychischen Erkrankung verstehen und mit den Eltern kommunizieren. Bedeutsam ist bei diesem Weg, dass Fachkräfte ihrer eigenen, in Beratungskontexten eingehend reflektierten fachlichen Einschätzung trauen und diese konstant auf eindeutiger Sachebene vertreten. Wie dies gelingen kann, wurde in einem anderen Fall deutlich:

„Sie hat die Mutter direkt angesprochen, wobei die Mutter da noch sehr zurückhaltend war. Aber die Verletzungen nun einmal offensichtlich waren."
(ASD_6_32)

Auch die Mutter selbst spricht diesen Prozess an und beschreibt aus ihrer Sicht, dass dies ein schwieriger, aber letztlich hilfreicher Weg war:

„Das Jugendamt hat damals zu mir gemeint, was das soll? Ich habe gemeint: Mein Gott, ich mache das einfach, um meine Probleme abzubauen und um den Stress zu verarbeiten. Da haben sie gemeint gehabt: Das ist eine Erkrankung. Ich habe gemeint: Nein, das ist nicht schlimm. Ich tue ja keinem anderen weh. Ich tue nur mir weh. Die haben gemeint, ich brauche ganz dringend Hilfe. Bis das raus gekommen ist, hat sehr, sehr lange gedauert. Bis ich das eingesehen und mir eingestanden habe." *(Mutter_6_60-61)*

Beobachtungen, Erzählungen, Eindrücke mit solcher Tragweite angemessen einzuschätzen, stellt für die Fachkräfte (nicht nur) der Heimerziehung eine große Herausforderung dar. Hier braucht es die methodisch strukturierte Fallberatung als Unterstützungsstruktur. Ggf. ist zu prüfen, inwieweit die regelmäßige bzw. anlassbezogene Fallreflexion im Team ausreichend ist oder aber ob zusätzliche Kompetenzen erforderlich sind. So können auch eine Fallsupervision oder eine Fallberatung gemeinsam mit einem Kooperationspartner aus dem Handlungsfeld der Psychiatrie angezeigt sein. Um im Bedarfsfall zeitnah auf entsprechende Beratungsstrukturen zurückgreifen zu können, ist es empfehlenswert fallunabhängig zu klären, in welchem Rahmen innerhalb der einzelnen Heimeinrichtung Fragen bezüglich psychischer Erkrankungen beraten werden (können/sollen). Dies gilt umso mehr als dieses Thema – wie die Zielgruppenanalyse zeigte – in jedem sechsten bis siebten Fall relevant wird.

Entwicklung von Krankheitseinsicht und Behandlungsbereitschaft unterstützen

Psychische Erkrankungen bedürfen wie andere Erkrankungen der Behandlung und sind auch behandelbar. Außerdem ist zu beachten, dass viele psychische Störungen unbehandelt chronisch verlaufen und zunehmend zu

Komplikationen führen (vgl. www.psychiatrie.de/fakten). Insofern kommt der Ermutigung eine besondere Bedeutung zu, um eine mögliche psychische Erkrankung entsprechend ärztlich abklären zu lassen und ggf. Behandlung in Anspruch zu nehmen.

Im Rahmen der Zusammenarbeit mit Eltern können Fachkräfte der Heimerziehung im Sinne der Motivationsarbeit, wie sie oben beschrieben wurde, auf eine solche Bereitschaft zu Diagnostik und Behandlung hinwirken. Wie die Interviewpassagen bereits gezeigt haben, kann dies ein mühsamer und auch langwieriger Prozess sein, der seitens der Fachkräfte einen langen Atem erfordert. Dies stellt hier aber die zentrale professionelle Anforderung dar, geht es doch oftmals um sehr folgenreiche Erkenntnis- und Veränderungsprozesse auf Seiten der Eltern, die immer auch das Selbstbild und bisherige Lebenskonzept betreffen. Zugleich sind Krankheits- und Behandlungsbereitschaft in diesen Fällen als der zentrale Zugang zu Veränderung anzusehen, der eine Klärung des Eltern-Kind-Verhältnisses erst ermöglicht und gelingendere Optionen familiärer Interaktion, ggf. auch wieder familiären Zusammenlebens eröffnet.

In diesem Prozess kann es hilfreich und sinnvoll sein, wenn Fachkräfte, die in einer Arbeitsbeziehung mit den betroffenen Eltern stehen, sie zu den entsprechenden psychiatrischen Stellen (Arzt, Klinik, Sozialpsychiatrischer Dienst u. ä.) begleiten. Manche Eltern brauchen auch Übersetzungshilfen hinsichtlich der Bedeutung der ärztlichen Einschätzung für die nächsten konkreten Schritte, die sie selbst gehen müssen, oder auch zu Aus- und Nebenwirkungen, wenn sie dies unterlassen. So kann es Aufgabe der Zusammenarbeit mit Eltern sein, die Realität der aktuellen Lebens- und Familiensituation präsent zu halten, wenn diese zu schwinden droht, oder Einsichten und Vereinbarungen wach zu halten. Bei anderen Eltern kann es wiederum angezeigt sein, sie in ihren eigenen Vorhaben, z. B. Therapie in Anspruch zu nehmen, zu stärken und sie dahingehend zu unterstützen, dass sie sich auf diesen – oftmals auch schmerzhaften und anstrengenden – Prozess einlassen können und dran bleiben.

„Sie hat viel probiert, und hat gesagt, ‚okay ich muss machen, ich muss für mich etwas tun', hat auch teilweise, ich will nicht sagen, abgebrochen. Aber ich hatte schon den Eindruck, also ihre Therapeuten, wo immer sie auch war, hatten nie so richtig die Chance an sie ran zu kommen. Jetzt hat sie einen Weg eingeschlagen, der ist ganz frisch wie gesagt, ... Ich hatte vor einer Woche ein Elterngespräch und ja es kommt was ins Rollen bei ihr." (Bezug_5_39-40)

Manchmal kann aber auch die Herausnahme der Kinder zum Anstoß für Krankheitseinsicht und Behandlungsbereitschaft werden. In diesem Fall kann das deutliche Eintreten der Fachkräfte für die Kinder für die betroffenen Eltern zum Signal werden, dass die aktuelle Situation nicht mehr akzeptabel ist. So berichtet eine Mutter selbst:

„Das war so gewesen, dass es angefangen Klick zu machen, als mein Sohn wegkam. Da habe ich erst einmal gemerkt, was ich eigentlich einmal gemacht habe. Sie haben vorher gemeint gehabt, es kann sein, dass ich das übertrage, dass ich ein schlechtes Vorbild bin usw. Deswegen habe ich mir erst dann das sehr spät eingestehen müssen." (Mutter_6_ 65)

So können auch Interventionen Veränderungsimpulse setzen. Voraussetzung ist dabei, dass das zunächst parteiliche Handeln für das Kind mit den Eltern offen und für diese nachvollziehbar kommuniziert wird. Außerdem gilt es, das Handeln in der Sache zu begründen und zugleich die Personen – Eltern und Kinder – wertzuschätzen.

Mit psychisch erkrankten Eltern in die Zusammenarbeit kommen: einen professionellen Umgang mit ihren „Besonderheiten" finden

Ist das Thema psychische Erkrankung als relevant erkannt und mit den Eltern offen gelegt, stellt sich die Frage, welche Bedeutung dieses für die konkrete Zusammenarbeit hat. Hierzu ist festzuhalten, dass die in dieser Arbeitshilfe beschriebenen Anforderungen an eine gelingende Zusammenarbeit mit Eltern im Rahmen der Heimerziehung grundsätzlich auch für Eltern gelten, die an einer psychischen Erkrankung leiden. Als spezifische Herausforderung stellt sich dabei die Beachtung der individuellen krankheitsbedingten Einschränkungen in der Kompetenzeinschätzung, in der gemeinsamen Zielentwicklung sowie in der Ausgestaltung des Arbeitsprozesses. In der Summe lassen sich dazu folgende Besonderheiten für die Zusammenarbeit mit den psychisch erkrankten Eltern hervorheben:

- [ ] Die Diagnose „psychische Erkrankung" reicht nicht aus. Es bedarf der handlungsorientierten Konkretisierung gemeinsam mit den Eltern und ggf. auch den behandelnden Ärztinnen und Therapeuten, wie sich die Erkrankung bei diesem Elternteil und in diesem familiären Kontext genau auswirkt und welche Konsequenzen sich daraus für die Kinder ergeben. Hier liegt zugleich ein wesentlicher Schlüssel für die Entwicklung von Problem- und Hilfeakzeptanz.

- [ ] Die Kompetenzeinschätzung mit den Eltern muss an diese Beschreibung der Erkrankung anschließen. Dabei ist stets ein doppelter Blick erforderlich. Neben der Frage, über welche Erziehungskompetenzen die Eltern verfügen bzw. welche sie erweitern können, gilt es auch einzuschätzen, in welchen Bereichen und in welchem Umfang Entlastung erforderlich ist, damit die Eltern in verbleibenden Kompetenzbereichen möglichst gelingend ihrer Verantwortung nachkommen können. Erst über das Ausloten von angemessener Entlastung und Entwicklungsoptionen können bedarfsgerechte Ziele mit den Eltern (und Kindern) erarbeitet werden. Dazu gehört immer auch das Abwägen, welche Einschränkungen hingenommen werden müssen und wo realistische Entwicklungspotenziale anzunehmen sind. Entsprechend geht es sowohl um das Erarbeiten von angemessenen Umgangsformen mit den Einschränkungen als auch um das Eröffnen von Lern- und Übungsfeldern für die Kompetenzerweiterung.

- [ ] Je nach konkreten Auswirkungen der Erkrankung kann es eine angemessene Aufgabe der Heimerziehung sein, mit den Eltern daran zu arbeiten, alternative Handlungsstrategien im Umgang mit der Erkrankung im Rahmen der Erziehung zu entwickeln. Wie die Einzelfallrekonstruktionen gezeigt haben, ist dies bei den häufig vorfindbaren Auswirkungen wie der mangelnden Wahrnehmung der kindlichen

Bedürfnisse, wechselnder Präsenz und der Parentifizierung der Kinder möglich.

Dieses zunächst allgemein beschriebene Anforderungsprofil an die Zusammenarbeit mit psychisch erkrankten Eltern kann entlang der Erkenntnisse aus den Einzelfallrekonstruktionen konkretisiert werden. So konnte hierüber eine Reihe von Hinweisen gewonnen werden, wie für diese Zielgruppe relevante „besondere" Themen und Aspekte aufgegriffen und zielführend bearbeitet werden können.

Psychisch erkrankte Eltern als Eltern
und in ihrer spezifischen Verantwortung ansprechen

Um eine tragfähige Basis für die Zusammenarbeit mit psychisch erkrankten Eltern zu erreichen, ist es erforderlich, ihnen mit der entsprechenden Offenheit, Achtung und Wertschätzung zu begegnen, wie es allgemein als zielführende Haltung anzusehen ist. Als Hilfe für die Fachkräfte und zugleich wesentlicher Türöffner für die betroffenen Eltern hat sich dabei erwiesen, sie nicht auf die psychische Erkrankung zu reduzieren, sondern sie im Rahmen der Heimerziehung zuallererst als Eltern anzusprechen. Zwar ist die psychische Erkrankung als Beeinträchtigung bedeutsam. Nichtsdestotrotz bleiben sie aber Eltern und sind als erste für die Erziehung ihrer Kinder verantwortlich.

Werden so psychisch erkrankte Eltern als Eltern wahrgenommen, die an einer Krankheit leiden, eröffnen sich verstehende Zugänge, die das gemeinsame Fragen nach den Auswirkungen der Erkrankung, daraus resultierenden Beeinträchtigungen und notwendigen Hilfen leichter machen. Dies erfordert allerdings, dass die Fachkräfte selbst zunächst psychische Erkrankungen als Erkrankung akzeptieren und damit einhergehende Einschränkungen anerkennen. Auf dieser Basis gilt es gemeinsam auszuloten, mit welchen Beeinträchtigungen dauerhaft umzugehen ist und wo verloren gegangene Kompetenzen mit entsprechender Unterstützung wieder gewonnen oder erweitert werden können. Dies ist notwendig, um angemessene und realistisch erreichbare Ziele entwickeln zu können.

Eltern soweit als möglich in der Verantwortung für ihre Kinder zu lassen, ist eine grundsätzliche Anforderung an eine familienunterstützende Heimerziehung. In der Zusammenarbeit mit psychisch erkrankten Eltern hat sich dieser Aspekt insofern als besonders bedeutsam erwiesen, als psychisch erkrankte Eltern oftmals sehr darunter leiden, dass sie auf Grund ihrer Erkrankung und den damit einhergehenden Lebensbedingungen ihren Kindern nicht so gerecht werden können, wie sie es gerne würden. Viele von ihnen kennen ihre Grenzen gut, sie benötigen aber eine besondere Ermutigung, um entsprechende Hilfen als Unterstützung annehmen zu können. So befürchten psychisch erkrankte Eltern und besonders psychisch erkrankte Mütter in hohem Maße, dass sie ihre Kinder verlieren, wenn sie Hilfen zur Wahrnehmung ihrer Erziehungsaufgaben in Anspruch nehmen (vgl. Schmutz 2010). In diesem Zusammenhang kommt der Gestaltung des Hilfebeginns eine hohe Bedeutung zu.

„Ich habe einfach schon gemerkt, dass sie die Not von dem Kind in Ansätzen sehen kann und gleichzeitig aber so verängstigt war, das Kind zu verlieren. Das haben wir immer wieder thematisiert und dann wurde es auch weniger bedrohlich für sie. …, das ist dann auch im Vorstellungsgespräch deutlich geworden, dass sie anerkannt ist, dass sie keine schlechte Mutter ist, auch wenn sie das Kind dort hingeben muss. Das hat ihr schon geholfen, Vertrauen zu gewinnen." (ASD_6_93-95)

Im Rahmen der Heimerziehung kann es darüber hinaus angezeigt sein, mit den Eltern Aus- und Nebenwirkungen verschiedener Wege und Entscheidungen in ihrem persönlichen Bereich zu reflektieren. Dies kann die Art und Weise betreffen, wie sie mit ihrer Erkrankung umgehen (regelmäßige Medikamenteneinnahme, Inanspruchnahme von Therapie etc.) oder auch ihren eigenen Alltag organisieren und ihr Leben gestalten (z. B. Partnerwechsel, Umzüge etc.). Der Fokus liegt dabei auf der Bedeutung des elterlichen Handelns für die Kinder. Auf diese Weise können Fachkräfte Eltern ihre Verantwortung aufzeigen und auf bewusste Entscheidungen zur Verantwortungsübernahme hinarbeiten.

Eine besondere Herausforderung stellt in diesem Prozess häufig die Ambivalenz zwischen dem elterlichen Wollen einerseits und ihrem Können andererseits dar. So gilt es, gemeinsam mit den Eltern ihren Willen zur Verantwortungsübernahme anzuerkennen, aber auch die tatsächlich verfügbaren Ressourcen zur konkreten Umsetzung auszuloten. Psychisch erkrankte Eltern als Eltern ernst zu nehmen bedeutet dabei immer auch die realistisch erreichbaren Möglichkeiten der Verantwortungsübernahme einzuschätzen und für Eltern und Kinder tragfähige Lösungen zu suchen, die diese Möglichkeiten ausschöpfen, aber auch den Bedürfnissen der Kinder gerecht werden.

Die Ausgestaltung der Zusammenarbeit an den aktuellen Gesundheitszustand anpassen

Psychische Erkrankungen, insbesondere wenn sie chronifiziert sind, verlaufen oftmals in wechselnden Phasen, die sich durch unterschiedliche Stabilität und Alltagskompetenz auszeichnen. Je nach Krankheitsverlauf sind betroffene Eltern entsprechend mal mehr und mal weniger präsent, für ihre Kinder ansprechbar und in der Zusammenarbeit verlässlich.

Für die inhaltliche Planung der Zusammenarbeit ist es entsprechend bedeutsam, den Gesundheitsverlauf zu berücksichtigen. So sollten Fragen des Umgangs mit der Erkrankung und deren Auswirkungen hinsichtlich der Erziehungsaufgaben primär in stabilen Phasen angegangen werden. In dieser Zeit gilt es, adäquate Handlungsstrategien zu entwickeln und einzuüben und somit Veränderungsprozesse zu initiieren. In schwierigen Zeiten und akuten Krankheitsphasen stehen dagegen eher die Begleitung, die Sicherung von Information und das Aufrechterhalten von Kontakten im Vordergrund. Meist nimmt die akute Erkrankung die betroffene Person so in Anspruch, dass daneben kaum andere Themen und Fragestellungen bearbeitet werden können. Auch erfordert die Behandlung entsprechend Zeit und persönliche Energie. Dies gilt es zu beachten und im Dialog – auch mit den Kindern – passende Formen der Kommunikation und Zusammenarbeit auszuloten.

Um aber die Zusammenarbeit in diesem Sinne am Gesundheitszustand ausrichten zu können, braucht es eine Vereinbarung mit dem betroffenen

Elternteil oder mit einer weiteren, ihr nahe stehenden Person, wie die zuständige Fachkraft von Veränderungen im Gesundheitszustand erfährt. Auch ist es hilfreich, eine Form der Rückmeldung zu entwickeln, wie die Fachkräfte eigene Beobachtungen spiegeln und mit dem betroffenen Elternteil abstimmen können. Nur wenn Veränderungen offen kommuniziert werden, kann tatsächlich eine Anpassung der Zusammenarbeit an die aktuellen Möglichkeiten der Eltern erfolgen.

Wenn ein stationärer Aufenthalt in einer psychiatrischen Klinik notwendig wird, ist es hilfreich, Absprachen zur Information und Kontaktgestaltung zu treffen. Wenn – ggf. auch wiederholte – Klinikaufenthalte zu erwarten sind, ist zu empfehlen, bereits im Vorfeld eine Vereinbarung mit der Mutter bzw. dem Vater und der zuständigen Klinik bezüglich des Informationsflusses zu schließen. So kann das betroffene Elternteil beispielsweise vorausschauend in der Klinik und/oder im Jugendamt und der Einrichtung schriftlich hinterlegen, wer im Falle einer stationären Aufnahme hierüber informiert werden soll. Eine solche Verfügung zu erarbeiten, kann auch Gegenstand der Zusammenarbeit im Rahmen der Heimerziehung in den stabilen Phasen sein.

Aber auch in der kontinuierlichen Gestaltung der Zusammenarbeit ist es von Bedeutung die Auswirkungen der Erkrankung zu berücksichtigen. Dies gilt besonders für die Dauer von gemeinsamen Gesprächen ebenso wie für deren Häufigkeit und zeitliche Taktung. So ist beispielsweise zu beachten, dass sich betroffene Eltern oftmals je nach gesundheitlicher Verfassung unterschiedlich lange auf ein Gespräch konzentrieren können. Ebenso kann es in der Wahl des Ortes für ein Gespräch sinnvoll sein, sich daran auszurichten, wie mobil die betroffenen Eltern sind oder welche zusätzliche Belastung aus der Überwindung einer bestimmten Entfernung resultiert. Gezielte Besuche zu Hause oder auch in der Klinik sind vor diesem Hintergrund ggf. bedenkenswert.

Mit wechselnder Präsenz der Eltern umgehen:
mit und für Kinder Erklärungen suchen und Zugänge für Eltern offen halten

Mit dem phasenhaften Verlauf einer psychischen Erkrankung gehen oftmals starke Wechsel in der Präsenz der Eltern einher, die häufig als ein Auf und Ab beschrieben werden. Mal sind die Eltern voll und ganz für die Kinder erreichbar und zuverlässig im Kontakt, dann wieder sind sie gar nicht ansprechbar. Neben zyklisch oder schubweise verlaufenden psychischen Erkrankungen (z. B. Psychosen) treten solche Wechsel häufig auch bei Suchterkrankungen auf.

Neben den Schwierigkeiten, die sich aus der wechselhaften Präsenz für die Kontinuität der Zusammenarbeit ergeben, ist hier die daraus resultierende Verunsicherung der Kinder zu berücksichtigen. Diese betrifft sie umso mehr, wenn sie sich die Unterschiede nicht erklären und das Eintreffen des nächsten Wechsels nicht einschätzen können. Kontinuität und Verlässlichkeit als zentrale Rahmenbedingungen für ein gesundes Aufwachsen von Kindern sind somit in solchen Familienkonstellationen nicht gewährleistet.

Mit der Fremdunterbringung der Kinder ist meist das Ziel verbunden, solche Kontinuität und Verlässlichkeit im Alltag wiederherzustellen. Die wechselnde Präsenz der Eltern bleibt aber zumindest in der Kontaktgestaltung Thema.

„... diese Wellenbewegung, ..., ist mal einer da, dann wieder nicht da. Diese Wechselgefühle, diese Wechselbäder, das war für die Kinder nicht einfach, zu keiner Zeit. Im Grunde genommen wurden sie immer wieder enttäuscht. Kaum haben sie sich daran gewöhnt, dann sind die schon wieder weg gebrochen. Das war eigentlich ständig Thema. Wie kriegt man da eine Kontinuität rein, dass sie am Ball bleiben. Diese Wellenbewegung die gab es. Da waren sie mal oben, dann waren sie wieder unten. Ja, das war fast wie täglich grüßt das Murmeltier." (Bezug2_7_148-149)

Für die Kinder ist diese wechselnde Präsenz der Eltern oftmals schwer auszuhalten. Ihre Enttäuschung kann dann auch in Ablehnung oder Wut umschlagen. Um hier wieder zu einem verlässlichen Umgang miteinander zu finden, haben sich anhand der Fallbeispiele insbesondere drei Aspekte als wesentlich erwiesen. Zum einen ist auch hier die Inanspruchnahme einer Behandlung für die betroffenen Eltern eine meist unabdingbare Voraussetzung, damit das betreffende Elternteil selbst wieder zu Stabilität und konstanter Präsenz findet. Zum anderen braucht es eine für die Kinder nachvollziehbare Erklärung, wie es zu diesem wechselhaften Verhalten der Mutter oder des

Vaters gekommen ist. Eine Erkrankung können Kinder als solche meist gut akzeptieren, zumal wenn es zu Begegnungen zwischen Eltern und Kindern kommt, in denen die Erkrankung auch körperlich sichtbar ist.

„... sie haben sie, wie gesagt, nur an der Kommunion gesehen, da war sie kurz in der Kirche, 10 Minuten vielleicht, da haben sie gesehen, die Mama sieht krank aus. Und dann haben wir gesagt, die Mama ist süchtig, die Mama nimmt Drogen, das ist eine Sucht, d. h. sie kommt davon nicht weg, etc. Das ist das, was sie wussten, und das war der eine Kontakt, wo sie die Mutter so sahen." (Bezug1_7_295)

Neben Erklärungen entlang der Erfahrungen und Fragen der Kinder können auch allgemeine Informationseinheiten zum Thema für Kinder hilfreich sein.

„Wir hatten auch Kinderkonferenzen, d. h. einmal im Monat, ..., wir haben auch generell mal über Sucht gesprochen, was da passiert und warum Leute das machen, also das war aber so mehr allgemein gehalten, so praktisch, so Info-Abend, aber zumindest ansatzweise zu erklären, was da passiert, oder warum Leute das machen, dass sie im Grunde genommen krank sind." (Bezug2_7_288)

Schließlich gilt es, die wechselnde Präsenz als Auswirkung der Erkrankung zu akzeptieren, und einen Umgang damit als Fachkräfte sowie gemeinsam mit dem Kind zu entwickeln. Dabei kann ein Blickwechsel hilfreich sein, der verstärkt die Kontaktmöglichkeiten in den stabilen, „gesunden" Phasen fokussiert. Dann geht es vor allem darum, die Möglichkeiten zu Kommunikation, Austausch und gemeinsamem Erleben in dieser Zeit auszunutzen, um die ggf. darauf folgende, stärker von der Erkrankung geprägte Phase gewissermaßen überbrücken zu können.

Ausgestaltung der Zusammenarbeit mit psychisch erkrankten Eltern: den Besonderheiten ihrer Lebenssituation Rechnung tragen

Wenn Kinder – nicht nur psychisch erkrankter Eltern – stationär untergebracht werden, liegen im häuslichen Umfeld in der Regel verdichtete Problemlagen vor. Hinzu kommt für die hier maßgebliche Zielgruppe, dass sich die psychische Erkrankung des betroffenen Elternteils meist chronifiziert hat, so dass ein dauerhafter Umgang mit der Erkrankung und die Bewältigung unterschiedlicher Alltagsprobleme und Lebensfragen notwendig geworden sind. Je nach Auswirkungen der psychischen Erkrankung und daraus resultierenden Einschränkungen ist die Ausgestaltung der Zusammenarbeit mit den Eltern dann mehr oder weniger stark von der Frage bestimmt, wie viel Teilhabe am Heimalltag möglich ist, welche Schutzaspekte bei Beurlaubungen zu beachten sind, welche Erweitung an Erziehungskompetenzen erwartet und wie eine Rückführungsperspektive angemessen verfolgt werden kann. Wenn diese Fragen zwar grundsätzlich bei allen Fremdunterbringungen zu klären sind, so sind hier neben kumulierten Problemlagen in der familiären Lebenssituation stets die spezifische Dynamik und Prognose chronifizierter Krankheitsbilder zu berücksichtigen. Bezogen auf eine handlungsorientierte Ausgestaltung der Zusammenarbeit mit psychisch erkrankten Eltern lassen sich auf der Basis der Erkenntnisse aus den Einzelfallrekonstruktionen insbesondere nachfolgende Aspekte hervorheben.

Mit psychisch erkrankten Eltern individuell klären, welche Teilhabe am Heimalltag und Wahrnehmung von konkreten Aufgaben möglich sind

Wie oben aufgezeigt wurde, ist bei psychisch erkrankten Eltern oftmals die Angst, bei Inanspruchnahme einer (stationären) Hilfe zur Erziehung ihre Kinder zu verlieren, besonders ausgeprägt. Umso wichtiger ist es, sie für die Hilfe zu gewinnen, und mit ihnen die Erlaubnis für ihre Kinder zu erarbeiten, im Heim neue Beziehungen eingehen und sich dort auch wohl fühlen zu dürfen. Wie im Zuge des Projektes „Heimerziehung als familienunterstützende Hilfe" herausgearbeitet werden konnte, tragen die regelmäßige Information der Eltern, ihre Beteiligung an Entscheidungen, ihre Teilhabe an diversen Aktivitäten sowie die Übernahme von konkreten Aufgaben dazu wesentlich bei.

Im Blick auf psychisch erkrankte Eltern ist hier allerdings zu beachten, dass ihre Möglichkeiten, sich in den Heimalltag einzubringen, regelmäßig bestimmte Aufgaben zu übernehmen oder auch intensiv an Veränderungen bezogen auf die häuslichen Erziehungsbedingungen zu arbeiten, begrenzt sind. Dies resultiert nicht zuletzt daraus, dass ein wesentlicher Anteil ihrer persönlichen Energie durch die Bewältigung der Erkrankung, ggf. auch der

Folgen einer daraus resultierenden psychischen Behinderung oder aber durch Behandlung und Therapie gebunden ist. Vor diesem Hintergrund ist mit psychisch erkrankten Eltern sorgfältig auszuloten, in welcher Weise eine angemessene Einbindung in den Hilfeprozess gelingen kann, aber auch auf welche Weise die Einbindung für sie tatsächlich erlebbar wird.

So ist es über konkrete Absprachen hinaus für diese Eltern hoch bedeutsam, das Gefühl zu haben zu wissen, was im Heim passiert, was ihre Kinder tun und wie sie sich entwickeln. Entsprechend bewerten diese Eltern das dichte Informieren seitens der Einrichtung als besonders hilfreich.

„Dass die Eltern nicht ins Abseits geschoben werden, sondern dass die Eltern tatsächlich auch komplett mit einbezogen werden, was die Kinder betrifft und auch was die Persönlichkeit betrifft. Dass wirklich alles mit einbezogen wird. Und die Eltern dabei." Mutter_5_106)

Über Information und Beteiligung wird für die Eltern konkret erfahrbar, dass sie tatsächlich in der Verantwortung bleiben. So schlägt sich für die befragten Mütter, als Eltern ernst genommen und in der Erziehungsverantwortung gefragt zu sein, vor allem darin nieder, dass sie eng in Alltagsfragen der Heimgruppe einbezogen und an Entscheidungen beteiligt werden.

„Ohne meine Absprache ist eigentlich nie etwas passiert, weil ich auch noch das Sorgerecht hatte." (Mutter_7_122)

Ähnlich wird auch die Möglichkeit, an Veranstaltungen und Aktivitäten in der Heimeinrichtung und dem dortigen sozialen Bezugssystem des Kindes (Schule, Freizeit u. ä.) teilzuhaben, als förderlich bewertet.

„Wir haben Sommerfeste usw., ich bin bis jetzt überall mit dabei gewesen. Ich nehme Arzttermine mit meinem Sohn wahr, soweit ich es kann. Ich gucke, dass ich so viel wie möglich mit meinem Kind unternehmen kann." (Mutter_6_170)

Um den Eltern die notwendige Teilhabe am Alltagsgeschehen der Heimgruppe gewähren zu können, kann es zieldienlich sein, individuelle Kontaktregelungen mit den Fachkräften zu treffen bzw. auch bedarfsorientiert von zuvor getroffenen Vereinbarungen abzuweichen. Allerdings ist hierbei hohe Professionalität von den Fachkräften gefordert, um im Einzelfall das angemessene Maß an Kontaktdichte zu finden.

„Natürlich haben wir hier eine Struktur und feste Telefontage und, und. Aber es war auch notwendig, wenn sie mal zwischendurch angerufen hat, gerade in der Anfangszeit. Ich habe so Sehnsucht nach meinem Sohn und geheult. Da ging es auch ein Stück weit um das Aushalten für uns, also für mich in dem Fall. Natürlich war es auch für mich schwierig, die heult am Telefon, was machst du denn. Aber ein Stück weit auch mal aushalten, zuhören. Das hat sie gespürt, die nehmen mich ernst. Die sind da, wenn es mir gut geht, die sind aber auch da, wenn es mir schlecht geht und die sind vor allen Dingen offen. Ich glaube schon, dass das ein Stück weit auch dazu beigetragen hat, dass sie jetzt ihren Weg geht." (Bezug_5_76)

Auch bezogen auf die konkrete Aufgabenübernahme ist es oftmals erforderlich das passende Maß zum Umfang auszuloten. Je nach Dynamik der Erkrankung neigen hier gerade psychisch erkrankte Mütter (bzw. Väter) dazu sich zu überschätzen.

„Da wollte sie jeden Kontakt selbstständig regeln, angefangen vom Kleiderkauf über Schulkontakte bis hin zu irgendwelchen Festen, wo die Kinder begleitet werden sollen oder bei Sportvereinen angemeldet, das wollte sie alles machen. Sie hat aber ganz schnell gemerkt, das wird ein bisschen zu viel. Letztendlich haben wir das dann gemeinsam gemacht." (Bezug1_7_221-222)

Wenn Eltern sich zu viel vornehmen, wiederholen sich damit oftmals Erfahrungen des Scheiterns auf Seiten der Eltern und das Erleben von Unzuverlässigkeit auf Seiten der Kinder. Um zu einem angemessenen Umgang mit der Erkrankung und ihren Auswirkungen zu kommen, ist es aber für Eltern und Kinder gleichermaßen wichtig zu sondieren, in welchem Rahmen Aufgaben und gemeinsame Aktivitäten gelingen können. Aufgabe der Fachkräfte ist es hier, über die Planung und Reflexion der einzelnen Vorhaben Eltern und Kinder in der Suche nach der angemessenen Grenze zu unterstützen.

Psychisch erkrankte Eltern in ihren Erziehungskompetenzen stärken und zu einem eigenen Erziehungsstil ermutigen

Psychisch erkrankte Eltern sind oftmals nicht nur auf Grund ihrer Erkrankung in ihren Erziehungskompetenzen beeinträchtigt, sondern auch in ihrem Erziehungsverständnis insgesamt stark verunsichert (vgl. Lenz 2008). Schulungs- und Trainingsprogramme zur Entwicklung und Stärkung von Erziehungskompetenzen sind hier grundsätzlich geeignete Ansätze. Darüber hinaus bedürfen diese Eltern aber auch der besonderen Ermutigung, auf der Basis des Erlernten ihren eigenen Erziehungsstil zu finden. Dazu ist es erforderlich, dass Fachkräfte Optionen des Handelns ggf. aufzeigen, letztlich aber die Eltern für sich die Möglichkeit erhalten, das für sie passende Vorgehen herauszufinden.

„Weil wenn man sie kennt, sie hat schon ihre Ansprüche. Ich bin eine gute Mutter. Ich möchte eine gute Mutter sein. ... Sie übernimmt die Verantwortung. Sie übernimmt die Verantwortung für jeden Schritt, den sie tut. ... Ich habe ihr immer wieder Ratschläge gegeben, habe aber die Verantwortung ihr überlassen, weil sonst kommt man ganz schnell in die Schiene, sie haben ja gesagt und jetzt habe ich das gemacht, und war doch nichts." (Bezug_5_49, 56)

Wie sich in anderen Zusammenhängen bereits gezeigt hat, werden von den Eltern zur Bearbeitung von Erziehungsfragen Gruppenangebote innerhalb einer Heimeinrichtung als sehr hilfreich angesehen (vgl. Moos/Schmutz 2006). Dies gilt in gleicher Weise auch für psychisch erkrankte Eltern. Was Eltern im Rahmen solcher Gruppenangebote oder auch im Zuge regelmäßiger Einzelgespräche mit den Fachkräften für sich an Erkenntnissen gewinnen, müssen sie allerdings im Alltag mit ihren Kindern umsetzen. Erst dann werden die neu erworbenen Kompetenzen wirksam. Dazu genügt es nicht, die im geschützten Rahmen erprobten alternativen Muster schematisch umzusetzen. Vielmehr müssen diese angeeignet und mit der eigenen Persönlichkeit gefüllt werden. Dies stellt gerade für psychisch erkrankte Eltern, die in ihrer Persönlichkeit oftmals insgesamt verunsichert sind, eine große Herausforderung dar.

„Ich bin ja eng dran an der Familie. Gerade wenn ich jetzt meine Person nehme, ich war nur der Berater. Ich habe schon gemerkt, sie saugt es auf. Teilweise, bin ich ganz ehrlich, war es auch schwierig für mich, okay ich muss mich da rausziehen, sonst klammert sie zu arg und liest praktisch die Worte von den Lippen ab. Weil das ist die Gefahr, dass sie dann eins zu eins umsetzt, kopiert, und das funktioniert nicht. Das habe ich ihr auch gesagt. Ich habe gesagt: ‚Frau O. kopieren geht nicht. Sie müssen ihren Stil finden, auch wenn die Kinder zu Hause sind. Ich kann ihnen nur sagen, wie ich das sehe, wie wir es machen, aber sie müssen authentisch sein gegenüber ihren Kindern'." (Bezug_5_63-64)

Um hier den eigenen Weg zu finden, brauchen gerade verunsicherte und ängstliche Eltern viel Ermutigung und Zutrauen, konkrete Schritte zu gehen und eigene Erfahrungen zu machen. Diese gilt es wiederum hinsichtlich ihrer Wirkung auf sie selbst und ihre Kinder zu reflektieren und ggf. wiederum Neues auszuprobieren. Oftmals sind gerade diese Eltern davon geprägt, „misslungenes" Erziehungsverhalten als Fehler abzuqualifizieren und sich schuldig zu fühlen. Hilfreich ist es hier, explizit die Erlaubnis zur Erprobung und Sondierung und somit zu einem kontinuierlichen Lernen zu geben.

„Ich habe gesagt, Frau O. es geht nicht um Fehler. Wir sind auch nicht perfekt, was die Erziehung ihres Kindes betrifft. Wir machen auch Fehler. Aber es geht nicht um Fehler, es geht darum, wie können wir es besser machen. Was funktioniert, was funktioniert nicht." (Bezug_5_72)

Parentifizierung entgegenwirken:
Verantwortungsverschiebung aufzeigen und Elternrolle stärken

In Familien mit einem psychisch erkrankten oder suchtkranken Elternteil kommt es oftmals zu einer Verantwortungsverschiebung zwischen Eltern und Kindern („Parentifizierung"). Dies hat zur Folge, dass sich Kinder für die Eltern und die Familie verantwortlich fühlen und teilweise elterliche Funktionen (z. B. psychische Stabilisierung der Eltern, Elternrolle gegenüber den Geschwistern) übernehmen, mit denen sie überfordert sind (vgl. Mattejat

2008). Daraus erwachsen zusätzliche (psychische) Belastungen für das Kind, die es in seiner Entwicklung beeinträchtigen können.

Eine solche Parentifizierung kommt beispielsweise in der Sorge eines Kindes um seine Mutter zum Ausdruck:

„... das macht sich bemerkbar, hauptsächlich abends am Telefon, wenn gesagt wird: ‚Mama, pass auf dich auf!' Das ist so ein Schlüsselerlebnis immer wieder. Eine Zeitlang war es gut und es ist aber wieder verstärkt da und dann ist dieses „Jammern" seitens der Mama, wenn sie jetzt sag ich mal einen „kleinen Husten" hat, das sind so Dinge, da macht sich Q. Riesensorgen, wenn er da das alte in Verbindung bringt. Das sind so Dinge, das müsste sich verändern. Dass er einfach sicher sein kann: Ich bin hier Zuhause, ich fühle mich hier wohl, die Mama ist für mich da. Und nicht anders rum." *(Bezug_6_297)*

In einer solchen Konstellation kann es zu einer zentralen Aufgabe in der Zusammenarbeit mit der Mutter (bzw. dem Vater) werden, an dieser Verantwortungsverschiebung zu arbeiten und auf eine Restrukturierung der Eltern- und Kindrolle hinzuwirken.

„Genau diese Mutter-Sohn-Beziehung zu stärken und der Mutter zu zeigen, das ist der Sohn. Das Thema ist jetzt offen und man soll es auch nicht tabuisieren in Zukunft. Aber prägnant war doch, dass er sagte, ‚Mama pass auf dich auf', abends am Telefon. Das ist nicht so ein typischer Satz, den ein Kind zu seiner Mutter sagt. Das ist eigentlich, was wir der Mutter sehr viel erklären und sagen, sie können gerne mit ihrem Sohn reden über gewisse Themen, ihn dann aber doch als Sohn betrachten." *(Bezug_6_41)*

Um hier zu einer Veränderung zu kommen, ist die Einsicht auf Seiten der Eltern ein zentraler Schritt.

„Aber ich muss auch sagen, ich halte meinen Sohn für einen Partner, für einen Erwachsenen und nicht wie ein Kind behandelt. Ich habe ihn gleich wie einen Mann, wie einen Freund, Verwandter, Bekannter behandelt, wie einen Erwachsenen. Er durfte kein Kind sein. Das habe ich später zum Schluss erst mitgekriegt, als es zu spät war." *(Mutter_6_25)*

Dabei kann eine vergangene Entwicklung nicht gelöscht werden. Bedeutsam ist aber sie anzuerkennen, die damit verbundenen Erfahrungen zu reflektieren und daran anknüpfend neue Erfahrungen im Miteinander zu ermöglichen.

Beurlaubungen in den familiären Kontext ermöglichen:
einen Notfallplan als Unterstützung entwickeln

Je nach Krankheitsverlauf und Kompetenz von Eltern und Kindern im Umgang mit der Erkrankung ist es im Hinblick auf Beurlaubungen notwendig zu klären, welche Voraussetzungen und Rahmenbedingungen für eine Beurlaubung gewährleistet sein müssen. Dazu ist zum einen erforderlich, im Zuge der sozialpädagogischen Diagnostik möglichst konkret herauszuarbeiten, welche Auswirkungen mit der Erkrankung verbunden sind und was dies für das Kind bedeutet. Auf dieser Basis gilt es für die Zeit der Beurlaubung zu klären, was erforderlich ist, damit das Kind ausreichend versorgt, betreut und geschützt ist. Zum anderen ist es förderlich, so früh wie möglich im Hilfeverlauf mit den Eltern die hierzu notwendigen Vereinbarungen zu treffen. Dazu gehören auch Absprachen, woran zu erkennen ist, dass diese Vereinbarungen tatsächlich eingehalten werden.

Auch wenn solche Regelungen unter Beteiligung aller relevanten Akteure erarbeitet und verbindlich festgehalten werden, gibt es – je nach Krankheitsverlauf – keine Garantie, dass diese immer so durchzuhalten sind. Auch sind im Verlauf der Beurlaubung entstehende Krisen nicht auszuschließen. Vor diesem Hintergrund ist es hilfreich, mit Kind und Eltern für den Fall der Fälle einen Notfallplan auszuarbeiten. Dazu gehört die Klärung, woran eine (entstehende) Krise zu erkennen ist und was dann zu tun ist. Dabei ist wichtig, mit Eltern und Kindern potenzielle Krisensituationen möglichst genau zu beschreiben (Was tut das betroffene Elternteil dann? Was tut es nicht? Was ist sonst noch kennzeichnend?). Außerdem gilt es zu vereinbaren, an wen sich das Kind wenden kann. Dabei empfiehlt es sich, mit dem Kind gemeinsam zu prüfen, welche Person dann für sie/ihn am wichtigsten wäre und wie diese am besten zu erreichen ist. Das muss keine Fachkraft der Einrichtung sein, sondern kann ebenso eine Person aus dem engeren sozialen Umfeld des Kindes sein, zu der es entsprechendes Vertrauen hat. Die notwendigen Kontaktdaten sollten so vermerkt sein, dass das Kind jederzeit darauf zugreifen kann.

„Was mit Q. ganz klar besprochen wurde: Wenn etwas passiert mit der Mama, dann kann er Opa und Oma anrufen. Die sind auch fahrtüchtig, d. h. sie wären auch direkt da. ..., weil er die Nummer im Kopf hat. Die hat er mit dem Opa gelernt und ich glaube, in der Notsituation ist das das erste, was er als Kind wählen würde." (Bezug_6_270)

Über die Entwicklung eines solchen Notfallplanes hinaus kann es zieldienlich sein, unterstützende Bezugspersonen des Kindes aus seinem familiären Umfeld insgesamt in den Hilfeprozess einzubeziehen (z. B. Großeltern, Patentante u. ä.). Hierüber können stabilisierende Beziehungen gefördert werden, die das Kind auch nach der stationären Hilfe in seiner Entwicklung und Lebensbewältigung unterstützen. Auf diese Weise kann ein für Kinder psychisch erkrankter Eltern zentraler bewältigungsfördernder Aspekt, nämlich über mindestens eine verlässliche unterstützende Bezugsperson neben dem erkrankten Elternteil zu verfügen, über die stationäre Hilfe gestärkt werden.

In die Rückführungsplanung perspektivendifferenzierte Prognosen zum weiteren Gesundheits- bzw. Krankheitsverlauf einbeziehen

Wie die Ergebnisse der Zielgruppenanalyse zeigen, wird bei Hilfen mit einem psychisch erkrankten Elternteil (ohne Suchterkrankung) verhältnismäßig häufiger eine Rückführung angestrebt.[10] Dies trifft in fast einem Drittel der Fälle zu, während dieser Anteil in der Gesamtgruppe bei einem Viertel liegt. Andererseits geht aus zwei der durchgeführten Einzelfallrekonstruktionen hervor, wie die Rückführung der Kinder in den Haushalt der Mutter zwar für alle Beteiligten eine offene Option ist. Zugleich zeigen die Fachkräfte aber große Skepsis, ob die Mütter die notwendige Stabilität für eine gelingende Rückführung erreichen. Zieht man zudem in Betracht, dass gerade psychisch erkrankte Mütter in besonderer Weise befürchten, ihre Kinder zu verlieren, lässt sich das Thema Rückführung in diesem Zusammenhang durchaus als heikel einschätzen. Dies ergibt sich aus mehreren Ambivalenzen.

---

[10] Bei Eltern mit Suchterkrankung verhält es sich umgekehrt (nur knapp ein Fünftel mit definierter Rückführungsperspektive).

Zum einen gilt in Hilfen mit einem psychisch erkrankten Elternteil wie bei allen stationären Hilfen, dass die Voraussetzungen für eine Rückführung möglichst konkret geklärt werden sollten, damit alle Beteiligten von gleichen Erwartungen ausgehen und zielgerichtet darauf hinarbeiten können. Im Hinblick auf psychisch erkrankte Eltern und je nach Dynamik der psychischen Erkrankung ist hierbei kritisch zu reflektieren, wie das betroffene Elternteil Realität und Option auseinander halten kann. So kann es sich als Schwierigkeit erweisen, dass die Konkretisierung der Option Rückführung von den Eltern als Zusage wahrgenommen wird, dass es genau so sein wird. In bestimmten Konstellationen stellt es nämlich für psychisch erkrankte Menschen eine große Herausforderung dar, antizipierte Möglichkeiten samt dem dazugehörenden Bedingungsgefüge von eigenen Hoffnungen und Wünschen zu unterscheiden.

„Das ist der springende Punkt bei ihr. Sie hört so eine zeitliche Aussage und dann setzt sich das bei ihr fest und ob sich das dann entwickelt oder nicht entwickelt, da muss man sie immer wieder zurückholen und hinweisen und thematisieren. Was Voraussetzung ist, dass es so weit kommt. Also da ist ihr Denken nicht so durchgängig." (ASD_6_165)

Zum anderen erfordert die Planung einer Rückführung immer auch die Erstellung einer Prognose, inwieweit die Eltern wieder eigenständig ihren Erziehungsaufgaben nachkommen können und welche flankierenden Hilfen im ambulanten Setting notwendig, aber auch ausreichend sind. Im Hinblick auf psychisch erkrankte Eltern stellt sich hier die besondere Anforderung, dass der weitere Krankheitsverlauf nur schwer vorherzusagen ist. Dazu gehört auch, dass die psychisch erkrankten Mütter (oder Väter) nach Rückkehr der Kinder in die Herkunftsfamilie wieder komplexeren Aufgaben gegenüberstehen. Das veränderte Anforderungsprofil im Alltag muss in der Prognose Berücksichtigung finden. Als besondere Herausforderung kann sich hier ein Dissens zwischen den Einschätzungen der Eltern und der Fachkräfte stellen.

Ein zentrales Stichwort in diesem Einschätzungsprozess stellt oftmals der Begriff „Stabilität" dar. Die befragten Mütter sprechen selbst davon, dass ihre Kinder zurückkehren können, wenn sie wieder „stabil" genug sind. Hier ist es bedeutsam, in jedem Einzelfall gemeinsam zu konkretisieren, was die Stabilität ausmacht, woran sie sich zeigt und was die betroffenen Eltern brauchen, um diese Stabilität zu erreichen und auch dauerhaft bzw. über längere Zeit zu erhalten. Ggf. ist diese Frage auch mit dem behandelnden Arzt bzw. der behandelnden Ärztin oder auch anderen begleitenden psychiatrischen Diensten einzuschätzen.

Chancen der Zusammenarbeit mit psychisch erkrankten Eltern: Eltern lernen Heimerziehung als Entwicklungsfreiraum für sich selbst verstehen

Die Zusammenarbeit mit psychisch erkrankten Eltern im Kontext der Heimerziehung ist anspruchsvoll, nicht zuletzt da eine Reihe von Besonderheiten zu beachten sind und ein professioneller Umgang damit gefunden werden muss. Zudem wird von den Fachkräften oftmals viel Geduld und Durchhaltevermögen gefordert. Als zentrale Rollenanforderung lässt sich dabei aus den Erkenntnissen der Einzelfallrekonstruktionen die Aufgabe herauskristallisieren, mit den Eltern eine realistische Sicht ihrer Möglichkeiten zu erarbeiten. Diese gilt es, den Bedürfnissen der Kinder gegenüber zu stellen sowie Wege aufzuzeigen, wie sie der dazugehörenden Elternverantwortung potenziell näher kommen können. Behandlung und Therapie sind wichtige Etappen auf diesem Weg.

Die Behandlung ebenso wie die Veränderung von (krankheitsbedingten) Handlungsmustern brauchen allerdings oftmals viel Zeit. Zudem binden die Anforderungen der Behandlung und die damit einhergehende persönliche Auseinandersetzung meist einen Großteil der verfügbaren Energie der Betroffenen. So bleibt – nachvollziehbar – wenig Raum, ausreichend für die Kinder zu sorgen. Dies zu erkennen, stellt für die Eltern oftmals den entscheidenden Schlüssel dar, sich auf die Fremdunterbringung ihrer Kinder tatsächlich einlassen zu können. So können Eltern, wenn sie diesen Zusammenhang für sich erkannt haben, Heimerziehung ganz anders wahrnehmen. Die Fremdunterbringung kann dann auch als Chance gesehen werden, den Bedürfnissen der Kinder auch über diese Zeit Rechnung zu tragen.

„… ich will jetzt nicht sagen, dass ich nach mir gucken möchte, aber ich den-
ke, bevor ich meine Kinder zurückholen kann, zum Wohl der Kinder, dann
muss ich erst einmal gucken, dass ich stabil bin, dass ich diese Kraft dann
auch habe. … Was ich jetzt 30 Jahre mit meiner Krankheit erlebt habe, kann
man in fünf Monaten nicht gut machen. Bevor ich das alles an meine Kinder
wieder auslasse, was leider früher auch der Fall war, dann gebe ich uns lie-
ber noch die Zeit.“ (Mutter_5_138, 139)

Um die darin immer auch enthaltene Spannung und Hoffnung auf Rückführung der Kinder und Wiedererlangen eines „gelingenden" Familienlebens
aushalten zu können, kann es für Kinder und Eltern hilfreich sein, Heim und
Familie als zwei nebeneinander bestehende Lebensorte anzusehen. So zi-
tiert dieselbe Mutter ihren Sohn:

„,Mama, ich habe zwei Zuhause, eins in M. und eins hier. Ich bin in M. genau-
so gerne wie hier'. Das hat am Anfang ein wenig weh getan, aber mittlerweile
denke ich, das ist so super, das ist so toll.“ (Mutter_5_257)

Mit diesem Bild verliert die Fremdunterbringung gewissermaßen ihren Schre-
cken und kann in der Tat als Hilfe verstanden werden. Damit ist zugleich ein
wesentlicher Schritt der Motivation zur Zusammenarbeit geschafft.

5.2.3 Kinder psychisch erkrankter Eltern
im Rahmen der Heimerziehung begleiten und unterstützen

Wie eingangs aufgezeigt, gehen mit der psychischen Erkrankung eines Elternteils zu beachtende Belastungen für deren Kinder einher. Neben Beeinträchtigungen, die aus den eingeschränkten Beziehungs- und Erziehungskompetenzen der Eltern resultieren, sind hier insbesondere auch Auswirkungen zu
beachten, die aus der mangelnden Verstehbarkeit von Situationen folgen.
So sehen sich insbesondere (kleinere) Kinder leicht als Verursacher von eigentlich krankheitsbedingten Verhaltensweisen ihrer Eltern. Oftmals fühlen
sie sich schuldig dafür, dass die Mutter bzw. der Vater so ist, wie sie bzw.
er ist. Diese Schuldgefühle stellen einen weiteren Belastungsfaktor für das
Aufwachsen der Kinder dar.

Information und Aufklärung der Kinder über die Erkrankung der Eltern ist vor diesem Hintergrund ein wichtiger Unterstützungsansatz hinsichtlich der jungen Menschen. Aber auch Hilfen zur Bearbeitung spezifischer Erfahrungen mit den Eltern sowie die Klärung der eigenen Beziehung zu den Eltern stellen zentrale Aspekte der Arbeit mit den Mädchen und Jungen zum Thema Eltern und psychische Erkrankung dar. Damit die jungen Menschen die Erkrankung ihrer Eltern einordnen und eine möglichst tragfähige Beziehung zu ihren Eltern entwickeln können, haben sich folgende Aspekte als wesentlich erwiesen:

☐ Möglichst viel Normalität sichern, die Gegenerfahrungen zu krankheitsgeprägten Erfahrungen mit den Eltern eröffnet

☐ Einschätzungsfähigkeiten der jungen Menschen stärken, was „normal" ist und was nicht

☐ Stärkung der jungen Menschen in ihrer subjektiven Wahrnehmung und Freiraum für eigene Interessen und Wünsche schaffen

☐ Soziale Kontakte zu Gleichaltrigen fördern

☐ Information und Aufklärung der Kinder über die Erkrankung des betroffenen Elternteils fördern

☐ Loyalitäten der jungen Menschen zu ihren Eltern akzeptieren und Schuldgefühle bearbeiten

Wenn Kinder psychisch erkrankter Eltern fremduntergebracht sind, ist es bedeutsam, im Rahmen der Hilfegestaltung diese Anforderungen zu berücksichtigen und das Hilfesetting entsprechend zu gestalten. Dazu bieten sich im Rahmen der Heimerziehung nachfolgend skizzierte Anknüpfungspunkte an.

Normalität sichern und Gegenerfahrungen für die jungen Menschen ermöglichen

Mit der Heimunterbringung findet für die jungen Menschen ein Settingwechsel statt. Oftmals verbindet sich damit die Intention, die jungen Menschen aus den krankheitsgeprägten familiären Strukturen zu befreien und einen alternativen Erfahrungsraum zu eröffnen. Je nach Erfahrungen, die die jungen Menschen aus dem Zusammenleben mit dem psychisch erkrankten Elternteil mitbringen, kann es hier bedeutsam sein, diesen gezielt „Normalität" gegenüber zu stellen und dies als zentrale Leistung der Hilfe zu akzentuieren.

„In erster Linie stand für den N. eine klare Tagesstruktur. Er war ja wie durch den Wind, sage ich jetzt einfach mal, wie so ein Gummiball, konnte nirgendwo andocken, er hat auch ganz massiv die Regeln und die Grenzen, sprich auch vom ganz normalen geregelten Tagesablauf, da spreche ich jetzt von Wecken, aufstehen, Zähne putzen usw. Da ist es daheim, ich will nicht sagen, immer eskaliert, aber es teilweise sehr schwierig war, und auch zu endlos langen Diskussionen geführt hat. Was dann hier mittlerweile einfach selbstverständlich geworden ist." (Bezug_5_16)

Verlässliche Alltagsstrukturen sind generell für alle Kinder und Jugendlichen wichtige Rahmenbedingungen für ein gesundes Aufwachsen. Für Kinder psychisch erkrankter Eltern gewinnen sie oftmals als Gegenerfahrung – je nach Auswirkungen der Erkrankung – zu Grenzenlosigkeit und Rigidität, Wechselhaftigkeit und Widersprüchlichkeit eine besondere Bedeutung. Zuverlässigkeit und Erwartbarkeit im Tagesablauf wie auch die Gestaltung des Miteinanders schaffen Entlastung und bieten Sicherheit, in der die jungen Menschen zu sich kommen und sich als Person entfalten können.

Darüber hinaus geht es aber auch darum, dass die jungen Menschen die krankheitsbedingten Strukturen von sogenannten normalen unterscheiden lernen. Dies betrifft neben der Alltagsgestaltung insbesondere auch den Umgang miteinander. Einander zuhören, auf Fragen und Erzählungen des anderen eingehen, ruhig und sachlich miteinander sprechen, unterschiedliche Meinungen und Einschätzungen achten sind hierbei zentrale Kompetenzen, die junge Menschen selbst erfahren müssen, um sie eigenständig entwickeln zu können. Je nach Krankheitsbild können psychisch erkrankte Eltern dies allerdings nicht in der notwendigen Kontinuität und Konsistenz leisten. Hier braucht es alternative Lern- und Erfahrungsräume für ihre Kinder.

Die jungen Menschen in ihrem Selbstbewusstsein stärken

In dem Maße, wie psychisch erkrankte Eltern die Bedürfnisse ihrer Kinder nur eingeschränkt wahrnehmen können, erfahren diese nur begrenzt Aufmerksamkeit und aufbauende Zuwendung. Dies verstärkt sich, wenn den Kindern bestimmte Rollen zugewiesen werden, die ihre persönliche Entwicklung beeinträchtigen, zum Beispiel wenn sie klein gehalten werden oder ihnen eine Erwachsenenrolle zugewiesen wird (Parentifizierung). Diese Kinder können nur begrenzt erfahren, wie es ist, grundsätzlich angenommen und wertgeschätzt zu sein, was sich belastend auf die Entwicklung eines stabilen Selbstwertgefühles auswirken kann. Dies gilt umso mehr, wenn sie starke Ängste entwickelt haben.

„Der N. war damals ein sehr ängstliches Kind. Teilweise, ich will nicht sagen traumatisiert, aber teilweise schon Charakterzüge von Mama, teilweise auch eine Hysterie. Ich kann mich noch an so Begebenheiten erinnern, er hatte panische Angst vor Spinnen, alles mit so kleinen Tieren. Er konnte sich da wirklich auch hysterisch reinsteigern. ... Ich kann mich noch an zwei, drei Begebenheiten erinnern, dass er in der ersten Zeit immer gesagt hat: ‚Ich gehe nicht ins Bett, unter dem Bett liegt ein Monster.' Ich habe das schon ernst genommen und gesagt: ‚Okay wir gucken beide unters Bett, wir vertreiben das Monster, machen das Fenster auf und dann ist es draußen.' Dann ging das. Aber es war die ersten zwei, drei Wochen, das hat lange gedauert, nicht lange eigentlich, bis wir da mal einen Fuß drinnen hatten, dass er langsam die Ängste abbauen konnte, er war sehr angstbeladen." (Bezug_5_ 17-19)

Hier kommt es im Rahmen der Hilfegestaltung darauf an, mit den jungen Menschen gezielt an der Stärkung von Selbstbewusstsein und Ich-Stärke zu arbeiten. Je nach Konstellation der Eltern-Kind-Beziehung kann es dazu bedeutsam sein, mit den Eltern die Erlaubnis für eine eigenständige Entwicklung des Kindes zu erarbeiten, um die notwendige Entfaltungsfreiheit mit und für das Kind zu erreichen. Aber auch unabhängig davon gilt es, in der Gestaltung des Heimalltags wie auch in der individuellen Begleitung und Förderung des jungen Menschen entsprechende Erfahrungsräume zu schaffen, die zur Selbstwertstärkung beitragen. In diesem Zusammenhang ist der kontinuierlichen Beteiligung der jungen Menschen in allen persönlichen Belangen wie auch in der Alltagsgestaltung hohe Bedeutung zuzumessen. Diese reicht von der konkreten Frage nach ihren Wünschen und Interessen beispielsweise im Hinblick auf bestimmte Freizeitaktivitäten bis hin zum konsequenten Einholen ihrer subjektiven Einschätzungen bei allen anstehenden Entscheidungen (Hilfeplanung, Kontaktgestaltung mit den Eltern, Schulwechsel etc.).

Gerade für junge Menschen, die im Zusammenleben mit einem psychisch erkrankten Elternteil (teilweise) die Erfahrung gemacht haben, dass sie dem Agieren einer erwachsenen Person ausgeliefert sind, sind Gegenerfahrungen der Handlungsfähigkeit und Einflussnahme auf Situationen und Entwicklungen von besonderer Bedeutung. Damit wird eine wichtige Grundlage für die Entwicklung hin zu einer eigenständigen und gemeinschaftsfähigen Persönlichkeit geschaffen, in deren Zuge die innerfamiliären Erfahrungen produktiv bearbeitet und alternative Bewältigungsmuster erprobt werden können. Dies ist zugleich als wichtige präventive Maßnahme bezogen auf eine eigene psychische Erkrankung des jungen Menschen anzusehen.

Gleichaltrigenkontakte fördern

Kinder und Jugendliche, die mit einem psychisch erkrankten Elternteil aufwachsen, leben oftmals sozial isoliert. Dies kann darin begründet sein, dass die Eltern selbst sich stark von anderen abgrenzen und ihren Kindern mehr oder weniger die Kontaktaufnahme zu Gleichaltrigen verbieten. Häufig ziehen sich aber auch die jungen Menschen selbst zurück, da sie sich für ihr Elternhaus schämen. Sie schützen sich gewissermaßen, indem sie allein bleiben, damit sie über das Besondere und Andere zu Hause nicht sprechen müssen.

Dem steht allerdings gegenüber, dass das Zusammensein mit Gleichaltrigen einen wichtigen Lebens- und Entwicklungsbereich junger Menschen darstellt. Hier stehen die altersgemäße Kommunikation und Beschäftigung im Vordergrund, aber auch Selbstorganisation und eigenständige Gestaltung von Zeit und Situationen werden hier eingeübt. Peer-Beziehungen und Gleichaltrigengruppen stellen somit zentrale Sozialisationsorte neben Familie und Schule dar, die wesentlich zu Kindheit und Jugend gehören.

Für Kinder psychisch erkrankter Eltern kann der Wechsel ins Heim neue Möglichkeiten eröffnen, Zugang zu Gleichaltrigen zu erhalten. So berichteten beide im Rahmen der Einzelfallrekonstruktionen befragten Jungen, dass sie im Heim erstmals Freunde gefunden haben. Damit werden zugleich neue Erfahrungsräume eröffnet, die wesentlich zur Gewährleistung von relevanten Kindheits- und Jugenderfahrungen auch für diese jungen Menschen beitragen. Dieses Potenzial gilt es, im Hinblick auf diese Zielgruppe entsprechend zu unterstützen und pädagogisch zu gestalten.

Schuldgefühle bearbeiten und die Beziehung zu den Eltern klären

Kinder psychisch erkrankter Eltern sind oftmals von Schuldgefühlen belastet, die mit einer stationären Unterbringung auch noch verstärkt werden können („ich habe meine Mutter im Stich gelassen" u. ä.). Inwieweit dies bei dem einzelnen jungen Menschen vorliegt, gilt es im Einzelgespräch herauszuarbeiten und einzuschätzen. In der Begleitung der jungen Menschen kommt es weiter darauf an, sie von ihren Schuldgefühlen zu entlasten und die Verantwortung für das konkrete Geschehen angemessen zuzuweisen. Dabei sind Information und Aufklärung zum Wesen psychischer Erkrankung ebenso bedeutsam wie Erläuterungen zur Elternverantwortung.

Zielrichtung dieses Prozesses sollte stets die Klärung der Eltern-Kind-Beziehung sein. Junge Menschen, die mit einem psychisch erkrankten Elternteil (eine Zeit lang) aufgewachsen sind, brauchen die Möglichkeit, ihre Elternerfahrungen ordnen, Verletzungen und Enttäuschungen als solche anerkennen und Möglichkeiten einer neuen oder anderen Begegnung mit ihnen ausloten zu können. Berichte inzwischen erwachsener Kinder psychisch erkrankter Eltern zeigen, dass dies ein oftmals mühsamer und lange andauernder, vielleicht auch nie abgeschlossener Prozess ist (vgl. Erfahrungsberichte in: Mattejat/Lisofsky 2008). Die Heimerziehung ist herausgefordert, für die hier lebenden jungen Menschen möglichst frühzeitig einen alters- und entwicklungsgerechten unterstützenden Ort für diese Auseinandersetzung und persönliche Klärung zu schaffen.

In der Gestaltung dieses Prozesses mit den jungen Menschen gilt es in besonderer Weise darauf zu achten, dass ihre Loyalitäten gegenüber ihren Eltern anerkannt werden und wertschätzend von den Eltern als Person gesprochen wird. Hilfreich ist dabei eine sorgfältige Differenzierung zwischen dem Sein und dem Handeln der Mutter bzw. des Vaters, ggf. auch anderer Bezugspersonen. Auf dieser Basis kann dann mit den jungen Menschen an der Frage gearbeitet werden, welche besonderen Verhaltensweisen ihrer Eltern für sie aushaltbar sind, welche sie aber auch möglichst nicht mehr erleben möchten. In diesem Zusammenhang ist es wichtig, mit den jungen Menschen auch ihre Rechte zu betrachten: Wo haben sie das Recht, sich von ihren Eltern abzugrenzen? Was müssen sie hinnehmen, was müssen sie aber auch nicht zwanghaft ertragen?

In der Bearbeitung solcher Fragen ist bei jüngeren Kindern immer auch ihrer größeren Abhängigkeit gegenüber ihren Eltern Rechnung zu tragen. In der Arbeit mit Jugendlichen können solche Klärungsprozesse zusätzlich im altersgemäß anstehenden Entwicklungsschritt der Individuation besondere Bedeutung gewinnen. Denn je nach innerfamiliärer Dynamik stellt die Ablösung von den Eltern für junge Menschen, die mit einem psychisch erkrankten Elternteil aufgewachsen sind, eine besondere Herausforderung dar.

Im Gesamtprozess kann es hilfreich sein, den jungen Menschen alters- und entwicklungsangemessen Wissen zu psychischer Erkrankung zu vermitteln. Informationen zur Entstehung können dabei ebenso angemessen sein, wie zur Behandlung und zu erwartenden weiteren Verläufen bis hin zur Frage der Vererbbarkeit. Mit der Aufklärung kommt es darauf an, für die jungen Menschen deutlich werden zu lassen, dass eine psychische Erkrankung jeden treffen kann und nicht mit Versagen, Schlechtigkeit o. Ä. ihrer Eltern zusammenhängt. Auch ist es für die jungen Menschen förderlich nachvollziehen zu können, dass bestimmte Auswirkungen zur Erkrankung gehören und viele andere Eltern und Kinder unter ähnlichen Situationen leiden.

In der Umsetzung von Information und Aufklärung zu psychischer Erkrankung gilt es im Einzelfall zu prüfen, inwieweit es angemessen ist, bestimmte

Themen und Aspekte im Einzelgespräch von BezugserzieherIn und jungem Mensch zu bearbeiten oder auch gemeinsam mit den Eltern. Alternativ können auch Beratungsstellen oder sonstige hinsichtlich psychischer Erkrankung kompetente Stellen hinzugezogen oder gemeinsam besucht werden. Sofern es vor Ort bzw. in erreichbarer Nähe ein Gruppenangebot für Kinder psychisch erkrankter Eltern gibt, kann auch dieses ergänzend in Betracht gezogen werden. Wenn allerdings andere Stellen zu Information und Aufklärung genutzt werden, so ist es doch unerlässlich, dass eine Person, in der Regel die Bezugserzieherin bzw. der Bezugserzieher, den Gesamtprozess begleitet und kontinuierlich mit dem jungen Menschen im Gespräch bleibt bzw. als AnsprechpartnerIn für neue Fragen zur Verfügung steht. Hilfreiche Materialien finden sich dazu beispielsweise auf der Homepage des Bundesverbandes der Angehörigen psychisch Kranker (www.kipsy.net).

5.2.4 Notwendige Rahmenbedingungen zur Umsetzung der entwickelten Handlungsansätze in der Zusammenarbeit mit psychisch erkrankten Eltern

Wie die vorangegangenen Ausführungen zeigen, stellt die Zusammenarbeit mit psychisch erkrankten Eltern an die Fachkräfte der Heimerziehung besondere Anforderungen. Damit diesen angemessen entsprochen werden kann, bedarf es hierzu konzeptioneller Entscheidungen zur Gestaltung der Zusammenarbeit, aber auch eine entsprechende Qualifizierung der Fachkräfte wie auch der Fallberatungsstrukturen.

Anforderungen zur Zusammenarbeit auf der Fallebene

Wie die Einzelfallrekonstruktionen eindrücklich gezeigt haben, braucht es in der Begleitung psychisch erkrankter Eltern einen langen Atem. Dies gilt für die Entwicklung von Krankheitseinsicht und Behandlungsbereitschaft ebenso wie für die permanente Arbeit an der Motivation zur Zusammenarbeit. Als zentrale Gelingensfaktoren haben sich dabei erwiesen, Beobachtungen und Wahrnehmungen bezogen auf die Besonderheiten der betroffenen Eltern ernstzunehmen, diese zu kommunizieren und hinsichtlich ihrer Aus- und Nebenwirkungen auch gemeinsam mit den Eltern einzuschätzen. Auf diese

Weise können eine Versachlichung erreicht und Realität immer wieder hergestellt werden, die zum Ausloten von Zukunftsoptionen erforderlich ist.

Eine solche Zusammenarbeit mit psychisch erkrankten Eltern erfordert zudem von den Fachkräften eine deutlichere Steuerung des Hilfeprozesses. So kommt ihnen wesentlich die Aufgabe zu, dafür Sorge zu tragen, dass an vereinbarten Themen kontinuierlich gearbeitet wird und bereits erreichte Schritte und auch getroffene Absprachen so präsent gehalten werden, dass sie für den weiteren Prozess genutzt werden können. Das braucht Zeit und auch die Möglichkeit, in zeitlich dichten Abständen Gesprächstermine zu vereinbaren.

„Ja, kontinuierlich an einer Thematik dran zu bleiben. Das ist, wenn man viel Geduld hat, viel Zeit einräumt, ist das möglich. ..., es müssten regelmäßige Termine stattfinden, um das Thema immer im Bewusstsein zu halten und auch die Problematik vielleicht und wo es sich hin entwickeln soll." *(ASD_6_196)*

In diesem anspruchsvollen Prozess kommt der Aufgabenteilung zwischen Jugendamt und Einrichtung eine besondere Bedeutung zu. Gerade wenn es zu Wechseln im Hilfesetting kommt, erweist es sich als besonderer Gelingensfaktor, wenn die zuständige ASD-Fachkraft die Kontinuität in der Zusammenarbeit mit den Eltern wahren und die erarbeiteten Einschätzungen zu Hilfebedarf und Zukunftsoptionen sichern kann.

Je nach Krankheitsbild und damit einhergehender Dynamik sind Fachkräfte (der Einrichtung wie auch des Jugendamtes) in der Zusammenarbeit mit psychisch erkrankten Eltern zudem vor die Herausforderung gestellt, die nötige professionelle Distanz zu wahren und sich nicht „einspinnen" oder emotional „verwickeln" zu lassen. Dies ist notwendig, um zielorientiert Zusammenarbeit gestalten und dabei mit Elementen der Entlastung wie auch der Einübung von Kompetenzerweiterung angemessen jonglieren zu können. Um über längere Zeit gelingend mit psychisch erkrankten Eltern zusammenarbeiten zu können, müssen die fallverantwortlichen Fachkräfte darum ausreichend Gelegenheit haben, ihr eigenes fachliches Handeln regelmäßig daraufhin zu reflektieren und bei Bedarf auf angemessene Unterstützungsstrukturen zurückgreifen zu können.

Konzeptionelle Klärungsbedarfe

Um die Dichte der Anforderungen in der Zusammenarbeit mit psychisch erkrankten Eltern angemessen bewältigen zu können, erwiesen sich im Projektverlauf außerdem zwei konzeptionelle Gestaltungselemente als zentral. So empfiehlt sich in der Zusammenarbeit mit diesen Eltern, dass zwei
Fachkräfte zuständig sind und regelmäßig Gespräche zu zweit führen. Dies
ermöglicht, sich wechselseitig im gemeinsamen Tun zu unterstützen, aber
auch Formen der Rollenteilung zu nutzen sowie den konkreten Verlauf im
kollegialen Austausch zu reflektieren. Gerade für Fachkräfte, die noch wenig Erfahrung in der Zusammenarbeit mit psychisch erkrankten Eltern gesammelt haben, stellt dies zudem eine wichtige emotionale, ggf. aber auch
praktische Unterstützung in der Kontaktgestaltung und Gesprächsführung
dar. Als Variante ist in diesem Zusammenhang das so genannte doppelte
Bezugsbetreuungssystem anzusehen. Wenn jeweils eine Fachkraft für die Eltern und eine für den jungen Menschen fallverantwortlich ist, kann ebenfalls
eine Zusammenarbeit im Tandem entwickelt werden.

Grundsätzlich zu klären ist, in welcher zeitlichen Dichte und in welcher Breite des Aufgabenspektrums die GruppenmitarbeiterInnen konkrete Aufgaben
mit den Eltern gemeinsam angehen können. So stellt sich die Frage, inwieweit die Gruppe es leisten kann oder soll, bei Bedarf eine Mutter zum Psych-
iater zu begleiten oder in engem Austausch mit der Therapeutin zu stehen.
Je nach Ausgangslage des Hilfesettings gibt es gute Gründe, möglichst viele
Leistungen aus einer Hand anzubieten. Um aber der Gesamtverantwortung
der Gruppe gerecht zu werden, ist ggf. zu prüfen, wie dem Gruppenteam zusätzliche Ressourcen für diese Aufgabe gewährt werden können oder aber
wie eine parallele Hilfe für die Eltern eng mit der Heimerziehung für den jungen Menschen verknüpft werden kann. Dies ist beispielsweise im Rahmen
einer Sozialpädagogischen Familienhilfe oder eines Betreuten Wohnens der
Eingliederungshilfe denkbar, wenn es einen dichten, auch strukturell vereinbarten Austausch zwischen den jeweils fallverantwortlichen Fachkräften gibt.
Zudem kann auch an dieser Stelle geprüft werden, welche Aufgaben der Zusammenarbeit mit den Eltern sowie der Koordination und Abstimmung meh-

rerer Hilfen der Allgemeine Soziale Dienst des Jugendamtes übernehmen kann. Allerdings sind in der Regel hier nicht ausreichend Ressourcen verfügbar, um die notwendige Kontinuität und zeitliche Dichte der Zusammenarbeit gewährleisten zu können.

Qualifizierung der Fachkräfte

Viele Fachkräfte der Kinder- und Jugendhilfe verfügen bisher über wenig Erfahrung im Umgang mit psychisch erkrankten Menschen und sind entsprechend unsicher. Hier braucht es zum einen mehr Wissen über psychische Erkrankungen und ihre Auswirkungen, zum anderen aber auch Begleitung und Beratung zur Entwicklung von professionellen Handlungsstrategien im Umgang mit schwierigen Situationen. Dazu gehören beispielsweise mit psychischen Erkrankungen einhergehende Stimmungsschwankungen oder auch hysterische Anfälle am Telefon bzw. bei Besuchen in der Gruppe. Fachkräfte müssen hierzu Vorgehensweisen und Strategien entwickeln können, die helfen, die Eltern in ihren Besonderheiten auszuhalten, zu beruhigen und Situationen zu versachlichen.

Um die notwendigen Voraussetzungen für die Zusammenarbeit mit psychisch erkrankten Eltern im Rahmen der Heimerziehung zu schaffen, empfehlen sich eine Grundqualifizierung für die gesamte Mitarbeiterschaft in einem Inhouse-Prozess sowie eine weiterführende Qualifizierung einzelner Fachkräfte. Neben der Vermittlung von Grundwissen zu psychischen Erkrankungen und ihren Auswirkungen im Alltag, auch mit den Kindern, gehört dazu wesentlich die Möglichkeit der Fallberatung und Supervision. Strukturen und Ressourcen, die eine regelmäßige Fallberatung sichern, sind wesentliche Voraussetzungen, um aus Fallverläufen lernen und hierüber die professionellen Kompetenzen erweitern zu können. Zugleich werden auf diese Weise der Transfer des erworbenen Wissens unterstützt und mittels der Reflexion die Kenntnisse vertieft.

Zugänge zu psychiatrischem Wissen erschließen

Darüber hinaus ist die Heimerziehung darauf angewiesen, sowohl auf der fallbezogenen wie auch auf der fallübergreifenden Ebene mit Institutionen und Professionen aus dem Bereich der Psychiatrie zusammenarbeiten zu können. Dies ist sowohl in Bezug auf die immer wieder notwendigen Einschätzungsprozesse im Krankheitsverlauf als auch für die Entwicklung eines Hilfesettings erforderlich, das auf einer kompetenzorientierten Aufgabenklärung im Zusammenspiel der Professionen beruht. Bedarfsgerechte Unterstützungssysteme für psychisch erkrankte Eltern und ihre Kinder können nur über das Zusammenwirken von Jugendhilfe und Psychiatrie erreicht werden, da die Auswirkungen der Erkrankung und die Entwicklungsbedingungen für die Kinder immer in ihren Wechselwirkungen betrachtet werden müssen. Zudem sind beide Leistungsbereiche auf wechselseitige Beratung angewiesen, um die je eigenen Aufgaben in diesem Kontext angemessen erfüllen zu können.

Einrichtungen der Heimerziehung können solche Kooperationsstrukturen bilateral entlang aktueller Fallaufträge mit einzelnen Institutionen und Professionen im Bereich der Psychiatrie wie auch der Eingliederungshilfe implementieren. Darüber hinaus empfiehlt sich die Mitwirkung in entsprechenden Netzwerken auf kommunaler Ebene bzw. im Bereich der psychiatrischen Versorgungsregion. Hierüber Netzwerkwissen zu generieren und für die konkrete Fallarbeit innerhalb der Einrichtung nutzbar zu machen, stellt in diesem Zusammenhang eine wichtige Ressource dar.

5.2.5 Ausblick

Die Zusammenarbeit mit psychisch erkrankten Eltern ist für die Heimerziehung eine wichtige Entwicklungsperspektive. Wie die Erkenntnisse des Projektes „Heimerziehung als familienunterstützende Hilfe" zeigen, verfügt die Heimerziehung hierzu über ein breites Potenzial, das es entsprechend zu qualifizieren gilt. Die systematische Fort- und Weiterbildung zu zentralen Aspekten psychischer Erkrankung und deren Behandlung sind dabei ebenso bedeutsam wie der zielorientierte Aufbau von internen und externen Unterstützungsstrukturen. Die vielerorts sich entwickelnden Netzwerke an der Schnittstelle von Jugendhilfe und Gesundheitswesen bieten hierzu geeignete Anknüpfungspunkte, die es für die Heimerziehung zu nutzen und zu konkretisieren gilt.

Darüber hinaus zeigen die Interviews mit den Fachkräften, dass in der Wahrnehmung psychisch erkrankter Eltern als Eltern, weniger als Kranke ein wichtiger Schlüssel für den Zugang der Fachkräfte und den Aufbau einer tragfähigen Arbeitsbeziehung liegt. Indem die Elternschaft und Fragen des Unterstützungsbedarfes angesichts der krankheitsbedingten Beeinträchtigungen im Vordergrund stehen, eröffnen sich ressourcenorientierte Zugänge, die zugleich die Bedarfe der jungen Menschen im Blick halten können. In diesem Sinne soll dieser Beitrag Mut machen, auch mit psychisch erkrankten Eltern die Zusammenarbeit zu wagen und gangbare Wege mit ihnen und ihren Kindern auszuloten.

5.3 Jugendliche Mädchen und die Zusammenarbeit mit ihren Eltern

Im Rahmen der Workshops im Projektkontext wurde immer wieder die Frage aufgeworfen, inwieweit die Erkenntnisse zur Zusammenarbeit mit Eltern bei Kindern und Jugendlichen gleichermaßen Gültigkeit haben. Dabei ging es sowohl um die Bedeutung der Zusammenarbeit mit Eltern von Jugendlichen als auch um deren angemessene Zielsetzung und inhaltliche Ausrichtung.

Im Zuge der ersten Befragung von Eltern und jungen Menschen zu Beginn des Projektes „Heimerziehung als familienunterstützende Hilfe" ist darüber hinaus aufgefallen, dass jugendliche Mädchen (ab 15 Jahre) die Hilfe deutlich schlechter bewerten als die Gesamtgruppe der jungen Menschen, aber auch der gleichaltrigen Jungen. Besonders hervor sticht dabei die Einschätzung, inwieweit die Hilfe der Familie etwas bringt. Während die Durchschnittsbewertung (auf einer Schulnotenskala) in der Gesamtgruppe bei 2,8 liegt, bei den Jungen ab 15 Jahren sogar bei 2,6, liegt dieser Wert bei den Mädchen ab 15 Jahren bei 3,3.

Betrachtet man die Ergebnisse zur Befragung der Eltern, dann fallen die Bewertungen der Eltern jugendlicher Mädchen dort nicht in gleicher Weise auf. So wird die analoge Einschätzungsfrage, inwieweit es durch die Hilfe zu Veränderungen im Leben der Familie gekommen ist, entsprechend dem Durchschnitt beantwortet. Auch geht aus dieser Befragung hervor, dass eine

Zusammenarbeit mit dieser Gruppe von Eltern stattfindet und diese entsprechend dem Durchschnitt damit zufrieden sind.

Vor diesem Hintergrund stellt sich die Frage, was hinter der vergleichsweise schlechten Bewertung der jugendlichen Mädchen steht, was dieser Befund für die Zusammenarbeit mit den Eltern der jugendlichen Mädchen bedeutet und welche Impulse zur Weiterentwicklung der Praxis hieraus zu gewinnen sind. Die Zusammenarbeit mit Eltern jugendlicher Mädchen wurde darum als dritter Themenkomplex für den Untersuchungsschritt „Einzelfallrekonstruktion" ausgewählt. Dazu wurden seitens der Einrichtungen vier Fälle benannt. Insgesamt wurden 15 Interviews geführt und zwar jeweils mit dem Mädchen selbst, seiner Mutter, der zuständigen Bezugserzieherin und der zuständigen ASD-Fachkraft. In einem Fall gelang es nicht, die Mutter zu erreichen.

Im Folgenden werden zunächst zentrale Forschungsergebnisse zu Mädchen in der Heimerziehung aufgegriffen. Daran anschließend wird der Frage nachgegangen, welche spezifischen Anforderungen an die Zusammenarbeit mit den Mädchen selbst und ihren Eltern sich aus der Entwicklungsphase Jugend, den familiären Hintergründen und Strukturbedingungen der stationären Unterbringung sowie den biografischen Themen der Mädchen ergeben, wie sie in den Einzelfallrekonstruktionen zum Ausdruck kommen. Auf dieser Basis werden Schlussfolgerungen für die Zusammenarbeit mit den Eltern dieser Mädchen, aber auch mit den Mädchen selbst zum Thema Eltern gezogen und daraus sich ergebende Anforderungen an die Fachkräfte aufgezeigt.

5.3.1 Mädchen in der Heimerziehung – zentrale Forschungsergebnisse

Diverse Untersuchungen haben bedeutsame geschlechtsspezifische Unterschiede in der Inanspruchnahme von Erziehungshilfen allgemein und der Heimerziehung im Besonderen festgestellt (vgl. Blandow u. a. 1986, Baur u. a. 1998, Müller/Schmutz 2005, Darius u. a. 2007). So sind Mädchen bei Beginn einer Hilfe zur Erziehung im Durchschnitt deutlich älter als Jungen. Nach den Ergebnissen der Zielgruppenanalyse war fast die Hälfte der Mädchen im Projektkontext bei Aufnahme in die Heimgruppe mindestens 15 Jahre alt. Ähnliche Ergebnisse finden sich in den benannten anderen Untersuchungen.

Betrachtet man die Fallzahlen aller Hilfen im Vergleich der Geschlechter, so hat sich der Anteil der für Jungen und für Mädchen gewährten Hilfen über die Jahre sukzessive angenähert. Bezogen auf die Art der in Anspruch genommenen Hilfen zeigen sich jedoch nach wie vor deutliche Unterschiede. „Wenn Mädchen eine Hilfe erhalten, dann ist damit häufiger eine Fremdunterbringung verbunden" (Baas u. a. 2010, S. 89). Zudem wird diese oftmals erst dann gewährt, wenn die Mädchen offensiv danach fragen. So haben der so genannten JULE-Studie zufolge 43 % der Mädchen selbst nach Hilfe gefragt (vgl. Finkel 2000).

In den Analysen zur geschlechtsspezifischen Gewährungspraxis von Hilfen zur Erziehung wird übereinstimmend hervorgehoben, dass in der Wahrnehmung von Problemlagen wie auch in der Einschätzung von Bedarfslagen im Hinblick auf Mädchen nach wie vor eine stärkere Familienorientierung leitend ist. So werden als Ausgangspunkt der Hilfe deutlich häufiger Gründe benannt, die sich auf die Familie beziehen (z. B. Konflikte mit den Eltern). Auf der Ebene von Verhaltensauffälligkeiten seitens der jungen Menschen spiegelt sich zudem nach wie vor das Jungen und Mädchen jeweils zugeschriebene bzw. erlernte Bewältigungshandeln wider – männlich nach außen bzw. weiblich nach innen gerichtet. Dies zeigt sich auch in den Unterbringungsgründen für Mädchen ab 15 Jahre in der im Rahmen des Projektes durchgeführten Zielgruppenanalyse:

☐ Konflikte mit den Eltern
(58 % gegenüber 41 % in der Gesamtgruppe aller jungen Menschen)

☐ (Verdacht auf) sexueller Missbrauch
(24 % gegenüber 12 % in der Gesamtgruppe aller jungen Menschen)

☐ Körperlich selbstschädigendes Verhalten
(23 % gegenüber 8 % in der Gesamtgruppe aller jungen Menschen)

☐ Häufiges Weglaufen
(22 % gegenüber 11 % in der Gesamtgruppe aller jungen Menschen)

☐ Depressives Verhalten
(20 % gegenüber 14 % in der Gesamtgruppe aller jungen Menschen)

Qualitative Untersuchungen konnten darüber hinaus zeigen, dass Belastungen in der familiären Lebenssituation von Mädchen und damit einhergehende Einschränkungen in ihren persönlichen Entwicklungsmöglichkeiten oftmals verkannt werden oder erst nach mühsamen Hilferufen der Mädchen Beachtung finden. Dies gilt in besonderer Weise für zwei Muster familiärer Lebenslagen, die sich auch in den für die Einzelfallrekonstruktionen ausgewählten Fällen wiederfinden. Dies sind zum einen Gewalt- und Missbrauchsverhältnisse und zum anderen die übermäßige Einbindung der Mädchen in familiäre (Eltern-)Verantwortung. Letztere findet sich häufig in so genannten Multiproblemfamilien, die wiederum wesentliche Adressaten der Heimerziehung sind. Im Kontext der Armutsforschung konnten damit einher gehende besondere Anforderungen an die Entwicklungs- und Bewältigungsprozesse jugendlicher Mädchen herausgearbeitet werden. Die engen Familienbindungen sowie das frühe Unterordnen der eigenen Wünsche und Bedürfnisse unter das Wohl der Anderen erschweren die emotionale und räumliche Ablösung von der Familie. Zugleich entsteht unterschwellig ein Gefühl des Ausgenutztwerdens. „Die Verstrickung in familiale Konflikte verhindert quasi den eigenen Lebensentwurf" (Schmipf 2007, S. 199).

Mädchen in der Heimerziehung haben in diesem familiären Kontext oftmals auf vielfältige Weise Funktionalisierung, begrenzte Entwicklungsspielräume und Freiheitsgrade erfahren. Ihre Versuche sich mitzuteilen, um nach Entlastung und Unterstützung zu fragen, werden häufig erst spät wahrgenommen. Über diese Zeit eskaliert oftmals die familiäre Situation. Dann aber gibt es meist kaum noch alternative Hilfen zur Fremdunterbringung. Wenn die Mädchen im Jugendalter aber auf eigene Initiative ihre Familie verlassen, dann wissen sie meist sehr genau, „was ihnen gut tut und sie wollen darin auch ernst genommen werden. Ihr Wunsch nach Freiheit und selbstgestaltetem Leben, bei gleichzeitigem Aufgehobensein in einem verlässlichen Kontakt zu den BetreuerInnen, muss auf dem Hintergrund ihrer Erfahrungen in den Familien verstanden werden und darf nicht – im doppelten Sinne des Wortes – ‚unerhört' bleiben" (Finkel 2000, S. 247).

Heimerziehung als familienunterstützende Hilfe erfordert vor dem Hintergrund dieser Erkenntnisse in der Zusammenarbeit mit jugendlichen Mädchen und ihren Eltern einen kritischen Blick auf die Familie. So gilt es, die spezifischen Lebensverhältnisse der Mädchen und die darin enthaltenen Perspektiven immer auch im Spannungsfeld zwischen der Klärung familiärer Beziehungen und dem Recht auf eine eigenständige Entwicklung zu betrachten.

5.3.2 Zusammenarbeit mit Eltern jugendlicher Mädchen im Heim – Anforderungen resultierend aus Entwicklungsaufgaben, Lebensort Heim und Biografie

Um das Anforderungsprofil für die Zusammenarbeit mit Eltern jugendlicher Mädchen im Heim bestimmen zu können, bedarf es eines dreifachen Zugangs. Zum einen gilt es, die altersspezifischen Entwicklungsaufgaben hinsichtlich ihrer Relevanz für die Zusammenarbeit mit den Eltern zu betrachten. Zum anderen sind die strukturellen Momente zu berücksichtigen, die immer mit einer stationären Unterbringung verbunden sind. Schließlich sind die biografischen Erfahrungen und daraus resultierende Unterstützungsbedarfe der Mädchen in die Betrachtung aufzunehmen. Auf dieser Basis sind Ziele und Aufgaben der Zusammenarbeit mit den Eltern und den Mädchen selbst zu bestimmen.

Entwicklungsaufgaben des Jugendalters –
Bewältigungsanforderungen an Jugendliche und ihre Eltern

Die Lebensphase Jugend stellt einen zentralen Entwicklungsabschnitt im Aufwachsen junger Menschen dar. Aufgabe dieser Entwicklungsphase ist es, eine eigene Identität und ein eigenes Lebenskonzept auszubilden. Die schrittweise Ablösung vom Elternhaus gehört dazu ebenso wie die Entwicklung der eigenen Geschlechtsrolle, die Auseinandersetzung mit gesellschaftlichen Werten und Normen sowie die schulische und berufliche Qualifizierung als wesentlicher Zugang zu gesellschaftlicher Integration (vgl. Tillmann 1993, Hurrelmann 1985).

Die Lebensphase Jugend stellt darüber hinaus einen biografisch bedeutsamen Lebensabschnitt dar. So beinhaltet die Adoleszenz nach Mario Erdheim immer auch eine zweite Chance zur Bewertung biografischer Lebens- (gerade auch Kindheits-)erfahrungen sowie die Entwicklung eines eigenständigen Selbst in der Interaktion mit dem sozialen und kulturellen Umfeld. Außerdem bestimmen die Lern- und Entwicklungsprozesse in dieser Phase immer auch die Lösungen, „die das Erwachsenenalter prägen werden" (Erdheim 1994, zit. nach Finkel 2004, S. 168). Ähnlich versteht auch Vera King die Adoleszenz als einen Lebensabschnitt, „in dem sich entscheidet, in welchem Maß lebensgeschichtliche Konflikte oder auch Defiziterfahrungen schöpferisch transformiert werden können und in welchen Bereichen es zu pathologischen Konfliktlösungen kommt" (King 1997, zit. nach Finkel 2004, S. 169). Um möglichst gelingende, produktive Lösungen unterstützen zu können, gilt es entsprechende Angebote und bei Bedarf Hilfen vorzuhalten. Dazu gehören auch Angebote der Kinder- und Jugendhilfe, die Zeit, Raum und persönliche Begleitung in der Erprobung neuer Lösungen bieten.

Wesentlicher Bestandteil einer gelingenden persönlichen Entwicklung der jungen Menschen sind grundlegende Veränderungen im Eltern-Kind-Verhältnis, die von beiden Seiten zu bewältigen sind. So gilt es seitens der jungen Menschen ein Wertesystem und Lebenskonzept aufzubauen, das von den eigenen Überzeugungen getragen ist und sich von dem der Eltern unterscheiden darf. Dies beinhaltet auch die kritische Auseinandersetzung mit Geschlechtsrollenbildern, den von den Eltern vorgelebten Männer- und Frauenrollen sowie die Entwicklung von eigenen Vorstellungen des Frau- bzw. Mannseins. Im sozialen Bezugssystem der jungen Menschen gewinnen außerdem die Beziehungen zu Gleichaltrigen an Bedeutung. Sie werden neben den Eltern (oder auch an deren Stelle) zu wichtigen AnsprechpartnerInnen. Zudem werden erste Partnerschaften eingegangen. Damit einher geht ein allgemeines Streben der Jugendlichen nach Autonomie und Selbstbestimmung. Für Eltern ergibt sich hieraus die Notwendigkeit ihre eigene Rolle zu überprüfen und ihre Erziehungsverantwortung neu zwischen Überbehütung und Gewährenlassen auszuloten. In dem Maße wie Jugendliche zunehmend Selbstverantwortung für ihr eigenes Handeln übernehmen (müssen), sind Eltern dabei mehr und mehr als Begleiter und Begleiterinnen auf dem Weg gefragt. Die Fürsorge und Versorgung im engeren Sinne treten in den Hintergrund.

Für die Heimerziehung ergeben sich hieraus mehrere Anforderungen. Zunächst gilt es grundsätzlich danach zu fragen, inwiefern Eltern und junge Menschen Unterstützung im Prozess der Neudefinition des Eltern-Kind-Verhältnisses bedürfen. Bezogen auf die Eltern kann es hier angezeigt sein, mit ihnen an der Reflexion und Neuklärung ihrer Elternrolle zu arbeiten. Darüber hinaus kann es erforderlich sein, die jungen Menschen in ihrer Identitätsentwicklung zu unterstützen, indem ihnen ein entsprechender Anregungs- und Reflexionsraum zur Entwicklung eines eigenen Lebenskonzeptes und selbst getragenen Wertesystems zur Verfügung gestellt wird. Dies gilt umso mehr, wenn entsprechende Anregungspotenziale in der Herkunftsfamilie fehlen und das Verhältnis zwischen Eltern und jungen Menschen zudem von schwierigen Erfahrungen miteinander und unerfüllten Erwartungen belastet ist.

Diese Erkenntnisse bedeuten zugleich, dass eine Zusammenarbeit mit Eltern im Rahmen der Heimerziehung immer auch mit Eltern von Jugendlichen relevant ist. Diese ist allerdings anders zu akzentuieren als mit jüngeren Kindern. So sind für die Klärung von Zielen und Aufgaben der Zusammenarbeit neben dem Umgang mit belastenden innerfamiliären Erlebnissen und Erfahrungen immer auch die anstehenden Ablöseprozesse sowie die Anforderungen an die Verselbständigung zu berücksichtigen. Dazu gehört u. a., das Verhältnis zwischen Elternverantwortung und Selbstverantwortung des jungen Menschen angemessen auszuloten sowie Eltern und junge Menschen in der anstehenden neuen Rollenfindung bedarfsgerecht zu unterstützen.

Besonderheiten der stationären Unterbringung – Herausforderungen an die Bewältigung jugendspezifischer Entwicklungsaufgaben

Jugendliche in Heimerziehung verfügen in der Regel über vielfältige belastende Erfahrungen mit ihren Eltern, die im Zuge des Reifungsprozesses in die eigene Biografie und Identität integriert werden müssen. Außerdem sind mit der Trennung der Lebensorte von Eltern und jungen Menschen spezifische Rahmenbedingungen für die Bewältigung dieser Entwicklungsaufgabe gesetzt. Diese Aspekte gilt es hinsichtlich der Unterstützung eines schöpferischen Transformationsprozesses besonders zu beachten, so dass gerade auch von jungen Menschen mit schwierigen Lebenserfahrungen die Adoleszenz als zweite Chance produktiv genutzt werden kann.

Das Eltern-Kind-Verhältnis ist bei jungen Menschen in der Heimerziehung oftmals davon geprägt, dass zentrale Grundbedürfnisse im Verlauf ihrer Biografie nicht ausreichend von ihren Eltern beantwortet wurden. Betrachtet man die Familiengeschichte, lassen sich oftmals plausible Gründe und Erklärungen finden, warum Eltern nicht in der Lage waren, ihrer Erziehungsverantwortung nachzukommen. Auf Seiten der Kinder bleiben nichtsdestotrotz Erfahrungen des Mangels, des nicht gehört oder gesehen Werdens, die das Eltern-Kind-Verhältnis belasten.

„Wir haben uns nicht nahe gestanden. Mein Papa war sehr lange krank gewesen. Meine Mutter musste dann arbeiten gehen. Da wurde eine Bindung zwischen uns zwei eigentlich überhaupt nicht aufgebaut." (Mädchen_1_8)

Vor diesem Hintergrund ergibt sich hinsichtlich des im Jugendalter notwendigen Ablösungsprozesses von den Eltern die oftmals ambivalente Situation, einerseits immer noch Erwartungen an die Eltern bezüglich der unbeantworteten Bedürfnisse zu richten, andererseits sich aber auch ablösen zu wollen bzw. zu müssen. Die für die Jugendphase spezifischen Spannungsverhältnisse werden damit deutlich komplexer.

„... der seelische Entwicklungsbereich. Und der bedingt natürlich auch, wer bin ich als Mädchen, wie ist meine Mutter, was brauche ich von meiner Mutter als ihr Mädchen oder aber auch dann als Jugendliche. Es geht auch dann z. B. um das Thema, eigentlich möchte ich nachkuscheln. Ich habe zu wenig Nähe von dir bekommen. Gleichzeitig ist aber in der Pubertät das Thema der Abnabelung. Und das auf die Reihe zu bekommen, zwischen dem Spagat Nachkuscheln zu wollen, Mama brauchen, Mädchen zu sein, auf der anderen Seite Frau zu werden, sich abnabeln zu müssen." (ASD_1_87-88)

Aufgabe der Zusammenarbeit mit den jungen Menschen und ihren Eltern kann es hier sein, sie im Ausloten von Nähe und Distanz sowie bei den damit verbundenen Ambivalenzen zu unterstützen, um möglichst für beide Seiten ein passendes Maß und tragfähige Lösungen der Ausgestaltung zu finden. Die Bedürfnisse von Eltern und jungen Menschen nach Kontakt wie auch nach Abstand müssen dabei gleichermaßen Beachtung finden.

Die notwendige Klärung und Neudefinition des Eltern-Kind-Verhältnisses wird allerdings im Kontext der Heimerziehung nicht nur durch die Dichte und Ambivalenz der Themen erschwert. Hinzu kommt oftmals auf beiden Seiten, sowohl bei den Eltern als auch bei den jungen Menschen, ein eingeschränktes Verständnis für die Perspektive des jeweils anderen. Die Klärung eines Beziehungsverhältnisses erfordert aber die Bereitschaft und Fähigkeit, die Sicht des bzw. der jeweils anderen zu hören, nachzuvollziehen und verstehen zu suchen. Erst auf dieser Basis können sich wechselseitige Akzeptanz und Wertschätzung entwickeln, die wiederum Voraussetzung für eine gelingende Beziehung sind. Dazu gehört beispielsweise, dass Eltern zuhören lernen, wenn die jungen Menschen ihre subjektiven Erfahrungen im familiären Miteinander beschreiben, dass Eltern die Lösungen der jungen Menschen akzeptieren lernen, die sie für sich gefunden haben, aber auch die jungen Menschen die Grenzen ihrer Eltern anerkennen lernen. Die Bearbeitung dieser Aspekte kann eine zentrale Aufgabe der Heimerziehung darstellen, damit die jungen Menschen ihren Platz im Leben finden können.

„T. leidet im Grunde genommen so ein bisschen darunter, dass sie für die Eltern nicht diesen Stellenwert hat, den sie gerne hätte. Das heißt: Sie wünscht sich eigentlich, dass die Eltern sie regelmäßig anrufen, zuverlässig sind, also dass sie sich auf ihre Eltern verlassen kann. Das klappt nach wie vor nicht und das ist, denke ich, mit auch ein Grund, weshalb sie für sich ebenfalls beschlossen hat, dass die Hilfe nicht abgebrochen werden kann und dass eine Rückkehr und eine Rückführung in die Familie ihr persönlich wenig bringen wird. Sie hat heute ein realistischeres Bild. Ich denke, das ist das, was die Jugendhilfe schaffen muss. Wichtig ist, dass die Kontakte da sind, aber dass sie ein realistisches Bild hat und sich damit arrangieren kann. Sie muss

sich damit arrangieren, dass sie ihre Eltern nicht verändern kann. Damit um-
gehen, ohne Aggressionen, ohne Aggressionen gegen sich oder die gegen
andere gerichtet sind." (ASD_4_88)

Mit den jungen Menschen, aber auch mit den Eltern zunächst eine Akzeptanz
für die gegebene Situation und die bestehenden Verhältnisse zu erarbeiten,
ist eine zentrale, wenn auch oftmals mühsame Aufgabe. Dennoch liegt hierin
eine wesentliche Voraussetzung, um einen Klärungsprozess im Eltern-Kind-
Verhältnis angehen und eine Neudefinition erreichen zu können. Aufgabe der
Heimerziehung kann es dabei sein, die jungen Menschen und ihre Eltern in
einem jeweils eigenständigen Arbeitsprozess zu begleiten mit dem Ziel, eine
Basis für die gemeinsame Auseinandersetzung und Klärung zu gewinnen.

In der Gestaltung dieses Prozesses ist darüber hinaus zu berücksichtigen,
dass die jungen Menschen und ihre Eltern an zwei mehr oder weniger weit
entfernten Orten leben. Eltern können so nur sehr punktuell an den Veränderungen ihrer Kinder, wie sie für die dynamische Zeit der Pubertät kennzeichnend sind, teilhaben. Dabei sind die körperlichen Veränderungen
ebenso bedeutsam wie die seelisch-psychischen, da sie gerade in dieser
Entwicklungsphase eng miteinander korrespondieren. Aber auch neue biografische Schritte in Schule und Ausbildung sind in diesem Zusammenhang
bedeutsam.

„Ja, sie [Mutter, Ergänzung der Verfasserin] hätte lieber, wenn ich wieder
nach Hause ziehe. Es täte ihr alles leid, aber ich glaube, sie akzeptiert es im-
mer noch nicht, dass ich nicht mehr zu Hause bin, dass sie nicht mehr gucken
kann, was ich mache und nicht mehr sieht, wie ich bin, wie ich meine Aus-
bildung mache und so. Das findet sie schon heftig." (Mädchen_1_243-247)

Für Eltern und junge Menschen fehlen damit zugleich alltägliche Erfahrungen
des Miteinanders, die Bezugspunkte für die Neudefinition des Eltern-Kind-
Verhältnisses und der dazugehörenden Rollenklärung, aber auch die gemeinsame Bearbeitung von belastenden Familienerfahrungen bieten. Diese
müssen explizit geschaffen und im Rahmen der Besuchskontakte arrangiert
und nutzbar gemacht werden.

Jugendliche Mädchen in Heimerziehung –
alters- und geschlechtsspezifische Anforderungen an die Heimerziehung
und die Zusammenarbeit mit den Eltern

Wie oben bereits aufgezeigt, kommen Mädchen im Unterschied zu Jungen häufig als Jugendliche auf eigenen Wunsch in die Heimerziehung. Sie brechen aus ihrem familiären Kontext aus, der meist von Gewalt- und Überforderungskonstellationen geprägt ist. Sie bringen biografisch aufgeschichtete Erfahrungen der Belastung und Begrenzung mit und sind auf der Suche nach einem Leben mit mehr Entfaltungsmöglichkeiten nach ihren eigenen Vorstellungen. Zugleich fühlen sie sich verantwortlich für das Leben zu Hause, insbesondere für ihre Mütter und Geschwister. Dies führt sie in das Dilemma zwischen der Sorge für sich selbst und für andere. Dieses Spannungsverhältnis zwischen Selbständigkeit und Verbundenheit lässt sich als Kernthema jugendlicher Mädchen in Heimerziehung beschreiben (vgl. Finkel 2004).

Damit die Mädchen in und aus diesen Ambivalenzen heraus ihren eigenen Weg finden, damit die Jugendphase und/oder die Zeit der stationären Hilfe als zweite Chance genutzt werden können, braucht es entsprechende Unterstützung. Neben der Begleitung der Mädchen in ihren persönlichen Fragen und Suchbewegungen gehört dazu wesentlich die Klärung des Verhältnisses zu den Eltern. Für den Gestaltungsbereich der Heimerziehung hat sich im Zuge der Einzelfallrekonstruktionen eine Reihe von Aspekten herauskristallisiert, die für einen gelingenden Hilfeverlauf ebenso wie für eine gelingende Persönlichkeitsentwicklung der Mädchen bedeutsam erscheinen. Diese lassen sich in zwei Zugängen bündeln. Zum einen geht es um die Erwartungen der Mädchen an die Heimerziehung und die hier tätigen Fachkräfte. Zum anderen geht es um die Beziehungsdynamik zwischen den Mädchen und ihren Eltern und hier besonders um den Umgang mit Schuldgefühlen, Verletzungen und Enttäuschungen.

Erwartungen der Mädchen an die Heimerziehung

Die Mädchen beschreiben zum Teil sehr eindrücklich, wie sie zu der Entscheidung kamen, ihre Familie zu verlassen und sich damit zugleich gegenüber den dort bestehenden Lebensverhältnissen abzugrenzen.

„Er hat uns geschlagen, besonders meine Mutter. Dann habe ich es irgendwann nicht mehr ausgehalten. Ich war in der Schule anders. Ich habe mich an meine Vertrauenslehrerin gewandt. Ich habe mit ihr geredet und sie hat das Jugendamt informiert und hat gemeint, ich soll in Inobhutnahme." (Mädchen_4_3)

Die Mädchen machen sich diesen Schritt nicht leicht. Oftmals plagen sie Schuldgefühle, diesen Weg gegangen zu sein. Zugleich bleibt der Wunsch, dass es zu Hause anders wäre, insbesondere dass ihre Eltern sie in der Bewältigung der schwierigen Situation mehr unterstützen würden.

„Eigentlich wäre ich lieber zu Hause geblieben. Aber ich habe es auch eingesehen, dass es nicht geht. Natürlich wünscht man sich was anderes. Gerade in dem Moment, in der Situation wünscht man sich Unterstützung von den Eltern und das Zusammensein mit der Familie." (Mädchen_4_70)

Um die getroffene Entscheidung biografisch integrieren zu können, braucht es eine Legitimation, die (auch) im Rückblick sinnstiftend ist (vgl. Finkel 2004). Die Betrachtung und Reflexion der Aus- und Nebenwirkungen des vollzogenen Schrittes sowohl bezogen auf die Familie („die anderen") als auch auf sich selbst, kann hierzu Zugänge eröffnen.

Damit Heimerziehung zudem von den Mädchen als lohnenswerter alternativer Lebensort auf Zeit wahrgenommen werden kann, müssen sie sich auf die neuen Rahmenbedingungen einlassen können. Dies macht ein Mädchen als Empfehlung für andere in ähnlicher Situation deutlich:

„Ich würde sagen, sie sollten es sich gut überlegen. Ich habe auch lange dafür gebraucht, bis ich mich dazu entschieden habe, sollten es sich lange überlegen und dann wirklich sicher sein, wenn sie es machen, nicht unentschlossen sein und sie sollten wirklich überlegen, ob es richtig ist, da weg zu ziehen und wenn es ist, dann sollen sie sich auch darauf einlassen, in einem Heim zu wohnen und dies nicht als Abweisung zu sehen. ... Nicht zu denken, jetzt bin ich ein Heimkind, sondern einfach damit zufrieden sein, dass sie jetzt etwas anderes haben und sich darauf auch einlassen." (Mädchen_1_424-428)

Damit sich aber die Mädchen tatsächlich auf die stationäre Hilfe einlassen können, muss dieses Angebot an ihre biografischen Erfahrungen und an ihr Streben nach einem eigenen Leben anschlussfähig sein. Dies bedeutet zuallererst, dass Heimerziehung ihnen alternative Lebensräume zur Enge der Familie und der fehlenden Unterstützung in der persönlichen Entwicklung anbietet und somit ihre Handlungsmöglichkeiten und Entwicklungsoptionen erweitert.

Mit dem Entscheidungsprozess ihre Familie zu verlassen, übernehmen die Mädchen zugleich viel Verantwortung für sich und ihren weiteren Lebensweg. Das tun sie bewusst, erwarten aber auch, dass dies von den sozialpädagogischen Fachkräften anerkannt wird.

„Ich weiß nicht, auch in den Hilfeplangesprächen, der ist mir wirklich noch nie positiv entgegengekommen. Ach, das haben sie vielleicht toll gemacht oder das ist schön, was du da gemacht hast. Es kam nie. Das kannst du besser machen und das machst du und dies und jenes. Ich denke mir dann, lass mir doch gerade meine Ruhe. Ich habe schon genug gemacht. Ich bin froh, dass ich es gemacht habe. Ich bin froh, wo ich jetzt bin. Ich bin zufrieden damit.“ (Mädchen_1_152)

Die Anerkennung ihrer Bemühungen und bisher geleisteten Lebensschritte stellt – wie auch andere Untersuchungen zeigen – eine wichtige Gelingensbedingung hinsichtlich der Anschlussfähigkeit der Hilfe dar. So werden die institutionellen Hilfeangebote von den Mädchen insbesondere dann als Unterstützung erfahren, wenn sie an ihre biografischen Erfahrungen und eigenen Lösungsversuche anschließen und mit ihnen gemeinsam die Erweiterung der Handlungsoptionen anstreben. Heimerziehung ist darum herausgefordert, „Mädchen in dieser ihrer Lebensrealität mit samt den Widersprüchlichkeiten anzuerkennen, ihre eigenen biografischen Lösungswege zu ‚studieren' und die von ihnen realisierten Versuche, der eigenen problematischen Situation Abhilfe zu verschaffen, zum zentralen Ausgangspunkt für die sozialpädagogische Unterstützungsleistung zu machen" (Finkel 2004, S. 320).

In dem Maße, wie sich die Mädchen entschieden haben, ihre Familie zu verlassen und ihren eigenen Weg zu gehen, möchten sie ihre Anliegen in die Hilfeplanung einbringen und den Hilfeprozess aktiv mitgestalten. Sie möchten als eigenständige Persönlichkeit wahr- und ernstgenommen werden und entsprechend ihr Leben selbst in die Hand nehmen und darin Unterstützung im Rahmen der Hilfe erfahren. Wenn dies gelingt, wird das positiv aufgenommen und trägt wesentlich zur Anschlussfähigkeit der Hilfe bei.

„Da habe ich auch viel Einfluss, weil ich habe eigentlich den Wunsch geäußert. Also ich habe eher gefragt im Hilfeplangespräch, ob ich ausziehen darf, also nicht, weil es mir hier nicht gefällt, sondern weil ich denke, ich könnte das eigentlich schon schaffen und dann habe ich gefragt und dann haben wir die Entscheidung getroffen, dass ich das nächstes Jahr machen kann.“ (Mädchen_3_142)

So gehen sie weitere Schritte in die Selbständigkeit und nehmen dabei die Begleitung der Fachkräfte als Unterstützung wahr.

„Also das finde ich gut, dass man einfach wirklich immer kommen kann, wenn irgendetwas ist. Ich finde es toll, dass die wirklich den ganzen Tag da sind. Sie sind zwar nicht rund um die Uhr, also abends kommt die Nachtbereitschaft, aber man hat immer Zeit mal hinzugehen und zu sagen, das und das ist und das und das bräuchte ich.“ (Mädchen_1_120)

Mit den eigenen Anliegen wichtig zu sein und Gehör zu finden, ist für viele Mädchen eine neue Erfahrung, die sie in ihrem Selbstbewusstsein wesentlich bestärkt, auch wenn sie erst lernen müssen mit diesem anderen Umgang zurecht zu kommen.

„Ich habe gemerkt, dass es wirklich Leute gibt, die für mich da sind. Das habe ich direkt am Anfang gemerkt, dass sie sich wirklich für mich eingesetzt haben, was meine Eltern nicht für mich gemacht haben, dass ich mich wirklich beruhigen kann, was am Anfang nicht so war, da bin ich nämlich zweimal auf Erzieher losgegangen, sogar mit einer Schere. Ich war richtig schlimm und ich bin froh, dass ich mich geändert habe. So etwas möchte ich nicht noch einmal haben. Ich bin sehr froh jetzt im Moment über mich.“ (Mädchen_4_233)

Die Beteiligung der Mädchen ist somit ein wichtiges pädagogisches Gestaltungsmittel, um die Mädchen in der Sorge um sich selbst und in der Entwicklung ihres eigenen Lebenskonzeptes zu bestärken. Hierüber werden Erfahrungen der Selbstwirksamkeit befördert, die für die Bearbeitung von Abhängigkeitserfahrungen in der Familie wesentlich sind. Solche Gegenerfahrungen sind zudem für die Persönlichkeitsentwicklung und Erprobung alternativer Bewältigungsstrategien in schwierigen (Konflikt-)Situationen bedeutsam.

Schuldgefühle, Verletztheit und Enttäuschung auf Seiten der Mädchen wie auch ihrer Eltern

Eltern sind in der Regel zunächst erschreckt und irritiert, wenn ihre Tochter gewissermaßen das Zusammenleben kündigt und ins Heim geht.

„Ich war zuerst mal am Boden, das war zuerst einmal ein Schock." *(Mutter_1_12-24)*

Die damit hervorgerufenen Emotionen prägen dann oftmals auch die Aufnahmesituation. Wut, Ärger, Betroffenheit und ähnliche Gefühle brauchen Raum und müssen von den Fachkräften entsprechend aufgefangen werden.

„... Woran ich mich noch gut erinnern kann, ist das Aufnahmegespräch. Da war dann Frau X. damit überhaupt nicht einverstanden. Sie war sehr verletzt, es flossen viele Tränen. Es war sehr emotional. Es war nicht, was wir auch oft haben: ,Ich bin jetzt sauer, dass meine Tochter geht'. Nein, sie war getroffen." *(Bezugserzieherin _1_60)*

Der Aufnahme im Heim ist meist aber auch aus Sicht der Eltern eine schwierige Zeit zu Hause vorausgegangen. Darum kann die Heimunterbringung zu einem gewissen Teil von den Müttern (und Vätern) auch als Entlastung wahrgenommen werden.

„Einerseits war es eine ,Befreiung' gewesen. Weil zu Hause ging gar nichts mehr mit der T. Die Verantwortung lag nur in meinen Händen und der andere Elternteil kümmert sich ein Dreck darum, so gesagt. Es war sehr schwierig. T. wollte dann auch raus aus dem ganzen Milieu und sich stabilisieren, um ein bisschen autonom zu sein." *(Mutter _4_33)*

Der Schritt der Mädchen, die Familie zu verlassen und selbst das Leben im Heim zu wählen, weckt bei manchen Eltern aber auch Verlustängste.

„Ich muss es akzeptieren. Ich habe beim Hilfeplangespräch angeboten, dass sie jederzeit nach Hause kommen kann, aber es ist der Wunsch meiner Tochter, dass sie da ins betreute Wohnen geht und ich muss das akzeptieren. Ich kann ja nicht sagen, du musst sofort nach Hause kommen. So mache ich das nicht. Ich akzeptiere das, was ihre Wünsche sind. Wenn ich irgendetwas anderes sage, habe ich Angst, ich verliere sie wieder." (Mutter_3_82)

Über die Anfangssituation hinaus kann die Verletztheit der Eltern den Kontakt und die Zusammenarbeit bestimmen. Dabei reichen die Reaktionen und Ausdrucksformen der Eltern von der Kontaktverweigerung – zumindest aus Perspektive der Mädchen – bis zur Verunsicherung, überhaupt noch eigene Bedürfnisse geltend zu machen.

Wenn Eltern nicht aktiv den Kontakt zu ihren Töchtern suchen, fühlen sich diese wiederum hierdurch erneut verletzt.

„Also meine Mutter, durch das, dass sie es immer noch nicht akzeptiert hat, kommt sie auch nicht. Sie kommt nur, wenn ich sie halt anrufe, oder wenn ich nach H. komme, dort wo sie halt wohnt. Sie kommt nur, wenn sie muss. Das hat mich verletzt." (Mädchen_1_251-252)

Ähnlich erleben es die Mädchen, wenn Vereinbarungen zum Kontakt getroffen wurden, diese aber seitens der Eltern nicht eingehalten werden.

„...die müssten ja normalerweise jeden Montag anrufen. Entweder haben sie kein Geld auf dem Handy oder sie brauchen das Geld oder sie vergessen mich mal. Also ich denke, ein bisschen Geld muss man schon dazu haben, um die Tochter anzurufen. So ist der Kontakt eigentlich Scheiße. ... Meine Eltern müssten sich wirklich bei mir melden. Das was sie gar nicht tun. Ich bin jetzt zwei Jahre hier und sie haben sich vielleicht drei- oder viermal gemeldet. Das ist schwer zu verkraften. Ich sehe hier alle Jugendlichen werden wöchentlich angerufen. Das ist schon schwer." (Mädchen_4_143)

In der Zusammenarbeit mit den Eltern ist es vor diesem Hintergrund bedeutsam, dass es über den gesamten Hilfeverlauf Raum und Zeit gibt, um sich mitteilen und somit Klärungsbedarfe bezüglich ihrer Elternrolle wie auch des Eltern-Kind-Verhältnisses markieren zu können. Diese gilt es bedarfsgerecht aufzugreifen und zu bearbeiten, so dass quasi von beiden Seiten – mit den Mädchen und den Eltern – an der Eltern-Kind-Beziehung gearbeitet werden kann.

5.3.3 Schlussfolgerungen für die Zusammenarbeit mit jugendlichen Mädchen und ihren Eltern im Rahmen der Heimerziehung

Sowohl aus den zentralen Entwicklungsaufgaben der Jugendphase als auch den biografischen Erfahrungen der Mädchen ergibt sich für die Heimerziehung der vordringliche Bedarf, in der Klärung und Neudefinition des Eltern-Kind-Verhältnisses zu unterstützen. Wie im Zuge der Einzelfallrekonstruktionen herausgearbeitet werden konnte, braucht es dazu zum einen einen geschützten Raum, in dem die Mädchen sich selbst entfalten und in ihrer Persönlichkeit entwickeln können. Zum anderen braucht es Unterstützung für die Eltern und die Jugendlichen, um sich mitzuteilen, einander zuzuhören und sich wechselseitig anzuerkennen.

Die eingangs skizzierte, deutlich schlechtere Bewertung der jugendlichen Mädchen hinsichtlich der Effekte der Hilfe für die Familie fand sich bei der zweiten Befragung zwei Jahre später nicht in gleicher Weise wieder. Vielmehr fielen die Bewertungen von Jungen und Mädchen fast identisch aus. Dies ist als Hinweis zu werten, dass in dieser doppelten Perspektive auf die Entwicklungsmöglichkeiten der Mädchen einerseits und die Unterstützung der Eltern in der Neudefinition des Eltern-Kind-Verhältnisses andererseits der zentrale Schlüssel für gelingendere Hilfeprozesse mit jugendlichen Mädchen im Heim liegt. Über jeweils eigenständige Arbeitsprozesse mit den Mädchen und ihren Eltern können Klärungsprozesse initiiert und damit tragfähige Perspektiven eröffnet werden.

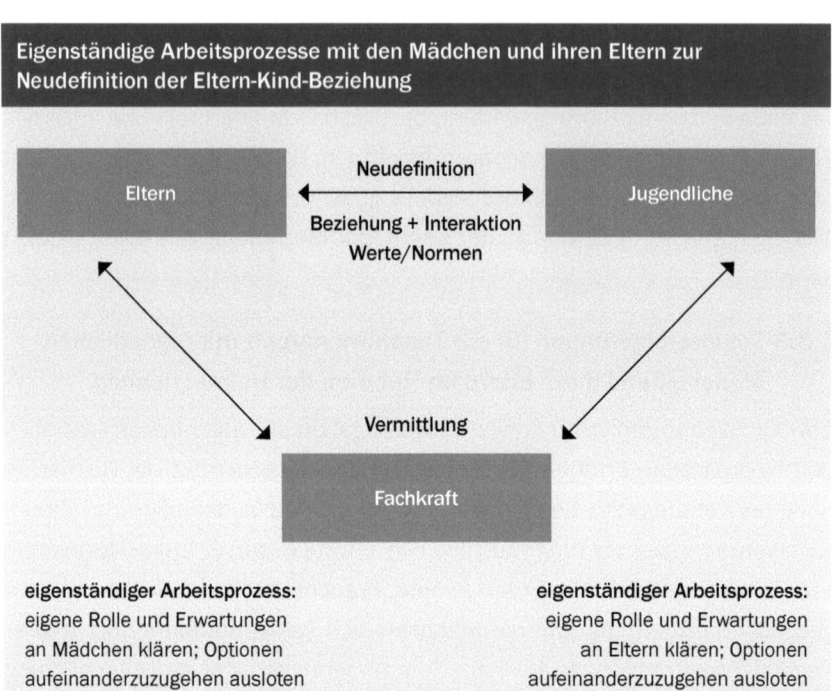

Eigenständige Arbeitsprozesse mit den Mädchen und ihren Eltern zur Neudefinition der Eltern-Kind-Beziehung

Eltern

Neudefinition
Beziehung + Interaktion
Werte/Normen

Jugendliche

Vermittlung

Fachkraft

eigenständiger Arbeitsprozess:
eigene Rolle und Erwartungen
an Mädchen klären; Optionen
aufeinanderzuzugehen ausloten

eigenständiger Arbeitsprozess:
eigene Rolle und Erwartungen
an Eltern klären; Optionen
aufeinanderzuzugehen ausloten

Gegenstand des eigenständigen Arbeitsprozesses sowohl mit den Mädchen als auch mit den Eltern ist zunächst die Akzeptanz für die gegebene Situation. Dies bedeutet, die Realität als solche wahrnehmen und das So-Sein der Eltern bzw. des Mädchens akzeptieren zu lernen. Davon ausgehend können zum einen die Erwartungen an die jeweils andere(n) überprüft und Optionen des Aufeinanderzugehens ausgelotet werden. Zum anderen geht es aber auch darum, Raum für die eigene Identitätsentwicklung und Rollenklärung zu schaffen. Dies erfordert oftmals im ersten Schritt einen jeweils eigenständigen Arbeitsprozess mit den Mädchen einerseits und ihren Eltern andererseits zu gestalten.

Ziel eines solchen parallelen Arbeitsprozesses mit den Mädchen und ihren Eltern ist das wechselseitige Verstehen zu fördern und so weit als möglich, Dialogfähigkeit zu entwickeln. Denn gerade Mädchen in Heimerziehung, aber auch ihre Eltern haben oftmals nicht gelernt, ihre Bedürfnisse und Wünsche wahrzunehmen und so zu artikulieren, dass eine gleichberechtigte Kommunikation angestoßen wird. Mittels der Unterstützung in einem je eigenen Arbeitsprozess kann die notwendige Sprachfähigkeit hergestellt werden, über die die subjektive Sicht zum Ausdruck gebracht werden kann. Zentrale Themen des Vermittlungsprozesses stellen die Beziehung zueinander, die Interaktion miteinander sowie die jeweils leitenden Werte und Normen dar.

Um einen solchen parallelen Arbeitsprozess mit den Mädchen und ihren Eltern realisieren zu können, ist ein doppeltes Bezugsbetreuungssystem bedenkenswert. So können zwei Fachkräfte miteinander in den Dialog treten und den Verständigungsprozess zwischen den Mädchen und ihren Eltern u. a. durch den perspektivendifferenzierten Austausch ihrer Einschätzungen als Fachkräfte befördern. Darüber hinaus kann die Begleitung der Mädchen und ihrer Eltern durch unterschiedliche Fachkräfte dem strukturellen Dilemma Rechnung tragen, dass zu den Mädchen oftmals aufgrund der räumlichen Nähe eine größere Verbundenheit besteht. Eine gelingende Zusammenarbeit mit den Eltern erfordert aber ebenso eine vertrauensvolle Beziehung, um auch schwierige Themen und Fragen bearbeiten zu können.

Eigenständiger Arbeitsprozess mit den Mädchen –
Raum für Verstehen, Ablösung und eigene Entwicklungsperspektiven

Mit Hilfe eines eigenständigen Arbeitsprozesses mit den Mädchen soll ein Raum entstehen, in dem die Hoffnungen und Wünsche an die Familie, aber auch Enttäuschungen, Wut und Trauer ob ihrer Nicht-Erfüllung zur Sprache kommen können. Gemeinsam mit den Mädchen gilt es hier, Ansatzpunkte und Wege zur Versöhnung mit sich selbst und – soweit möglich – mit den Eltern (Mutter und/oder Vater) zu suchen, so dass Perspektiven für eine gelingende Lebensbewältigung eröffnet werden.

Das Akzeptieren der eigenen familiären Situation stellt oftmals eine große Herausforderung für die Mädchen dar. Dies gilt umso mehr, wenn sie feststellen müssen, dass die mit dem Verlassen der Familie verbundene Hoffnung auf Veränderung und Rückkehrmöglichkeit sich nicht erfüllt. Diesen Schritt zu begleiten, ist entsprechend eine zentrale Aufgabe der Hilfegestaltung.

„Ja, also bei der T. da ist … schon seit mehreren Wochen und Monaten, eigentlich das Thema Trauer angesagt. Als ihr so bewusst wurde, dass es nicht mehr realistisch ist, eine Rückführung nach Hause anzustreben. Die ganze Zeit haben wir daran gearbeitet, dass das Verhältnis zu den Eltern verlässlich wird, dass die Eltern sich an Absprachen halten und haben in diese Richtung gearbeitet. Wir haben Elterngespräche geführt, wollten die Eltern ins Boot holen und irgendwann wurde der T. bewusst, okay, mittlerweile kann man die Hoffnung aufgeben, wenn man es jetzt bös ausdrückt."
(Bezugserzieherin_4_50-51)

Die Akzeptanz dieser Erwartungsenttäuschung und deren Bewältigung auch auf emotionaler Ebene stellt eine wesentliche Basis für das Ausloten geeigneter Umgangsformen, aber auch für die Entwicklung eigener Lebensperspektiven dar.

„Es geht um Enttäuschungen, Erwartungen, wie gehe ich damit um, ja die rationale, emotionale Ebene. Es geht im Grunde darum, ein realistisches Bild von der Familie zu erhalten und wenn man den Eindruck gewinnt, dass eine Rückführung nicht möglich ist, also den Kontakt einerseits möglichst positiv zu gestalten und mit persönlichen Enttäuschungen umzugehen."
(ASD_4_136)

Dabei können Elemente der Trauerarbeit hilfreich sein, mit denen die Mädchen sich von ihren Hoffnungen und Wünschen bezogen auf ihre Herkunftsfamilie verabschieden und sich für ihre eigene Zukunft öffnen können. Aber auch die persönlichen Grenzen der Eltern verstehen und anerkennen zu lernen, kann Teil dieses Prozesses sein, der es den Mädchen in der Folge ermöglicht, ihre Erwartungen an die Eltern an die Realität anzupassen.

„Die K. ist auf dem Weg, die Krankheit ihrer Mutter zu verstehen und vielleicht auch Einschränkungen ihrer Mutter anzuerkennen, sich einfach mit dieser kranken Mutter abzufinden oder wie auch immer. Ich glaube, das könnte schon einen großen Fortschritt ausmachen, wenn ihr das gelingt. Einen nötigen Abstand zu kriegen und zu sagen, die Mama ist krank und manche Dinge kann sie nicht anders sehen oder bewerten aufgrund der Krankheit.

Von Seiten der Mutter, ..., die müsste einfach auch erkennen, dass K. älter wird, dass sie selbständiger wird, dass sie natürlich auch mehr Freiheiten einfordert, dass sie nicht mehr das kleine Mädchen ist, dass sie ein eigenes Leben führen darf, dass sie nicht mehr so aus der Verantwortungs- und Versorgungsrolle da für die Familie, dass sie da rauskommt." (ASD_3_46-47)

Über das Anerkennen von Einschränkungen und Belastungen auf Seiten der Eltern kann es in der Zusammenarbeit mit den Mädchen auch angezeigt sein, mit ihnen einen Blick für die Wirkungen ihres eigenen Handelns zu entwickeln.

„Die O. bezweckt auch etwas damit, Aufmerksamkeit zu bekommen, praktisch unbequem zu sein, um die Mutter zu aktivieren. Da muss man genau mit O. hingucken, wie viel tut davon gut von diesem Rebellentum. Wie viel von dem eigentlichen Wunsch, die Mutter für sich zu gewinnen, Aufmerksamkeit zu bekommen, trägt ihr genau diese Verhaltensweise zu oder ist abträglich davon. Es gilt dabei, tatsächlich das richtige Maß für die O. zu finden. Weil ich sage mal, damit ist natürlich eine Pubertierende überfordert. Da fehlt es auch an Lebenserfahrung, Perspektiven wechseln zu können. Wissen, was löst das bei meiner Mama aus, wie wird die dann innerlich reagieren, wie wird sie nach außen reagieren." (ASD_1_74-75)

In dieser Weise mit jugendlichen Mädchen am Verständnis für ihre Eltern, aber auch für ihre eigenen Möglichkeiten der Beeinflussung von Situationen zu arbeiten, entspricht einerseits ihrem Streben nach Selbständigkeit und der damit einhergehenden Verantwortungsübernahme für das eigene Handeln. Zugleich ist aber auch darauf zu achten, die Mädchen hierin nicht zu überfordern. Kompetenzen zur Perspektivenübernahme zu entwickeln, darf für die Mädchen nicht dazu führen, dass sie letztlich für das Gelingen oder Misslingen familiärer Annäherung und Beziehungsklärung verantwortlich gemacht werden. Hierauf ist im Zuge der Reflexion des fachlichen Handelns ein besonderes Augenmerk zu legen, um die Mädchen nicht wieder neu in die Sorge für andere zu drängen, statt sie in ihrer Entwicklung hin zu einer eigenständigen Persönlichkeit zu fördern. Vielmehr kann es angezeigt sein, den Mädchen explizit die Erlaubnis zu geben, ihren eigenen Wünschen und Träumen zu folgen und – immer auch realistisch machbare – eigene Wege zu gehen.

Zum Ablöseprozess und Erwachsenwerden gehört auch, dass die Mädchen selbst reflektieren, wie sie ihre Eltern erleben, welches Familienbild für sie leitend ist und welche Abweichungen ihre Realität prägen.

„Sie hat, hatte, hat noch ein bisschen so ein gefestigtes Familienbild, was aber sehr illusorisch war, weil ihr persönliches Familienbild sah vor: Vater, Mutter, C. und ich. Was schon deswegen nicht mehr ging, weil der Vater einfach nicht mehr da ist. Ich glaube, dass es für sie sehr, sehr schwierig ist, von diesem Bild abzurücken und das hat sich auch immer gezeigt. Auf der einen Seite hat sie immer gesagt, sie ist froh, hier zu sein und kann sich auch gar nicht mehr vorstellen zurückzugehen, auf der anderen Seite kam schon auch oft: ‚Ja, wenn man einfach eine ganz normale Familie sein könnte!' Gerade bei ihr zeigt sich das deutlich." (Bezugserzieherin_1_54-55)

Insbesondere das Verhältnis zur Mutter ist für alle Mädchen in der Adoleszenz von starken Ambivalenzen geprägt. Einerseits bedeutet das körperliche Frau-Werden, zu werden wie die Mutter. Andererseits geht es um Ablösung und Eigenständig-Werden. Zudem lassen sich für diese Entwicklungsphase drei Konfliktfelder beschreiben, die es zu bearbeiten gilt. Neben Körperlichkeit und Sexualität ist dies der „‚Kampf' um Anerkennung von Seiten der Mutter ebenso wie um die eigene Anerkennung für die Mutter" (Finkel 2004, S. 184).

Gerade für Mädchen, die ihre Familie auf Grund übermäßiger begrenzender oder gewalttätiger Bedingungen verlassen haben, ist die Anerkennung der Mutter oftmals eine schwierige Aufgabe. Diese erfordert sie als Mutter anzuerkennen, obwohl sie den Erwartungen an eine Mutter nicht gerecht geworden ist. Diese kaum auflösbare Ambivalenz führt bei vielen Mädchen zu dem Wunsch, nie werden zu wollen wie die eigene Mutter.

„Auf jeden Fall, dass ich nicht so werde, wie meine Mutter. Ich versuche schon anders zu sein. … Z. B. als ich noch ein bisschen jünger war und ich

irgendetwas nicht gemacht habe, was meine Mutter gesagt hat, da hat sie mich geschlagen und so etwas würde ich z. B. nicht machen, meine Kinder schlagen." (Mädchen_3_256-268)

Hinsichtlich der Persönlichkeitsentwicklung der jungen Frauen aber auch der Unterstützungsmöglichkeiten seitens der Heimerziehung stellt sich hier die Frage, wie es ihnen gelingen kann, ihre Vorstellungen eines anderen Lebens und einer anders gestalteten Mutterrolle tatsächlich zu erreichen. So orientieren sich junge Frauen heute vor der Familiengründung selbstverständlich an einer eigenen Berufstätigkeit und von Gleichberechtigung geprägter Partnerschaft. Die Erfahrung zeigt allerdings, dass dieses Vorhaben oftmals nicht umgesetzt werden kann, wenn sie den realen Anforderungen gegenüber stehen. Zentrale Herausforderungen stellen dabei die vielfältigen Vereinbarkeitsleistungen dar, die Frauen nach wie vor individuell lösen müssen. Die Vereinbarkeit zwischen Familie und Beruf gehört dazu ebenso wie die Vereinbarkeit der Sorge für sich und andere oder auch (zuvor abgelehnte) Abhängigkeiten innerhalb der Partnerschaft. Hier braucht es „Diskussionsräume", „die sowohl individuelle Klärungsprozesse der Mädchen und Frauen anregen als auch die gesellschaftlich ungelösten Konflikte als Hintergrund für die Vielfältigkeit und Widersprüchlichkeit der Leitbilder thematisieren" (Finkel 2004, S. 191).

Die Heimerziehung steht hier vor der Aufgabe, solche Räume zu schaffen und zu gestalten, so dass Mädchen nicht nur ihre individuellen Fragen sondern auch strukturelle Herausforderungen bearbeiten können. Dabei geht es insbesondere um die vielfältigen Vereinbarkeitsleistungen, die alle Frauen im gegebenen gesellschaftlichen Rahmen erbringen müssen. Für Mädchen in der Heimerziehung verschärfen sich diese allerdings oftmals auf Grund brüchiger Bildungskarrieren und prekärer Lebensbedingungen oder spitzen sich zu ihren Lasten zu. Dennoch geht es auch hier um die Aufgabe, mit den Mädchen konkrete Lebensperspektiven zu entwickeln und für sie individuell passende Lösungen bezogen auf berufliche Qualifikation, Erwerbstätigkeit, eigene Mutterschaft und familiäres Zusammenleben zu entwerfen.

Eigenständiger Arbeitsprozess mit den Eltern –
Rollenklärung im Zuge des Erwachsenwerdens der eigenen Kinder

Die alters- und entwicklungsgerechte Wahrnehmung der Elternverantwortung erfordert von Müttern und Vätern, sich sukzessive auf die wachsende Selbständigkeit ihrer Kinder einzustellen, Gestaltungs- und Entscheidungsräume zu erweitern und Verantwortung für die eigenen Belange zu übergeben. Dieser Prozess stellt hohe Anforderungen an die Eltern und bedarf der kontinuierlichen Reflexion ihrer Elternrolle. Die diesbezügliche Schulung und Begleitung der Eltern in der praktischen Erprobung stellt darum eine zentrale Aufgabe in der Zusammenarbeit mit Eltern von Jugendlichen in der Heimerziehung dar. Dies kommt in allen vier Einzelfallrekonstruktionen insbesondere aus Sicht der Fachkräfte zum Ausdruck.

„Themen sind halt wirklich, dass die Eltern, dieser Loslösungsprozess, ..., dass die Eltern auch ein Stück weit lernen in gewissen Bereichen kann ich meine Tochter los lassen, da kümmert sie sich schon selbst auch drum. Und dann aber halt auch wieder die Zurückspiegelung den Eltern, wie kann ich aber sonst Kontakt zu meinem Kind, also nicht rein dadurch, dass das Essen immer auf dem Tisch steht, dass ich gekocht habe, habe ich Kontakt mit meiner Tochter, weil das benötigt sie jetzt in dem Alter nicht mehr unbedingt, sondern durch andere Aktivitäten oder Gespräche oder Interessen, da gemeinsam Kontakt zu haben.“ (Bezugserzieherin_2_210)

Ähnlich wurde die Bedeutung dieser Aufgabe in der Zusammenarbeit auch aus Sicht des ASD herausgestellt.

„Also diese klassischen Fragen wieder aus Sicht der Eltern gedacht, wie lang muss ich mein Kind noch kontrollieren oder ihm bestimmte Rahmenbedingungen vorgeben. Da gibt es auch sehr unterschiedliche Vorstellungen bei Eltern und da muss man die nochmals darauf zurückwerfen, dass ein Jugendlicher trotzdem noch mehr braucht, auch Zeit und Zuwendung braucht.“ (ASD_2_157-158)

Neben den Herausforderungen, die die Pubertät und die Entwicklungsaufgaben des Jugendalters an alle Eltern stellen, kommt für viele Eltern im Rahmen der Heimerziehung hinzu, dass sie nur schwer altersgemäßes Verhalten von Problemverhalten unterscheiden können. In diesem Prozess kann es für die Eltern hilfreich sein, entlang des Verhaltens ihrer Töchter (und Söhne) zu erarbeiten, was der Alters- und Entwicklungsphase entspricht und was als Problemverhalten anzusehen ist.

„Es ist häufig, dass man gerade auch im Gespräch mit den Eltern merkt, dass es für die ein Thema ist, dass die auch schon Schwierigkeiten haben oder vielleicht auch Schwierigkeiten hätten in einer normalen Entwicklung so einen Ablöseprozess durchzumachen. Da kommen dann oft so Fragen wie: Ist das denn für Jugendliche denn normal? Man merkt so, die Eltern möchten wissen: Ist meine Tochter irgendwie so ganz besonders merkwürdig? Die Dinge, die sie tut, passt es zu ihrer Altersgruppe. ... Was viel hilft, ist, mit den Eltern sehr informativ über so etwas zu sprechen und einfach zu hinterfragen, was die Motivation auch der Eltern ist, bzw. was die Befürchtungen der Eltern sind." (Bezugserzieherin _1_49-50)

In dem Maße, wie Eltern das Verhalten einordnen lernen, das ihre Töchter (und Söhne) zeigen, erhalten sie zugleich Bezugspunkte zu Anforderungen an ihre Elternrolle. Dabei geht es zum einen um die Akzeptanz der persönlichen Eigenarten ihrer Kinder und das Verstehen von pubertärem Verhalten. Zum anderen gehört dazu aber auch das Erkennen von Problemverhalten, das auch eine normgebende Reaktion erfordert. Über eine solche Bewertung von Verhalten können Eltern Rollenklarheit gewinnen und einer der Jugendphase angemessenen Erziehungsverantwortung (ein Stück) mehr entsprechen.

Moderation und Vermittlung durch die Fachkräfte – Optionen des Aufeinanderzugehens ausloten

Mit dem jeweils eigenständigen Arbeitsprozess mit den Mädchen und den Eltern wird eine wichtige Grundlage geschaffen, um einen Umgang mit erfahrenen Enttäuschungen im familiären Kontext zu finden und Optionen des Kontakts und der Beziehungspflege auch nach dem Verlassen des Elternhauses ausloten zu können. Die wechselseitige Akzeptanz der Situation und des So-Seins der jeweils anderen Person, aber auch das wechselseitige Verstehen der Grenzen der Eltern sowie der anstehenden Entwicklungsschritte der Mädchen stellen dabei zentrale Elemente dar. Darüber hinaus stellt sich die Frage, wie gelingende Kontakte und Beziehungserfahrungen (wieder) möglich werden können und zugleich genügend Entwicklungsfreiraum für die Mädchen erhalten bleibt bzw. entsteht. Wie die Einzelfallrekonstruktionen zeigen, können die Fachkräfte der Heimerziehung hierzu Impulse setzen, indem sie eine moderierende und vermittelnde Rolle einnehmen.

Wie über alle Interviews deutlich wurde, wünschen sich die Mädchen Kontakt zu ihren Eltern. Es sind meist eher die Eltern, die sich zurückhalten, sich nicht aktiv mit ihren Töchtern in Verbindung setzen oder sogar gemeinsamen Begegnungen ausweichen. Vor diesem Hintergrund stellt die Frage nach einer angemessenen Kontaktgestaltung ein zentrales Thema im Prozess der Beziehungsklärung dar. Denn jeder Kontakt(versuch) birgt immer wieder neu die Gefahr der Enttäuschung in sich. Im Zuge der Einzelfallrekonstruktionen kristallisierten sich zwei Aspekte heraus, wie dieser Gefahr begegnet und positive Entwicklungen gestärkt werden können. Dies sind zum einen die Identifizierung von gelingenden Erfahrungen und zum anderen die Schaffung von Erprobungsräumen im Kontakt miteinander.

Davon ausgehend, dass es auch in noch so schwierigen Situationen immer auch Ausnahmen gibt, hat es sich bewährt, neben den gesammelten Enttäuschungen gezielt nach positiven Erfahrungen mit den Eltern zu fragen. Dazu gehören gelungene Begegnungen und gemeinsame Aktivitäten ebenso wie gleiche Interessen oder Unternehmungen, die „einfach" gemeinsam Spaß gemacht haben. Daran anknüpfend kann ausgelotet werden, wie mehr davon möglich werden kann und hierüber Brücken gebaut werden können, die ein neues aufeinander zugehen erleichtern.

Zugleich können so auch positive Seiten im Elternbild aktiviert bzw. gepflegt und erhalten werden. Aus der Abgrenzung kann so Ablösung, genauer „Ablösung in Bindung" (Finkel 2004) werden. Eine alters- und entwicklungsgerechte Veränderung des Eltern-Kind-Verhältnisses wird so unterstützt.

„Ich habe es in erster Linie versucht zu thematisieren und so angesprochen, dass sie quasi auch gute Zeiten mit den Eltern hatte und versuchen sollte, die in guter Erinnerung zu behalten und dass es immer die Eltern bleiben werden, aber dass es in Richtung Selbständigkeit geht und dass der Kontakt erhalten bleiben kann, so in der Richtung ablösen, die Eltern nicht schlecht machen." (Bezugserzieherin_4_151-152)

In der Planung von Kontakten und Besuchen hat es sich gerade in sehr konflikthaften Eltern-Kind-Verhältnissen bewährt, neue Begegnungen in kleinen Schritten anzugehen, detailliert zu planen und anschließend zu reflektieren. Auf diese Weise kann Stück für Stück ausgelotet werden, in welchem Rahmen und mit welcher Form der Gestaltung in möglichst großem Umfang positive Erfahrungen erreicht werden können.

„Es ging ganz oft darum, dass eben, weil die Mutter dieses Zeitproblem hat, dass auch wenig Zeit für O. ist. Dass O. sich gewünscht hat, mit der Mutter alleine etwas zu machen. Wir haben dann Vereinbarungen getroffen, bzw. die beiden haben Vereinbarungen getroffen, wer sich wann meldet. Dass die Mutter hierher kommt, sie war dann auch mal da, hat hier mit O. gefrühstückt. Es gab von beiden Seiten Bemühungen, konkret Dinge zu planen und die dann auch in die Tat umzusetzen. Auch Zuhause, wenn O. Zuhause zu Besuch war, so ist ein permanenter Punkt Streitereien, Vorwürfe. Auch da haben wir Dinge erarbeitet, wie man das vielleicht vermeiden könnte. Das wurde probiert, hat nicht funktioniert. Es gab wirklich alle möglichen Bestrebungen in alle möglichen Richtungen. Es lief dann so, dass wir das zu dritt erarbeitet haben, die beiden haben versucht, das umzusetzen und wir haben dann geguckt, hat es geklappt, hat es nicht geklappt. Woran könnte es gelegen haben?" (Bezugserzieherin_2_114-115)

Wenn es gelingt, die passende Dichte des Kontaktes zu finden, können positive Erfahrungen Raum gewinnen, vor allem wenn beide Seiten dieses Maß akzeptieren können.

„Der Kontakt zu meiner Mutter ist jetzt wieder so ganz langsam aufgebaut worden, weil wir zuerst gar keinen Kontakt hatten, weil ich das nicht wollte. ... Nein, das reicht aus, weil wenn wir uns zu oft sehen würden oder ganz oft telefonieren würden, dann würden wir uns wieder streiten, um irgendwas und das wäre nicht so gut." (Mädchen_3_171)

Auf dieser Basis kann eine Neudefinition des Eltern-Kind-Verhältnisses erreicht werden, so dass das Mädchen seinen eigenen Weg gehen und das eigene Lebenskonzept entwickeln kann und dennoch die Verbundenheit zur Mutter bzw. zu den Eltern erhalten bleibt. Die räumliche Trennung kann so zur Chance für eine erneute, gelingendere Annäherung werden.

„Genau dieser Druck, diese Angstemotion, die ist jetzt genommen sowohl der O. wie auch der Mutter. Und dadurch ist natürlich eine Entspannung viel besser möglich. Ist auch ein Phänomen, was wir bei noch etwas älteren Jugendlichen erleben, oder auch jungen Erwachsenen erleben, die aus einem sehr schwierigen Familienkontext dann rausziehen und dann, sage ich mal, als Gast und Besuch sich wieder annähern können. D. h., dass die kritischen Alltagsbelange auch nicht mehr so im Vordergrund stehen, weil derjenige schon Verantwortung selber übernimmt für seine Wohnung, für Ausbildung und Beruf usw. und die Eltern dann mehr in die Rolle des Beratenden kommen oder des Unterstützers." (ASD_1_224-225)

Ähnlich zeigt sich die Erwartungsklärung als Gelingensfaktor bedeutsam, wenn zwischen den Mädchen und den Eltern wieder so viel Kontakt möglich ist, dass sie zu Besuch nach Hause kommen können bzw. möchten.

„Ich spreche auch mit ihr [Tochter, Ergänzung der Verfasserin] so. Wenn mir irgendetwas nicht passt an ihr, sage ich auch zu ihr. Weil am Anfang als sie hier zu Besuch war, dass wir uns wieder aneinander gewöhnen, hat sie gedacht, sie könnte hier machen, was sie wollte. Ich habe dann gesagt, K., du bist in I., da gibt es Regeln. An diese Regeln musst du dich auch da halten und die Regeln gelten genauso in I. wie auch hier'. Also sie hat sich hier auch an Regeln zu halten. Ich habe ihr gesagt, sie muss nicht denken, sie kommt hier nach Hause und kann machen was sie will. Dann wollte sie am Anfang gar nicht mehr hier hin." (Mutter_3_230-238)

Gemeinsam adäquate Lösungen zu Regeln und dem Umgang damit zu finden, kann in einem solchen Fall Aufgabe der Zusammenarbeit mit den Mädchen und ihren Eltern sein. Dabei kommt es wesentlich darauf an, dass die Eltern und die Mädchen ihre Erwartungen in Worte fassen lernen, damit Kommunikation möglich werden kann.

Wechselseitige Akzeptanz und neues Aufeinanderzugehen erfordert darüber hinaus, sukzessive das Handeln des bzw. der anderen verstehen zu lernen. Um zu einem solchen Verstehen zu kommen, ist es erforderlich, sich in die Lage des bzw. der anderen hineinzuversetzen und somit die Perspektive wechseln zu können. In konflikthaften Eltern-Kind-Beziehungen ist diese Fähigkeit oftmals verloren gegangen oder war gar nicht verfügbar. Möglichkeiten der Perspektivübernahme zu entwickeln und auf diese Weise neue Sichtweisen einnehmen zu können, stellt somit eine weitere zentrale Aufgabe im Prozess der Zusammenarbeit dar. Dabei geht es für die Mädchen insbesondere um das Erkennen und Akzeptieren schwieriger Lebenssituationen auf Seiten der Eltern. Für die Eltern liegen die Herausforderungen eher auf der Ebene von Zugeständnissen und Gewährung größerer Freiheit entsprechend der zunehmenden Selbständigkeit der Mädchen.

Braucht es den jeweils eigenständigen Arbeitsprozess, um solche Einsichten zu gewinnen, so geht es im Vermittlungsprozess um deren Kommunikation, ggf. unterstützt durch Übersetzungshilfen der Fachkräfte.

„Wir haben immer wieder den Arbeitsschwerpunkt, dass wir die Mutter sensibilisieren müssen, oder Übersetzungsarbeiten machen mussten, was bezweckt die O. mit ihren Verhaltensweisen, was erträumt sie sich, was wünscht sie sich von ihrer Mama. Und dann natürlich auch immer die Mutter ins Boot zu nehmen, nicht aus der Verantwortung heraus zu entlassen, sie daran zu erinnern, dass die O. in ihrem Leben auch die und die Priorität haben muss." (ASD_1_149-150)

Gelingt der Vermittlungsprozess nicht, finden die Mädchen bei ihren Eltern kein Gehör für ihre Bedürfnisse oder können Eltern diesen aufgrund ihrer subjektiven Möglichkeiten nicht entsprechen, kann es auch Gegenstand der Zusammenarbeit sein, an der Erlaubnis zu arbeiten, dass sich die Mädchen alternative (erwachsene) Bezugspersonen suchen, die ihren Bedürfnissen besser entsprechen können. Eine solche Einsicht erfordert oftmals ein Stück Trauerarbeit. Die Realität und mit ihr die (aktuell) gegebenen Verhältnisse wahrzunehmen und anzuerkennen, stellt aber eine zentrale Voraussetzung dar, damit die Mädchen eigenständige Lebensperspektiven entwickeln können. Können sich andererseits die Mädchen nicht auf Beziehungsangebote der Eltern einlassen, bleibt für diese „nur", diese Situation zu akzeptieren und darauf zu hoffen, dass es vielleicht zu einem späteren Zeitpunkt doch noch möglich wird, wieder Schritte aufeinanderzuzugehen.

5.3.4 Anforderungen an die Fachkräfte bezüglich der Zusammenarbeit mit jugendlichen Mädchen und ihren Eltern

Nach den Ergebnissen der Einzelfallrekonstruktionen und deren Einordnung in die Fachdebatte lässt sich als zentrale Aufgabe der Zusammenarbeit mit jugendlichen Mädchen und ihren Eltern in der Heimerziehung die Klärung des Eltern-Kind-Verhältnisses hin zu einer „Ablösung in Bindung" (vgl. Finkel 2004) bestimmen. Dies stellt an die Heimerziehung bzw. die hier tätigen Fachkräfte die Anforderung, zum einen einen persönlichen Entwicklungsfreiraum für die Mädchen zu schaffen, in dem sie ihren eigenen Lebensentwurf finden und für sie passende Zukunftsperspektiven entwickeln können. Zum anderen bedarf es der Begleitung der Mädchen und ihrer Eltern in einem Auseinandersetzungsprozess, der möglichst dazu führt, dass die Eltern diese eigenen Wege ihrer Tochter akzeptieren und damit auch Ablösung aus dem Elternhaus gewähren können. Gleichzeitig geht es um die Anerkennung der familiären Bindungen, die Akzeptanz biografischer Ereignisse und Entwicklungen sowie die Neubestimmung des Verhältnisses zwischen Eltern und Tochter entsprechend ihres Alters- und Entwicklungsstandes. Vor diesem Hintergrund ergibt sich für Fachkräfte in der stationären Arbeit mit jugendlichen Mädchen bezogen auf die Elternarbeit die zentrale Aufgabe, zwischen den Mädchen und ihren Eltern zu vermitteln, zu übersetzen und zu moderieren.

Mit dieser Aufgabenbeschreibung für die Zusammenarbeit mit jugendlichen Mädchen und ihren Eltern ist ein komplexes Anforderungsprofil an die Professionalität der Fachkräfte verbunden. Um diesem gerecht zu werden, hat sich eine systematische Perspektivendifferenzierung entlang der drei zentralen Beteiligten bewährt. Diese lassen sich durch folgende Leitfragen markieren:

☐ Aus der Perspektive der Mädchen: Was wünschen sie sich von ihren Eltern? Welche Ziele verfolgen sie für ihr eigenes Leben?

☐ Aus der Perspektive der Eltern: Welche Erwartungen und Wünsche bringen sie mit? Über welche Möglichkeiten verfügen sie?

☐ Aus der Perspektive der Fachkräfte: Was halten sie als Fachkraft für angemessen und vertretbar? Welche Gemeinsamkeiten lassen sich zwischen Jugendlichen/Mädchen und Eltern finden? Welche Unterschiede sind zu überwinden bzw. müssen ausgehalten werden?

Werden die Sichtweisen und Einschätzungen aus diesen drei Perspektiven mit der jeweils aufgezeigten Fragerichtung bearbeitet, so lassen sich auf dieser Basis Handlungsoptionen gewinnen. In der Gegenüberstellung können Gemeinsamkeiten und Unterschiede deutlich werden. Die Mädchen und ihre Eltern können „Überschneidungsbereiche" entdecken, die Annäherung und wechselseitige Anerkennung möglich machen. Fachkräfte können aber auch durch normgebende Kommentierung (z. B. was jugendgemäß ist, was Aufgabe von Eltern ist etc.) Orientierung schaffen, die manche Auseinandersetzung um Regeln, Ge- und Verbote überflüssig macht. Auch können sie hierüber für Verständnis auf der einen oder anderen Seite werben.

Um diese vermittelnde und begleitende Rolle angemessen ausfüllen zu können, bedarf es der regelmäßigen und methodisch strukturierten Reflexion in der Fallberatung oder Supervision. Diese stellt eine wichtige Unterstützungsstruktur dar, um den immer auch enthaltenen Fallen und Ambivalenzen entgehen zu können. Dazu gehören mögliche Loyalitätskonflikte sowie Projektionen der Mädchen oder Eltern auf die Fachkräfte ebenso wie das Spannungsverhältnis zwischen der Ermöglichung von Freiheit und der Gewährung des notwendigen Schutzraumes.

Insbesondere durch das Dreiecksverhältnis zwischen Mädchen, ihren Eltern und den Fachkräften besteht immer auch die Gefahr, dass es im Bemühen um Verstehen und Vermittlung dennoch zu Loyalitätskonflikten kommt. Dies gilt umso mehr, als die strukturell größere Nähe der Fachkräfte zu den Mädchen im Rahmen des stationären Kontextes nicht aufzuheben ist. So berichtet eine Fachkraft:

„Es ist so, die Mädchen duzen uns, was eben auch Teil dieser Beziehungsarbeit ist, die Eltern tun das natürlich nicht. Wir siezen die Eltern und die Eltern siezen uns auch. Das ist gerade dann, wenn es Gespräche mit den Jugendlichen und den Eltern zusammen gibt, dann ist es manchmal eine schwierige Situation. Generell denke ich, was immer wieder eine Herausforderung ist, ist der Moderationsanteil, den man in solchen Gesprächen hat." (ASD_1_224)

Moderation und Vermittlung erfordern eine möglichst neutrale Position. Eine solche Neutralität zu bewahren, stellt für die Fachkräfte, die im Alltag mit den Mädchen zusammenleben, oftmals eine besondere Herausforderung dar. Die Reflexion der eigenen Loyalitäten und Abgrenzungen im Rahmen der Teamberatung oder Supervision stellt hier eine wichtige Unterstützungsstruktur dar, um die im Einzelfall angemessenen Grenzen zwischen Positionierung und Neutralität immer wieder ausloten und ausbalancieren zu können.

Darüber hinaus gilt es in diesen Reflexionsprozessen auch, Projektionen bzw. Übertragungen der Mädchen oder der Eltern auf die Fachkräfte zu identifizieren. So besteht in den immer auch emotional besetzten Prozessen der Beziehungsklärung stets die Gefahr, dass die Fachkräfte bzw. deren Handeln als Quelle für Gefühle wie Ärger, Enttäuschung, Wut etc. bestimmt werden.

„Es gibt Zeiten, da verstehen sich K. und ihre Mutter sehr gut und dann gibt es Zeiten, dann ist es eben nicht so, da ist K. ihrer Mutter gegenüber oft, ich sag mal, fies. Und die Mutter überträgt es dann auf uns, zieht sich zurück, fühlt sich im Stich gelassen und das dauert dann immer wieder eine ganze Weile, bis man sie wieder aufbaut." (Bezugserzieherin_3_ _120)

Damit betroffene Fachkräfte ihre vermittelnde Rolle wahrnehmen bzw. beibehalten können, ist es wichtig, solche Projektionen und Übertragungen zu erkennen sowie zu versachlichen, statt emotional darauf zu reagieren. Ein solcher professioneller Umgang ist eine notwendige Voraussetzung, um der zentralen Aufgabe der Zusammenarbeit mit jugendlichen Mädchen und ihren Eltern angemessen nachkommen zu können. Diese Professionalität muss durch entsprechend methodisch strukturierte Reflexion gepflegt werden, damit sie auf Dauer erhalten bleibt.

In Ergänzung zu den allgemeinen Ausführungen dieses Praxishandbuches zeigt diese Einzelfallrekonstruktion, dass mit zunehmender Eigenverantwortung der jungen Menschen aufgrund ihres Alters- und Entwicklungsstandes die Arbeit mit ihnen am Thema Eltern an Bedeutung gewinnt. Dabei geht es nicht zuletzt darum, ihnen die Erlaubnis zu geben und sie darin zu unterstützen, aktiv die Beziehung zu ihren Eltern mitzugestalten. Die Form und Dichte des Kontaktes gehören dazu ebenso wie dessen inhaltliche Ausgestaltung. Dieser Zusammenhang gilt in besonderer Weise für jugendliche Mädchen, für die die stationären Hilfen zu einem beachtlichen Anteil einen biografisch bedeutsamen Ort als Schutz- und Entwicklungsraum darstellen. Diesen gilt es gemäß der fachlichen Erkenntnisse zu gestalten und weiterzuentwickeln – nicht zuletzt damit auch diesen Mädchen das Recht auf Entwicklung hin zu einer eigenverantwortlichen und gemeinschaftsfähigen Persönlichkeit gewährt wird. Denn – auch das lässt sich letztlich mit dieser Einzelfallrekonstruktion zeigen – die Aufnahme der Mädchen im Hein allein genügt nicht. Heimerziehung muss ihnen konkrete Unterstützung in der Klärung ihres Verhältnisses zu ihren Eltern anbieten. Erst die aktive Bearbeitung des Themas „Eltern" und die zielorientierte Zusammenarbeit mit den Eltern tragen zu gelingenden und für die Mädchen als nützlich erlebten Hilfen bei.

6. Literaturverzeichnis

Baas, S. u. a. (2010):
Hilfen zur Erziehung in Rheinland-Pfalz. Die Inanspruchnahme erzieherischer Hilfen im Kontext sozio- und infrastruktureller Einflussfaktoren. 3. Landesbericht 2010. Mainz, hrsg. durch MASGFF

Baur, D. u. a. (1998):
Leistungen und Grenzen der Heimerziehung. Ergebnisse einer Evaluationsstudie stationärer und teilstationärer Erziehungshilfen. Stuttgart u. a., hrsg. durch BMFSFJ.

Berg, I. K. (1992):
Familien-Zusammenhalt(en). Ein kurz-therapeutisches und lösungs-orientiertes Arbeitsbuch. Dortmund.

Blandow, J. u. a.:
„Erzieherische Hilfen" – Untersuchungen zu Geschlechtsrollen-Typisierungen in Einrichtungen und Diensten der Jugendhilfe. In: Freigang, W. (Hrsg.) (1986): Mädchen in Einrichtungen der Erziehungshilfe. Alltag und Biographie von Mädchen, Bd. 15 . Opladen, S. 133-227, hrsg. durch Sachverständigenkommission Sechster Jugendbericht.

Bronfenbrenner, U./Becker, G. U./Hentig, H. von (1974):
Wie wirksam ist kompensatorische Erziehung? Stuttgart.

Bundesministerium für Jugend, F. F. u. G. (1990):
Achter Jugendbericht. Bericht über Bestrebungen und Leistungen der Jugendhilfe: Stellungnahme der Bundesregierung zum Bericht der Sachverständigenkommission; Bericht der Sachverständigenkommission. Bonn.

Conen, M.-L. (1993):

Die Wirklichkeit der Elternarbeit im Heim – Ergebnisse einer empirischen Untersuchung zu den Erfahrungen von Mitarbeitern in der Heimerziehung; in: Albert-Schweitzer-Kinderdorf in Hessen e. V./IGfH (Hrsg) (1993): Familie und Heim. Perspektiven der Elternarbeit in der Heimerziehung. Frankfurt/M.

Darius, S. u. a. (2007):

Hilfen zur Erziehung in Rheinland-Pfalz. Die Inanspruchnahme erzieherischer Hilfen im Kontext sozio- und infrastruktureller Einflussfaktoren. 2. Landesbericht. Mainz, hrsg. durch MASGFF.

Finkel, M. (2000):

Für wen ist was Erfolg? Ergebnisse der JULE-Studie über die Situation von Mädchen in erzieherischen Hilfen. In: Forum Erziehungshilfen, Jg. 6, H. 4, S. 242-248.

Finkel, M. (2004):

Selbständigkeit und etwas Glück. Einflüsse öffentlicher Erziehung auf die biographischen Perspektiven junger Frauen. Weinheim.

Furman, B./Ahola, T. (2010):

Es ist nie zu spät, erfolgreich zu sein. Ein lösungsfokussiertes Programm für Coaching von Organisationen, Teams und Einzelpersonen. Heidelberg.

Gehres, W. (1997):

Das zweite Zuhause. Institutionelle Einflüsse, Lebensgeschichte und Persönlichkeitsentwicklung von dreißig ehemaligen Heimkindern. Opladen.

Gragert, N./Santen, E. V./Seckinger, M. (2005):

Eltern – die vergessenen Kooperationspartner der stationären Hilfen? In: Archiv für Wissenschaft und Praxis der sozialen Arbeit 36, H. 2, S. 74-86.

Günder. R. (2007): Praxis und Methoden der Eltern- und Familienarbeit; in: Homfeldt, H. G./Schulze-Krüdener, J. (Hrsg.) (2007): Elternarbeit in der Heimerziehung. München, Basel, S. 78-98.

Hansen, G. (1994):

Die Persönlichkeitsentwicklung von Kindern in Erziehungsheimen. Ein empirischer Beitrag zur Sozialisation durch Institutionen der öffentlichen Erziehungshilfen. Weinheim und München.

Heiner, M. (2011):

Diagnostik in der Sozialen Arbeit. In: Otto, H.-U./Thiersch, H. (Hrsg.): Handbuch Soziale Arbeit. Grundlagen der Sozialarbeit und Sozialpädagogik. München, Basel, 4. völlig neu bearb. Auflage, S. 237-250.

Hurrelmann, K. (1985):

Lebensphase Jugend. Eine Einführung in die sozialwissenschaftliche Jugendforschung. Weinheim und München.

König, E./Volmer, G. (2000):

Systemische Organisationsberatung. Grundlagen und Methoden. Weinheim.

Lambers, H. (1996):

Heimerziehung als kritisches Lebensereignis. Eine empirische Längsschnittuntersuchung über Hilfeverläufe im Heim aus systemischer Sicht. Münster.

Lattschar, B./Wiemann, I. (2008):

Mädchen und Jungen entdecken ihre Geschichte. Grundlagen und Praxis der Biografiearbeit. Weinheim und München.

Lenz, A. (2008):

Interventionen bei Kindern psychisch kranker Eltern. Grundlagen, Diagnostik und therapeutische Maßnahmen. Göttingen.

Lüttringhaus, M./Streich, A. (2009):
Zielvereinbarungen in der Jugendhilfe: Wo ein Wille ist, ist auch ein Weg. In: Jugendhilfe 47, H. 6, S. 337-345.

Martens, Jens Uwe; Kuhl, Julius (2009):
Die Kunst der Selbstmotivierung. Neue Erkenntnisse der Motivationsforschung praktisch nutzen. Stuttgart, 3., aktualisierte und erw. Auflage.

Mattejat, F. (2008):
Kinder mit psychisch kranken Eltern. Was wir wissen und was zu tun ist. In: Mattejat, F.; Lisofsky, B. (Hrsg.) (2008), S. 68-95.

Mattejat, F.; Lisofsky, B. (2008):
Nicht von schlechten Eltern. Kinder psychisch Kranker. Bonn, Neuausgabe.

Meysen, T. (2008):
Das Recht zum Schutz von Kindern. In: Institut für Sozialarbeit und Sozialpädagogik e. V. (Hrsg.): Vernachlässigte Kinder besser schützen. Sozialpädagogisches Handeln bei Kindeswohlgefährdung. München, S. 15-55.

Moos, M./Schmutz, E. (2005):
Qualitätsentwicklung in der Hilfeplanung als kooperativer Prozess zwischen öffentlichen und freien Trägern. Handreichung des Modellstandortes Rheinland-Pfalz im Rahmen des Modellprojektes „Hilfeplanung als Kontraktmanagement?". Mainz.

Moos, M./Schmutz, E. (2006):
Familienaktivierende Heimerziehung. Abschlussbericht der wissenschaftlichen Begleitung zum Projekt „Neue Formen Familienaktivierender Heimerziehung in Rheinland-Pfalz". Mainz.

Müller, H.; Schmutz, E. (2005):
Sozialraumorientierung: eine Entwicklungsperspektive für die erzieherischen Hilfen?! Evaluation der Hilfen zur Erziehung in der Stadt Ludwigshafen. Mainz.

Münder, J. (2006):

Frankfurter Kommentar zum SGB VIII. Kinder- und Jugendhilfe. Stand: Gesetzesstand: 1.4.2006. Weinheim und München, 5., vollst. überarb. Auflage.

Pretis, Manfred; Dimova, Aleksandra (2004):

Frühförderung mit Kindern psychisch kranker Eltern. München.

Poss, M. (2005):

Ressourcenfindung in der Arbeit mit vernachlässigenden Familien - (un)möglich in der Sozialpädagogischen Familienhilfe? In: Deegener, G./Körner, W. (Hrsg.): Kindesmisshandlung und Vernachlässigung. Ein Handbuch. Göttingen u. a., S. 561-577.

Reinhold, C.; Kindler, H. (2006):

Was ist über Eltern, die ihre Kinder gefährden, bekannt? In: Kindler H., Lillig S., Blüml H., Meysen T. &. Werner A. (Hrsg.): Handbuch Kindeswohlgefährdung nach § 1666 BGB und Allgemeiner Sozialer Dienst (ASD). München.

Ryan, T./Walker, R. (2003):

Wo gehöre ich hin? Biografiearbeit mit Kindern und Jugendlichen. Bearb. u. Vorw. v. Birgit Lattschar. Weinheim.

Schleiffer, R. (2001):

Der heimliche Wunsch nach Nähe. Bindungstheorie und Heimerziehung. Münster.

Schmipf, E. (2007):

Familialisierung der Jugendhilfe als Zumutung für Mädchen und junge Frauen. In: Forum Erziehungshilfen, Jg. 13, H. 4, S. 196-201.

Schmutz, E. (2010):

Kinder psychisch kranker Eltern. Prävention und Kooperation von Jugendhilfe und Erwachsenenpsychiatrie. Mainz.

Statistisches Bundesamt (2009):
Pressemitteilung des Statistischen Bundesamtes, Nr. 242 vom 30.06.2009, Wiesbaden.

Steege, G. (2010):
Zusammenarbeit mit der Herkunftsfamilie im SGB VIII: Rechtliche und fachliche Grundlagen – Teil 1. In: Das Jugendamt, H. 3, S. 101-106.

Tillmann, K.-J. (1993):
Sozialisationstheorien. Eine Einführung in den Zusammenhang von Gesellschaft, Institution und Selbstwerdung. Hamburg, 4. vollständ. überarb. und erw. Neuauflage.

Wittke, V./Solf, C. (2007):
Elternbeteiligung in Tagesgruppen. Frankfurt/M..

Wolf, K. (2007):
Wirkungsorientierte Jugendhilfe. Metaanalyse von Fallstudien erzieherischer Hilfen hinsichtlich von Wirkungen und „wirkmächtigen" Faktoren aus Nutzersicht. Eine Schriftenreihe des ISA zur Qualifizierung der Hilfen zur Erziehung. Münster.

Wolf, K. (2009):
Radikaler Situationsansatz oder planvolles Handeln? Zum methodischen Handeln in der SPFH. In: Forum Erziehungshilfen 15, H. 2, S. 71-75.

7. Anhang

INSTRUMENT DER EV. KINDER-, JUGEND- UND FAMILIENHILFE SCHMIEDEL
ZUR AUSGESTALTUNG DES ERSTGESPRÄCHS MIT DER FAMILIE IN DER
EINRICHTUNG

INSTRUMENTE DER HILFEPLANUNG
Vorab-Info
Raster zur Hilfeplanfortschreibung

PROJEKTBETEILIGTE EINRICHTUNGEN

INSTRUMENT DER EV. KINDER-, JUGEND- UND FAMILIENHILFE SCHMIE-DEL ZUR AUSGESTALTUNG DES ERSTGESPRÄCHS MIT DER FAMILIE IN DER EINRICHTUNG

Vorstellungsgespräch

Datum: _____

Teilnehmer: _____
_____

Kind/Jugendliche(r) _____
_____

geboren am _____

Adressen der Eltern _____

Mutter _____
_____

Telefon _____

Vater _____
_____

Telefon _____

Wer ist an der Erziehung noch beteiligt:

Bezugspersonen
(z. B. Oma, Opa,
Geschwister, Tante,
Freunde etc.)

Jugendamt

Telefon

1.) Begrüßung

2.) Zeitrahmen

3.) Vorstellung der Einrichtung und Gruppe

Bitte benennen Sie den Ablauf des Vorstellungsgespräches und den Zeitrahmen. Weisen Sie auf die Pause hin und erklären den Vorstellenden, dass die Pause für eine Aufgabe genutzt wird!

Genogramm:

Situationsbeschreibung/Was ist der aktuelle Anlass, weswegen wir heute hier zusammen sitzen?

Ich möchte verstehen, weshalb wir hier sitzen. Wer von den Anwesenden hat das größte Problem? Was ist der Anlass für den Kontakt? Wer verspricht sich was vom Kontakt? Wessen Idee war es, weshalb wir hier sitzen?

Kind/Jugendliche(r)

Mutter

Vater

Bezugsperson

Jugendamt

Handelt es sich um eine zeitweise Krise oder ein generelles Problem? Kindeswohlgefährdung, was ist Vermutung, was ist rechtverletzend?

Wie lange wird die beschriebene Situation schon beobachtet?
Wie alt ist das Problem? Welche Erklärung gibt es für die Entstehung des Problems? Wem gegenüber wird das Problem gezeigt? Wer reagiert wie auf das Problem? Gibt es Ausnahmen? Was ist dann anders?

Kind/Jugendliche(r)

Mutter

Vater

Bezugsperson

Jugendamt

Wie kann ich mir den Tagesablauf bei Ihnen vorstellen?

Welche Regeln gibt es im Tag? Welche Regeln im Umgang miteinander?

Welche Feste werden bei Ihnen gefeiert? (z. B. Ostern, Weihnachten etc.)

Wie kann ich mir das vorstellen?

Wie ist die schulische Situation des Kindes?

z. B. Schulart, Klassenstufe, Wiederholungen

Wie unterstützen Sie X, dass sie/er in die Schule geht?

Wie/Wann schaffst Du es, dass Du (regelmäßig)

in die Schule gehst?

Wie schaffst Du es Dich abzugrenzen?

Gab es Zeiten, wo es mit der Schule besser gelaufen ist?

Wie hast Du es geschafft?

Hast Du Unterstützung erfahren? Wie sah diese aus?

Was war am hilfreichsten?

Wie sieht die Hausaufgabensituation aus?

ACHTUNG: Stimmt die Tagesstruktur der Eltern?

Wie schaffst Du es Hausaufgaben zu machen nach der Schule?

Welche Unterstützung bekommst Du? Von wem am meisten?

Welche Unterstützung brauchst Du? In welchem Fach am meisten?

Was glaubst Du, wie X Dich unterstützen könnte?

Haben Sie gewusst, wie sich X fühlt? Wie könnten Sie X eine Hilfe sein?

Wie steht es in der Familie um die Gesundheit?

(z. B. Sucht, Therapie, Legasthenie, Dyskalkulie, Alkohol, Rauchen, Medikamente, psychische Erkrankungen, Allergien etc.)

Was macht die Familie in der Freizeit?

Wie sieht es aus nach der Schule/Arbeit?

Gibt es Freunde außerhalb des engsten Familienkreises?

Wie werden Kontakte aufgenommen und gepflegt?

Was sind förderliche/nicht förderliche Kontakte?

Welchen Stellenwert haben Familie und Bekannte?

Welche Hilfen wurden schon in Anspruch genommen?

Welche Hilfen wurden als hilfreich erlebt?

Wer weiß noch von dem Problem?

Wie ist der Umgang damit?

In welchem Rahmen kann die Familie sich entwickeln?

Was benötigt jeder Einzelne dazu?

Wie kann man Familie aber auch so richtig verärgern?

Ressourcenanalyse

Jetzt haben wir viel über Probleme gesprochen; Was schätzen Sie an X?

Wenn ich Deine Freundin fragen würde,

was würde sie mir antworten, was sie an Dir schätzt?

Was möchten Sie in Ihrer jetzigen Situation so bewahren, wie es ist?

Was ist eventuell gut daran, dass es das Problem gibt?

Was wäre anders, wenn das Problem weg wäre?

Was machen Sie gerne?

Mal angenommen die Hilfe ist erfolgreich, überlegen Sie sich bitte in der Pause was sich dann in Ihrer Familie verändert?

Familie in Pause !

Einrichtung/Jugendamt in Hypothesenbildung
> Was haben wir gehört, gesehen, gefühlt?
> Welche Ideen fallen uns dazu ein?
> Welche Stärken haben wir bei jedem einzelnen beobachtet?

Welche Ziele haben die Familienmitglieder und Bezugspersonen?
> Zu welchem Ergebnis sind Sie gekommen?
> Was bedeutet das für jeden Einzelnen?
> Was können Sie ganz konkret dazu beitragen, das dieses Ziel erfüllt wird?

Familienziel:

Kind/Jugendliche(r)

Mutter

293

Vater

Bezugsperson

Jugendamt

Welcher 1. Auftrag ergibt sich daraus für uns?
Kind/Jugendliche

Eltern/Bezugspersonen

Jugendamt

Achtung- pos. Rückmeldung an Alle

Rückmeldung bis: _____
Möglicher Aufnahmetermin _____
Wer informiert wen bis wann? _____

INSTRUMENTE DER HILFEPLANUNG

Gemeinsam abgestimmtes Vorab-Info

Erläuterungen zum Umgang mit der Vorab-Info:

☐ Erstellung unter direkter Beteiligung der AdressatInnen

☐ Nur Ausschnitt seit letztem HPG betrachten

☐ Geheimnisse, kritische Themen, die noch nicht offen sind, bleiben draußen; werden direkt zwischen ÖT und FT kommuniziert

☐ Informationen, die nicht über das direkte Gespräch gewonnen wurden, sollen bzgl. ihrer Quelle kenntlich gemacht werden

☐ Keine Kostenfragen, werden auf anderem Weg zwischen FT und ÖT geklärt

☐ Umfang: ca. 2 - 3 Din A4-Seiten

☐ Fertigstellung und Versand der Vorab-Info zwei Wochen vor dem anberaumten HPG

☐ Verteiler: FT, Kind, Eltern, JA, ggf. sonstige nach Vereinbarung

Stärken des Kindes bzw. der Familie:

(Was ist in der Zeit seit dem letzten HPG gut gelungen? Welche Fähigkeiten und Fertigkeiten konnten entwickelt werden? Welche Fähigkeiten, Fertigkeiten, Stärken konnten neu entdeckt werden? etc.)

aus Sicht des Mädchens bzw. des Jungen:

aus Sicht der Eltern bzw. des Elternteils:

aus Sicht anderer Stellen (z. B. Schule, Kindertagesstätte etc.)

aus Sicht der Fachkraft der durchführenden Einrichtung/Pflegefamilie:

Beschreibung der aktuellen Situation und Bewertung
des bisherigen Hilfeverlaufes durch die Beteiligten:

(Was wurde wie gemacht? Wie beurteilen die Beteiligten den Verlauf? Inwiefern konnten die beim letzten Mal formulierten Ziele erreicht werden? Woran ist die Zielerreichung zu erkennen? Inwiefern konnten die beim letzten Mal formulierten Ziele nicht erreicht werden? Was hat die Zielerreichung erschwert? Welche Themen, Bewältigungsanforderungen u. ä. sind darüber hinaus relevant geworden?)

aus Sicht des Mädchens bzw. des Jungen:

aus Sicht der Eltern bzw. des Elternteils:

aus Sicht anderer Stellen (z. B. Schule, Kindertagesstätte etc.)

aus Sicht der Fachkraft der durchführenden Einrichtung/Pflegefamilie:

297

Ergänzende Beschreibung zur Entwicklung des Mädchens bzw. Jungen:

(ggf. unterschiedliche Perspektiven differenzieren)

Gesundheitliche und körperliche Entwicklung

(z. B. chronische Krankheiten, Medikamente, Arztbesuche, Sucht und Abhängigkeit, Gewicht, Größe, Zahnsanierung, Sehstörungen etc.)

Lebenspraktische/hauswirtschaftliche Fähigkeiten

(z. B. Körper- und Kleiderpflege, Tischmanieren, Essverhalten, Ordnung, Umgang mit Geld, Telefonieren, zeitliche und räumliche Orientierung, Mitarbeit im Gruppenhaushalt, Ämter, Zimmerpflege etc.)

Sozialverhalten

(z. B. gegenüber Gruppenmitgliedern, Betreuern, dem anderen Geschlecht, Nachbarn, Freunden, Benehmen in der Öffentlichkeit etc.)

Freizeitverhalten

(z. B. Vorlieben, Beschäftigung mit und ohne Anleitung, alleine und in der Gruppe, mit Nachbarn und Freunden, Vereine etc.)

Mitarbeit in der Therapie

Vorschläge zu Perspektiven und Zielen zum weiteren Hilfeverlauf:

(Wie soll es weiter gehen? Welche Ziele sollen weiterhin verfolgt werden? Welche Ziele sind zu verändern? Welche Ziele sind neu aufzunehmen? Welche Möglichkeiten zum weiteren Vorgehen gibt es? Woran wären die nächsten Schritte der Zielerreichung zu erkennen?

aus Sicht des Mädchens bzw. des Jungen:

aus Sicht der Eltern bzw. des Elternteils:

aus Sicht anderer Stellen (z. B. Schule, Kindertagesstätte etc.)

aus Sicht der Fachkraft der durchführenden Einrichtung/Pflegefamilie:

4. Zu klärende Fragen aus den unterschiedlichen Perspektiven:

Erstellt von: _____

Datum, Unterschriften   _____

Mädchen/Junge   _____

Eltern   _____

Fachkraft der durchführenden
Einrichtung/Pflegefamilie   _____

Hilfeplan nach § 36 des Kinder- und Jugendhilfegesetzes
Fortschreibung

JUGENDAMT _____ AZ: _____.

ORT UND DATUM DES HILFEPLANGESPRÄCHES: _____

FACHKRAFT IM JUGENDAMT UND ☎ _____

Name des Mädchens oder Jungens/Jugendliche(r): _____

geboren am: _____

Anschrift: _____

Geschwisterkinder:

Name: _____ Geburtsdatum: _____

Name: _____ Geburtsdatum: _____

Name: _____ Geburtsdatum: _____

Name: _____ Geburtsdatum: _____

Eltern/-teil, Personensorgeberechtigte(r): _____

Anschrift und Telefon: _____

durchführende Institution: _____

Vorab-Info lag vor dem HPG vor: ja ○   nein ○

Erstellt von _____ am _____

Beim Hilfeplangespräch anwesende Personen: _____
_____
_____

**Beschreibung der aktuellen Situation und Bewertung
des bisherigen Hilfeverlaufs durch die Beteiligten:**

(Ergänzung zum Vorab-Info)

(Wie wurden die beim letzten Mal formulierten Ziele konkretisiert? Inwiefern konnten diese Ziele erreicht werden? Woran ist die Zielerreichung zu erkennen? Was hat maßgeblich zur Erreichung der (Teil)Ziele beigetragen? Was wurde wie gemacht? Inwiefern konnten die beim letzten Mal formulierten Ziele nicht erreicht werden? Was hat die Zielerreichung erschwert? Welche Themen, Bewältigungsanforderungen u. ä. sind darüber hinaus relevant geworden? Wie beurteilen die Beteiligten den Verlauf der Hilfe? Wie bewerten die Beteiligten die Zusammenarbeit miteinander? Was gelingt gut? Was sollte weiterentwickelt werden?)

aus Sicht des Mädchens bzw. des Jungen:

aus Sicht der Eltern bzw. des Elternteils:

aus Sicht der Fachkraft der durchführenden Einrichtung/Pflegefamilie:

aus Sicht der Fachkraft des Jugendamtes:

FOLGERUNGEN AUS DER BEWERTUNG DES HILFEVERLAUFES

(bzgl. Waren die formulierten Ziele angemessen? Wieviel von den formulierten Zielen konnte erreicht werden? Waren die ausgewählten Methoden angemessen? War die Intensität der Hilfe bzgl. zeitlichem Umfang und Dichte der Fachkräfte im Alltag der Familie angemessen?)

HANDLUNGSBEDARFE, AUF DIE SICH DIE BETEILIGTEN VERSTÄNDIGT HABEN:

(Wo liegt der vordringliche Unterstützungsbedarf? Welche Ressourcen sollen gestärkt werden?)

Ausgewählte Hilfe – Begründung und Vereinbarung

(Welches Hilfeangebot ist geeignet? Welches Hilfeangebot ist konsensfähig? Mit welcher Begründung wird das Hilfeangebot ausgewählt?)

nur ausfüllen, wenn die Hilfeart gewechselt hat!!

Perspektiven und Ziele bis zum nächsten Hilfeplangespräch

(Mit welchen Erwartungen und konkreten Zielen soll die Hilfe fortgesetzt werden? Woran kann festgemacht werden, dass an den Zielen gearbeitet wird und sich Verbesserungen in der Lebenssituation des jungen Menschen und der Familie eingestellt haben? Welche zeitliche Prognose gibt es für den Hilfeprozess?)

aus Sicht des Mädchens bzw. des Jungen:

aus Sicht der Eltern bzw. des Elternteils:

aus Sicht der Fachkraft der durchführenden Einrichtung/Pflegefamilie:

aus Sicht der Fachkraft des Jugendamtes:

VEREINBARUNG

(Welche konkreten Ziele sollen bis zum nächsten Hilfeplangespräch umgesetzt werden?)

Zielvereinbarung und Aufgabenverteilung

Kindbezogene Ziele (Woran ist die Zielerreichung zu erkennen?)	Handlungsschritte (wer, was, bis wann?)

Elternbezogene Ziele (Woran ist die Zielerreichung zu erkennen?)	Handlungsschritte (wer, was, bis wann?)

UNTERSCHRIFT DER GESPRÄCHSTEILNEHMERINNEN

Ich stimme den oben formulierten Zielen und Aufgaben zu:

Eltern/Personensorgeberechtigte: _____

Mädchen oder Junge/Jugendliche(r): _____

Fachkraft der Institution/Pflegeeltern: _____

Fachkraft des Jugendamtes: _____

Sonstige GesprächsteilnehmerInnen: _____

Sonstige Vereinbarungen und Absprachen

Vorbehalte und Grenzen

(Welche Probleme werden erwartet? Wo sind die Grenzen der Hilfe?)

Prognose zur Dauer der Hilfe insgesamt

Zeitpunkt der Fortschreibung des Hilfeplans

UNTERSCHRIFT DER GESPRÄCHSTEILNEHMERINNEN

Fachkraft des Jugendamtes: _____

Hilfeplan zu folgendem Datum versandt an:

(Jeweils Name und Datum des Postausgangs eintragen)

Eltern/Personensorgeberechtigte: _____

Mädchen oder Junge/Jugendliche(r): _____

Fachkraft der Institution/Pflegeeltern: _____

Sonstige GesprächsteilnehmerInnen: _____

PROJEKTBETEILIGTE EINRICHTUNGEN

Caritas Förderzentrum St. Rafael
Erzieherische Hilfen und Schule
Schlossmühle
67317 Altleiningen

Familien- und JugendHilfezentrum Alzey
Schlossgasse 12
55232 Alzey

Kinder- und Jugendhilfe St. Hildegard
Rochusberg 7
55411 Bingen

Sozialpädagogische Jugendwohngemeinschaft, Kinderhaus II
Kiedricher Str. 11
55218 Ingelheim

Evangelisches Jugendhilfezentrum Kaiserslautern
Dornenstraße 25
67657 Kaiserslautern

Kinder- und Jugendhilfe Arenberg
Pfarrer-Krausstraße 63
65077 Koblenz

Evangelische Kinder-, Jugend- und Familienhilfe Schmiedel
55469 Nannhausen

Evangelische Kinder- und Jugendhilfe Oberbieber

Heimstraße 33-50

56566 Neuwied-Oberbieber

Kinder- und Jugendheim Niederwörresbach

Hauptstraße 55-59

55758 Niederwörresbach

Heilpädagogisches Kinderheim Oberotterbach e. V.

Hintergasse 2

76889 Oberotterbach

Evangelischer Jugendhof Martin-Luther-King

Maiweg 140

56841 Traben-Trarbach

Kinder- und Jugendhilfezentrum St. Marien

Willy-Brandt-Ring 3

67547 Worms

sowie die jeweils beteiligten Jugendämter